La France antisémite

Essai documentaire illustré

© 2023. Edico
Éditions : Memoria Books pour Edico
77600 Bussy-Saint-Georges
Imprimé par BoD – Books on Demand, Norderstedt, Allemagne

Préface : Jean-David Haddad
Illustrations originales : Yoann Laurent-Rouault
Conception couverture : Cynthia Skorupa

ISBN : 978-2-38437-019-1
Dépôt légal : octobre 2023

La France antisémite

Essai documentaire illustré

*Un livre documentaire illustré de Yoann Laurent-Rouault,
auteur, plasticien éditorialiste et directeur littéraire et artistique
des éditions JDH*

MEMORIA BOOKS

À la mémoire de Fradji-François Haddad

À la mémoire de Jean et Marie-Ange Rouault

*À toutes les victimes à travers les siècles,
vivantes ou disparues, de l'antisémitisme*

À tous les justes qui ont sauvé et protégé des Juifs

Memoria Books,
le fonds littéraire international

Memoria Books, c'est plus qu'une marque d'édition. Il s'agit d'un véritable fonds littéraire international en perpétuelle évolution, de ces œuvres du domaine public, qui ne vieillissent pas, qui ont une date de publication mais pas de date de péremption.

Ce fonds littéraire, distribué en plusieurs langues sur Amazon, Barnes & Noble, mais aussi dans la plupart des librairies indépendantes ou affiliées, consiste en une publication d'œuvres enrichies et d'œuvres essentielles. Plusieurs types d'œuvres viennent, au fil du temps, garnir le fonds. Les ouvrages publiés sont disponibles dans la plupart des pays d'Europe, mais aussi aux États-Unis, Canada, Australie, Grande-Bretagne…

Les œuvres essentielles consistent en une compilation, dans un même volume, de plusieurs textes les plus connus et choisis d'un même auteur.

Les œuvres enrichies consistent en la publication d'un volume d'une ou quelques œuvres d'un auteur du domaine public, préfacées et même parfois largement commentées, par un auteur contemporain et illustrées par un illustrateur hautement qualifié. Les illustrations s'intègrent alors à merveille à l'œuvre, en respectant son esprit, tout en amenant un regard contemporain et permettant au lecteur de se plonger dans le contexte de l'œuvre en question. Ce sont, bien souvent, davantage des illustrations de contexte que des illustrations purement textuelles. Certains volumes publiés permettent aussi l'accès à des webinaires relatifs à l'auteur ou au thème de son œuvre, via des QR codes intégrés à l'ouvrage.

Memoria Books se veut en perpétuelle évolution, conjuguant la tradition, la mémoire littéraire, avec la modernité et l'art.

C'est plus qu'une marque d'édition, c'est un art de lire et de relire.

La Une de *l'Aurore*, d'après documentation, dessin et palette graphique, 2023 copyright Cat's society.

Préface de l'éditeur

Ce livre n'est pas un livre sur l'antisémitisme comme les autres. Il ne s'agit pas d'un pur essai historique mais d'un essai documenté et illustré, s'appuyant sur de nombreux textes du domaine public (de Zola à Maurras) commentés et reliés par le génie de son maître d'œuvre, Yoann Laurent-Rouault, directeur littéraire et artistique de JDH Éditions, qui, en sa qualité de maître diplômé des Beaux-Arts de Rennes, a également illustré ces textes. C'est dans le fonds littéraire international Memoria Books que ces textes compilés, illustrés et reliés par un profond fil conducteur trouvent logiquement leur place.

Tout est parti de ma volonté de publier le célèbre « J'accuse » de Zola avec une préface et un dossier documentaire sur le sage Émile. Yoann Laurent-Rouault, missionné pour la cause, ne s'est pas arrêté en si bon chemin, car l'antisémitisme français, qui lui a secoué les viscères, lui est apparu tel une pelote de laine qu'il a déroulée, ne comptant plus les pages. Le résultat est ce livre illustré qui fera date.

En tant qu'éditeur de ce projet, je le dédie à mon père, qui en serait ému, lui qui m'a martelé toute mon enfance durant que, malgré sa volonté de s'engager dans l'armée française, ce sont des Français qui sont venus l'arrêter en décembre 1942, sur ordre de Pétain (dont certains daignent encore honorer la mémoire), et le déporter dans le seul camp de concentration de Tunisie, la Mohammedia, dont je ne trouve hélas aucune trace sur le Net. Cette rafle est peu connue des Français et elle mérite d'être pourtant soulignée. Beaucoup de ses amis ont fini à Auschwitz.

9 décembre 1942 : la rafle des Juifs de Tunis marque le début des persécutions nazies - The Times of Israël (timesofisrael.com)

Le travail d'entretien de la mémoire, qui a été accompli lors des dernières décennies, l'est de moins en moins. Trop de place est laissée en particulier au révisionnisme d'extrême-gauche, et à ce nouvel antisémitisme. Le fonds littéraire international Memoria Books, que j'ai imaginé, créé, voulu, se devait, comme son nom l'indique, d'entretenir cette mémoire, de publier aussi bien des textes antisémites abjects que des textes de justes comme celui de Zola. Non, il ne faut pas rayer Maurras des publications, tout comme il ne faut pas interdire *Mein Kampf*. Ce qui a été doit être montré pour être combattu. Car la censure est la meilleure manière d'effacer la mémoire.

La France est aujourd'hui encore un des pays d'Europe où l'antisémitisme reste marqué.

Une étude concernant tous les pays du monde est faite tous les quatre ans, qui permet de mesurer les évolutions de ce fléau et de faire des comparaisons internationales :

The ADL GLOBAL 100: An Index of Antisemitism

Au-delà des statistiques : les faits, les actes, la culture. Je ne peux m'empêcher de citer le fait divers qui m'a le plus choqué. Le 4 avril 2017, vers 4 h du matin, à Paris, une femme juive de 65 ans, surprise dans son sommeil par son voisin, Kobili Traoré, est tuée puis défenestrée du troisième étage par ce dernier qui, selon la famille de la victime, l'avait déjà traitée de « sale juive ». C'est l'irresponsabilité du meurtrier que la justice retiendra sous prétexte qu'il était sous emprise de la drogue. Si vous ou moi, sous la même emprise de cette drogue, avions renversé en voiture un individu, nous serions en prison. Le peu de réaction de la population, de la classe politique, en particulier de gauche, a de quoi sidérer.

La mémoire… Toujours la mémoire… C'est pour cela que Memoria Books existe, et que vous avez le présent livre entre les mains. Lisez-le attentivement, et n'oubliez pas !

Jean-David Haddad
Éditeur et Professeur agrégé
de Sciences économiques et sociales

Maurras, portrait, d'après documentation, dessin et palette graphique, 2023
copyright Cat's society.

La haine du Juif !
Préface de Yoann Laurent-Rouault

Je me souviens particulièrement bien de cette journée du printemps 1990. J'étais alors un collégien de 15 ans, heureux de sortir de l'enceinte de l'établissement scolaire pour aller voir la projection d'un film historique à la maison du peuple de Saint-Nazaire. J'aimais déjà beaucoup l'histoire. C'était même la matière principale de mes lectures. Le titre du film était *De Nuremberg à Nuremberg*. J'en savais seulement que c'était le film du procès des principaux dirigeants nazis à l'issue de la Seconde Guerre mondiale. Je savais aussi que ce procès avait défini la notion *de crime contre l'humanité.*

Nous devions être pas moins de 500 collégiens dans la salle ce jour-là. Si au début de la projection la salle était bruyante, voire chahuteuse, pourtant le silence se fit assez rapidement. Les images en noir et blanc défilaient sur l'immense écran de projection et l'ambiance morbide du film oppressait peu à peu les spectateurs. Au bout d'environ trois quarts d'heure de projection, un écran noir arriva et une phrase s'inscrivit en allemand : « Arbeit macht frei ». Formule sinistre et accablante que je découvrais là. Elle était sitôt suivie d'images extraites de reportages filmés sur la libération des camps de concentration par les alliés. Des images plus horribles les unes que les autres qui défilaient sur le grand écran. Des séquences abjectes. Au moment où un bulldozer pousse un monceau de cadavres décharnés dans une tranchée, ma voisine se lève brusquement, en larmes, et fuit vers la sortie en courant. Plusieurs élèves feront de même dans la minute suivante. Partout dans la salle. On devra interrompre la projection à la demande des professeurs. Et la reprendre avec un public averti et consentant à l'issue d'un entracte improvisé.

Pour ma part, ce n'était pas le dégoût ou la peur qui me submergeait, mais plutôt l'incompréhension. Et des questions génériques m'envahissaient : comment peut-on en arriver là ? Pourquoi ? Qui peut faire ça ?
Bien évidemment, je connaissais l'existence des camps de la mort. J'avais lu des témoignages de déportés. Lu aussi *Le Tunnel* d'André Lacaze… J'avais écouté les récits de mon grand-père et de mon grand-oncle, ces derniers avaient été déportés respectivement en

camp de travail et en camp de concentration pour fait de résistance. L'un parce qu'il cachait des familles juives et l'autre parce qu'il faisait le coup de feu contre les nazis et les miliciens. Mais tout ceci restait anecdotique. Lointain. Comme appartenant à un autre monde. À un monde disparu. Un monde aussi vieux qu'il pouvait paraître l'être pour un gamin de 15 ans né plus de trente ans après la Seconde Guerre mondiale.
Du moins, je le croyais.
Mais ici, dans cet auditorium, les images cassaient le temps.
Et elles devenaient immortelles dans mon âme...

Le film me révélait la noirceur de l'humain. Sans nuance. Et il me renvoyait à l'insupportable idée d'être aussi un humain et donc d'être un complice potentiel de l'horreur que peut générer cette noirceur. Et les témoignages et les commentaires des acteurs du procès étaient autant de frissons abominables qui me courraient sur la peau. Et de me demander comment ils avaient pu, non seulement survivre, mais aussi endurer tout cela sans perdre la raison ? Et aussi pourquoi les accusés de ce procès ne brûlaient-ils pas déjà sur le bûcher de la justice ?

Des années sont passées depuis cette projection. Je ne suis pas devenu militant des droits de l'Homme. Je ne suis pas devenu un combattant armé de la liberté. Je ne suis même pas devenu souscripteur de quelque organisation humanitaire. En revanche, j'ai nourri, après ce choc, une haine certaine et immédiate de l'extrémisme, comme de tout ce qui rattache et enferme l'esprit humain à un drapeau et à des mots qui s'y associent comme *patries, nations* et *religions.*

Des années sont passées et je sens encore ce choc reçu à l'estomac lors du visionnage de ces images atroces. Des images qui à l'époque étaient inédites pour moi. Jamais je n'ai oublié les noms *Nuremberg* et *Auschwitz.* Et encore moins le film du procès. Mettre à mal l'humanité d'un adolescent, à travers le temps, et pour longtemps, la marquer d'une croix indélébile, c'est un pari réussi de l'extrémisme.

L'horreur est humaine.
Qui peut voir ces images que je viens de décrire sans remettre en question la définition même du mot *humanité* ?
À part peut-être un fou ?

Les années sont passées et mon entendement est encore froissé par les faits. Pourquoi ? Qui ? Comment ? Trois questions. Et des réponses à ces questions qui ne sont pas pleinement satisfaisantes malgré le temps.

Des réponses qui, plus de trente ans après la projection de ce film, restent absconses. Surtout sur la question du *pourquoi*. Pour le *qui*, la réponse est plus ou moins connue. Pour le *comment*, l'histoire et ses acteurs ont parlé. Mais le *pourquoi* reste si aberrant qu'il ne trouvera probablement jamais de réponse satisfaisante... Il reste complètement absurde et irréel, même quand il trouve des semblants d'explications dans l'histoire du monde. Alors, je continue de chercher une piste véritable à la raison de l'existence de cette haine du Juif. Je voudrais une réponse concrète. Presque solennelle... une réponse qui rassasiera mon intelligence et ma raison une fois pour toutes.

Quand je cherche ma route, avant de traverser le carrefour, je commence par regarder derrière moi, puis à droite et à gauche, puis enfin devant moi. Et je peux alors traverser le carrefour.
Et je veux traverser ce carrefour du non-sens.

La question de la haine des Juifs connaît différentes formes d'appellation d'origines incontrôlées à travers les siècles. De la judéophobie connue depuis l'essor du christianisme, de l'antijudaïsme médiéval et inquisiteur à l'antisionisme contemporain nauséeux, en passant par l'antisémitisme philosophique et politique du XIXᵉ siècle. L'antisémitisme du XIXᵉ siècle et sa philosophie fascisante... tellement proche des courants de pensée de notre époque. Prémices des grands carnages du siècle suivant. Et peut-être même de celui-ci.

Mais, ce ne serait là que voir le problème que par les trous d'un pommeau de douche comme dirait tout bon fasciste... Ce que je sais, maintenant, c'est que tout argumentaire venant d'un antisémite n'est qu'un vent mauvais. Comme je sais qu'il est reconnu par nombre d'intellectuels, d'Oury à Ory, que la question juive est avant tout une question anti-juive. Appelons un chat un chat. Si la question d'être juif ou non se pose, c'est bien parce qu'elle a une conséquence immédiate pour l'individu concerné. Classes sociales, âges, sexes, et mêmes nationalités s'effacent au profit de l'état défini de juif.
Alors, antijudaïsme, antisémitisme, antisionisme... choisissez votre camp si cela vous tente...

Être atteint de judéophobie, cela semble redevenu à la mode. Le climat se dégrade, l'inflation galope, la Troisième Guerre mondiale menace, l'instabilité politique règne...
Il faut des coupables.
Les Juifs en sont.
C'est une tradition mondiale.
Et changer le monde, c'est une drôle d'idée, non ?

Mais au fait, pourquoi avez-vous peur du Juif ?
Et pour commencer, pour vous, qu'est-ce que c'est qu'un Juif ?
À lire les propos de certains « penseurs » d'hier et d'aujourd'hui, le Juif serait responsable de tout, à commencer des crises économiques, de l'exploitation des classes ouvrières, des guerres et de la dépravation des civilisations qu'il « infeste ». Qu'il colonise comme un rat colonise les sous-sols des villes. Le rat est une vermine insidieuse porteuse de peste. Et donc qui sied à merveille comme animal totem au Juif, puisque le Juif est le mal incarné !
Puisque le Juif a trahi le Christ.
Puisque le Juif a tué le Christ !
Et puisque le Christ est mort par amour pour vous, pour vous laver de vos péchés, vous devez donc confondre son assassin... et le haïr de toute votre âme.
Ses rites religieux sont mystérieux.
Sectaires.
Maçonniques.
Et passons rapidement sur les descriptifs physiques : nez tordus, mains crochues, petits yeux noirs rapprochés, lèvres disproportionnées...
Le Juif ?
Vous ne pouvez pas vous tromper, il se reconnaît de loin...

Et si seulement le Juif voulait bien s'intégrer, prendre drapeau et patrie, souffrir en même temps que les autres et en finir avec son folklore...
Il pourrait se fondre dans le décor.
Ainsi on oublierait qu'il est juif...
Qu'il complote sans cesse contre nous.
Vous, les humains !
C'est-à-dire ceux qui ne sont pas juifs.

Mais le Juif s'en moque...
Le Juif est contre le reste du monde.

Il préfère encore mourir plutôt que de vous ressembler…
Sans autres critères revendiqués que celui d'être juif…
Et de garder sa place d'élu du peuple élu !
Mais au fait, puisque le Juif a un pays, Israël, pourquoi n'y vit-il pas ?
Pourquoi est-il resté en Europe après Hitler ?
Quel est le plan final de la juiverie internationale ?

Mais les véritables questions, au regard de l'histoire de l'humanité,
sont plutôt celles-ci : quelle est la finalité de cette haine ancestrale
du juif ? Quand donc cessera l'antisémitisme galopant de notre
époque ? Quand cesseront les inepties des extrémistes de tout bord ?
Quand cesserons-nous de jouer avec le feu des nations ?
C'est ce que je me demande…
C'est ce que tout homme éduqué devrait se demander.
C'est ce que tout homme juste devrait se demander.
C'est ce que tout être humain devrait se demander.

Yoann Laurent-Rouault

PARTIE I

I

La France dans les derniers temps
du XIXᵉ siècle

La France de la IIIᵉ République et du président Félix Faure est conservatrice et appelle la population à respecter et à reconnaître sans réserve « *l'indiscutable autorité républicaine* » d'alors. À cette date, la IIIᵉ se pose enfin après une longue période d'instabilité ministérielle et les coups successifs portés par les bonapartistes ou encore par le général Boulanger. La guerre de Prusse, la chute du Second Empire, les guerres politiques entre radicaux et libéraux et les intrigues royalistes, comme les prises de position religieuses l'ont éreintée. L'anarchie gronde aussi ; le 10 septembre 1898, Luigi Luccheni assassine Sissi l'impératrice d'Autriche et reine de Hongrie, de Bohême et de Lombardie-Vénétie, à Genève. Le nord de la France est en proie aux grèves et aux mouvements sociaux. La séparation de l'Église et de l'État comme la promotion de la laïcité est actée. La ruralité est contrariée par l'essor industriel. La France vit de profonds changements.

Pourtant, cahin-caha, cette république survivra même à la Première Guerre mondiale et perdurera jusqu'à la triste parenthèse de l'État français de Pétain, 47 ans plus tard. Avant que ne lui succède à son tour l'éphémère IVᵉ République.

Plutôt de mentalité bourgeoise et bien-pensante, ampoulée et friande de distinctions et d'honneurs républicains, forte d'un riche empire colonial en pleine expansion, industrialisée, moderne et résolument tournée vers l'avenir, la France de 1895 brille de mille feux à l'international. La très démonstrative exposition universelle de 1900 approche à grands pas. La France reste un empire et elle compte bien le montrer. Un énorme travail de réformes sociales et éducatives a été entrepris en parallèle à cet essor et sa classe politique voit émerger ou se confirmer de grandes figures qui marqueront durablement l'Histoire, comme Jules Ferry, Aristide Briand, Jean Jaurès, Léon Blum, Albert de Mun ou encore « le père la victoire », George Clemenceau, pour n'en citer que quelques-uns. Les dreyfusards sont portés par le modernisme et le libéralisme. Ils ne veulent pas des préceptes de la vieille république pour vérités absolues. Ils ont soif de liberté et d'égalité et sont pour la plupart fondamentalement laïques. Ils rejettent massivement « la république à papa ».

Les « anti-dreyfusards » sont souvent catholiques, antisémites, conservateurs, radicaux, colonialistes et bourgeois dans l'essentiel et ils vénèrent la république et l'armée. Bien qu'au fond, ces personnalités soient très souvent nostalgiques de la monarchie constitutionnelle ou du Second Empire, selon la couleur de leurs croyances.

Ils souhaiteraient la république de Félix Faure plus autoritaire et déterminée qu'elle ne l'est. Plus directive et moins attachée au « petit peuple », notamment aux classes ouvrières et paysannes. Paradoxalement, la montée des extrémismes leur fait peur. Le socialisme en particulier, car considéré comme tel à l'époque. Comme le libéralisme laïc les effraie, les traditions étant essentiellement liées à l'Église catholique romaine, du baptême à l'extrême onction, en passant par le mariage. Quant à l'armée, pour les deux camps, elle demeure majoritairement la grande fierté patriotique du moment, car elle est le fer de lance de l'empire, et donc de la richesse coloniale importée, de l'Asie à l'Afrique en passant par le Pacifique. Pour les conservateurs, c'est ce colonialisme et ses richesses qui portent la France au rang des grandes puissances. Et majoritairement, les Français soutiennent l'effort patriotique et colonialiste. La grande industrie investit massivement dans les territoires colonisés. Et les « opportunités » financières sont foules, même si elles sont plus ou moins réalistes, l'époque se prêtant aux escroqueries les plus variées et aux corruptions les plus improbables. La rivalité entre nations, notamment avec l'Angleterre, s'exprimera d'ailleurs pleinement à cette époque, entre autres exemples, avec la crise de Fachoda qui clôturera la mission française « Congo-Nil » du célèbre capitaine Marchand. Il s'agissait, en se portant les premiers sur le Nil depuis les territoires d'Afrique occidentale sous contrôle français, de contester l'hégémonie britannique sur le grand fleuve africain et d'implanter au sud de l'Égypte un nouveau protectorat français. Ce qu'évidemment, la couronne d'Angleterre ne souhaita pas. La guerre entre les deux grandes nations sera évitée de peu. La diplomatie, là, fera œuvre utile. Imaginez les conséquences d'un conflit ouvert contre la France qui aurait alors probablement associé Anglais et Allemands... Quant à l'Europe des nations, on sent déjà ses faiblesses et ses manques. Elle explosera quelque temps plus tard dans un déluge inédit de fer et de feu. Un déluge industriel et coupable. Un déluge qui aurait dû être évité. Pourquoi ont-ils tué Jaurès ? chantera Jacques Brel.

Au-delà de l'affaire Dreyfus, ce sont deux grandes tendances de l'opinion publique qui s'affrontent. Et c'est dans ce climat déjà velléitaire que Zola prendra le risque de défendre publiquement le capitaine Dreyfus, comme de défendre son point de vue, comme enfin il en provoquera les conséquences juridiques. Et assumera les risques qui y seront associés.

Zola, l'écrivain de la « gauche ouvrière », du petit peuple des mines et des usines, des prostituées et de la bohème, le journaliste politique, le critique littéraire et artistique, l'ami de Cézanne « le maudit », le sociologue et fin observateur qui écrira la saga en 20 volumes des Rougon-Macquart, terminera sa riche et prolifique carrière par ce coup d'éclat. Tout en prenant le risque, au sommet de sa gloire, de se voir mourir ruiné et en exil à Londres, car il devra fuir la France au terme d'un retentissant et médiatique procès, sur lequel nous reviendrons.

En 1898, date de sa fameuse lettre ouverte au président Faure, Zola est déjà âgé de 58 ans. Il ne devrait plus rêver que d'espérer profiter de sa position et de se reposer à l'ombre des lauriers de sa gloire, avec sa « double » famille. Il aurait dû continuer de tenter de se présenter à la porte de l'Académie française, courir les honneurs et profiter du temps qui passe. Il ne faut pas sous-estimer l'importance d'Émile Zola dans cette France de la fin du XIXe siècle, aussi bien en tant qu'intellectuel qu'en tant qu'influenceur d'opinion. L'auteur est l'un des romanciers les plus connus de son époque, ses romans se vendent déjà par dizaines de milliers, en France et à l'international, et il est aussi le chef de file du mouvement littéraire appelé le « naturalisme ». Il est également président de la fameuse société des gens de lettres. Zola était une personnalité de premier plan. Pour son engagement intellectuel et moral, il remettra tout cela en jeu.

Il entrera au Panthéon le 4 juin 1908, soit 6 ans après sa mort. Sous le signe « astrologique » de la « réconciliation française ». Vous pouvez lire ceci sur le site web de l'Assemblée nationale :

« La décision de transférer les cendres d'Émile Zola au Panthéon a été prise par la Chambre des députés le 13 juillet 1906, au lendemain de l'annulation par la Cour de cassation du jugement condamnant Alfred Dreyfus. Mais la loi n'a vu son aboutissement que deux ans plus tard, le 4 juin 1908, lorsque la "panthéonisation" de l'écrivain a été réalisée. Le panthéon accueille, dans la crypte, une exposition rendant honneur au chef de file du naturalisme, auteur de la réconciliation nationale, après une lutte sans merci entre pro et antidreyfusards. »

Le saviez-vous ?

L'année 1898 dans le monde en quelques dates.

➢ 20-25 janvier, Algérie : émeutes anti-juives, en particulier à Alger.

➢ 31 janvier : naissance de Joseph Kessel, romancier et journaliste français († 23 juillet 1979).

➢ 10 février : naissance de Bertolt Brecht, dramaturge allemand († 14 août 1956).

➢ 15 février : explosion mystérieuse du cuirassé américain USS Maine en rade de La Havane. Bien qu'il s'agisse d'un accident, Washington en accuse les Espagnols. Les États-Unis déclenchent les hostilités contre l'Espagne.

➢ 18 février : naissance d'Enzo Ferrari, pilote automobile et industriel italien († 14 août 1988).

➢ 13 mars : naissance d'Henry Hathaway, cinéaste américain († 11 février 1985).

➢ 18 avril : décès de Gustave Moreau, peintre français.

➢ 25 avril : guerre hispano-américaine. Le Congrès américain déclare la guerre à l'Espagne, arguant que « le peuple de Cuba doit être libre et indépendant ».

➢ 1er mai : les Français prennent Sikasso (Mali).

➢ 15 mai : Naissance d'Arletty, actrice française († 23 juillet 1992).

➢ 30 mai : conférences à Washington et à Québec pour régler le contentieux qui oppose le Canada et les États-Unis à propos de l'Alaska.

➢ 5 juin : Naissance de Federico García Lorca, poète et dramaturge espagnol († 19 août 1936).

➢ 9 juin : convention de Pékin. Le Royaume-Uni obtient une extension des territoires de Hong Kong, loués à la Chine pour quatre-vingt-dix-neuf ans à partir du 1er juillet

➢ 14 juin : convention franco-britannique signée à Paris fixant les limites des possessions françaises en Côte d'Ivoire, au Soudan et au Dahomey et les colonies britanniques de Côte-de-l'Or et au Nigeria britannique. La convention reconnaît les droits de la France sur le Tchad.

➢ 7 juillet : l'annexion d'Hawaï et de Wake par les États-Unis est approuvée par le Congrès.

- ➢ 10 juillet-4 novembre : crise de Fachoda. Itinéraire de la mission Marchand. La crise de Fachoda renforce l'antagonisme franco-britannique en Égypte. La France entrave l'action de Londres en faisant passer sous sa protection consulaire de nombreux responsables nationalistes.
- ➢ 22 juillet : Djibouti devient une colonie française et prend le nom de « Côte française des Somalis » ».
- ➢ 30 juillet : décès d'Otto von Bismarck, chancelier allemand.
- ➢ 3 août : décès de Charles Garnier, architecte français.
- ➢ 8 août : décès d'Eugène Boudin, peintre français.
- ➢ 9 septembre : décès de Stéphane Mallarmé, poète français.
- ➢ 10 septembre : assassinat de l'impératrice Élisabeth d'Autriche.
- ➢ 14 septembre : le Conseil supérieur de l'Indochine approuve le plan de réseau ferré du gouverneur Paul Doumer. La loi du 25 décembre 1898 approuve un emprunt de 200 millions de francs pour la réalisation de ce plan.
- ➢ 19 septembre : Lord Kitchener arrive avec 3 200 hommes devant Fachoda. Londres et Paris échangent des ultimatums. Une guerre entre la France et la Grande-Bretagne est envisagée, puis le gouvernement français s'incline.
- ➢ 24 octobre : décès de Pierre Puvis de Chavannes, peintre, graveur et dessinateur symboliste français.
- ➢ 11 novembre : Naissance de René Clair, réalisateur français († 15 mars 1981).
- ➢ 21 novembre : Naissance de René Magritte, peintre belge († 15 août 1967).
- ➢ 10 décembre : le traité de Paris met fin à la guerre hispano-américaine. Les États-Unis annexent Guam et Porto Rico à titre d'indemnité et achètent les Philippines à l'Espagne pour 20 millions de dollars. Cuba devient indépendant sous protectorat américain (1903-1934).
- ➢ 10 décembre : l'Espagne cède les Philippines aux États-Unis au traité de Paris pour 20 millions de dollars.

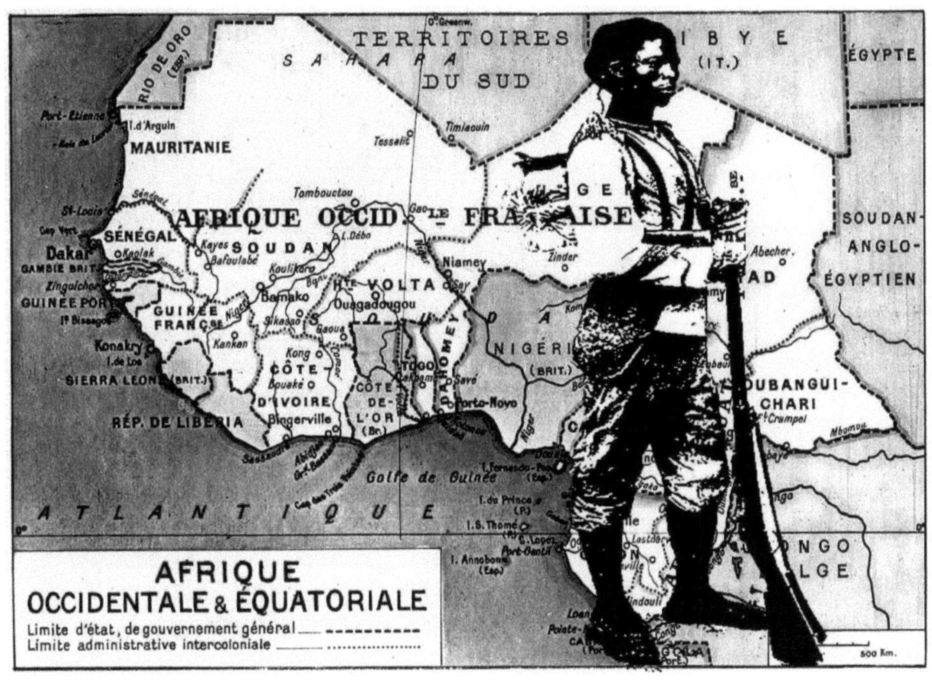

Empire colonial, montage d'après documentation, dessin et palette graphique, 2023 copyright Cat's society.

RÉPUBLIQUE FRANÇAISE.

GOUVERNEMENT
DE LA DÉFENSE NATIONALE.

AVIS.

Les célibataires ou veufs sans enfants, âgés de 25 à 35 ans, n'ayant point servi dans l'armée active, ont été mis, par la loi du 10 août 1870, à la disposition de l'autorité militaire.

En conséquence, les jeunes gens de cette catégorie qui se trouvent actuellement à Paris sont requis, quel que soit leur domicile d'origine, de se présenter, dans les 48 heures du présent avis, aux Mairies des arrondissements qu'ils habitent, pour s'y faire inscrire.

Ils déclareront leurs noms, profession, domicile habituel, lieu de naissance; ils feront connaitre s'ils font partie de la garde nationale sédentaire ou d'un des corps francs reconnu par l'autorité militaire, et, s'ils invoquent une des causes d'exemption admises par les lois des 21 mars 1832 et 1ᵉʳ février 1868, ils produiront les pièces à l'appui.

Le Conseil de révision se réunira incessamment pour statuer sur les causes d'exemption.

Paris, le 12 Novembre 1870.

Le Membre du Gouvernement,
Délégué près l'Administration du département de la Seine,

JULES FERRY.

Avis. Documentation image d'archive. Palette graphique.

La guerre franco-allemande de 1870-1871

Mais, procédons à un petit récapitulatif historique de ce traité de Versailles de 1871, aujourd'hui presque effacé dans la mémoire collective, car remplacé par celui de 1919 qui s'acta à l'issue de l'embrasement de l'Europe par la Première Guerre mondiale. Enfin, disons, à l'issue du premier épisode de la Guerre mondiale, car ne continue-t-elle pas encore de nos jours, au-delà du second épisode généraliste de 1939-1945, de l'Asie à l'Afrique en passant par l'Europe et l'Amérique ? Nous abordons cet épisode de l'histoire de France afin de bien comprendre l'état d'esprit qui régnait alors dans les consciences républicaines de cette fin de siècle et qui, par conséquent, s'avéra dramatique de conséquences pour le capitaine Dreyfus.

La guerre de 1870 est un conflit qui oppose la France, du 19 juillet 1870 au 28 janvier 1871, à une coalition d'États allemands dirigée par la Prusse et comprenant les 21 autres États membres de la confédération de l'Allemagne du Nord, ainsi que le royaume de Bavière, celui de Wurtemberg et le grand-duché de Bade.

En 1866, la Prusse veut s'affranchir de l'Autriche ; un conflit éclate entre les deux empires et l'Autriche est battue. Le chancelier Otto von Bismarck veut ensuite sa revanche sur la défaite prussienne de la bataille d'Iéna de 1806 contre l'Empire de Napoléon Ier. Cette guerre est la conséquence directe de différentes questions nationales qui poussèrent les nombreux États allemands qui constituaient le territoire de la Prusse à s'unir. Le conflit aboutira à la proclamation de l'Empire allemand à Versailles en 1871.

À Versailles !

Demeure des rois de France depuis Louis XIV, et symbole, s'il en est un, de la puissance française. L'empire allemand se fonde donc en territoire français !

Sans Iéna, pas de Sedan

Le 19 juillet 1870, l'Empire français déclare la guerre au royaume de Prusse. Les troupes françaises sont mal préparées, moins nombreuses (300 000 hommes contre 500 000) et elles manquent cruellement d'une stratégie militaire concertée. Le conflit tourne rapidement à l'avantage des Allemands. Les Français sont défaits à plusieurs reprises début août sur le front de l'Est. Napoléon III, qui dirige l'armée, cède le commandement au général Mac Mahon moins d'un mois après le début du conflit. Encerclé à Sedan, l'empereur capitule le 2 septembre 1870. Une débâcle qui n'est pas sans en rappeler une autre qui aura des conséquences beaucoup plus fâcheuses, 70 ans plus tard. Cette capitulation entraîne la chute du régime et la proclamation de la République. Le gouvernement provisoire continuera la guerre, mais en l'absence de victoires décisives, un armistice partiel sera signé le 26 janvier 1871, suivi de la signature de conventions militaires le 28 janvier suivant. L'armistice définitif intervient le 15 février 1871. Le traité de paix, signé le 10 mai 1871 à Francfort-sur-le-Main, entérine définitivement la victoire allemande.

Cette victoire entraîne l'annexion par le Reich de l'Alsace (excepté l'arrondissement de Belfort dans le Haut-Rhin) et d'une partie de la Lorraine (Moselle actuelle). La France doit également supporter l'occupation d'un bon tiers de son territoire jusqu'en 1873 et le paiement d'une indemnité de 5 milliards de francs-or. La défaite provoque en France un sentiment de frustration durable et extrême qui contribue à la montée d'un nationalisme revanchard. La presse s'empare alors de « l'affaire Dreyfus », qui aurait normalement dû rester dans le domaine du secret militaire.

Couverture presse, documentation image d'archive. Palette graphique.

Couverture presse, documentation image d'archive. Palette graphique.

II

La « une » de *L'Aurore*

« *J'accuse… !* » est le titre de l'article de presse rédigé par Émile Zola au cours de l'improbable et polémique « affaire Dreyfus » qui, en son époque, coupa la France en deux clans bien distincts : les pro et antidreyfusards.

Au travail, en société, en famille, on était alors, à partir de 1898, soit « un salopard » de dreyfusard, soit un antidreyfusard convaincu et patriote. Il fallait choisir un camp. Obligatoirement. Les journaux de l'époque n'hésitaient pas à publier la photographie encadrée des partisans des deux clans, sous les titres de « traîtres » ou de « patriotes ». À partir du moment où *L'Aurore* publia le brûlot de Zola, une bataille d'opinion, sans comparaison jusque-là, déchaîna les passions jusque dans les plus hautes sphères de la société française et internationale. Les ramifications et l'arborescence sociale et politique, intellectuelle et étatique de l'affaire Dreyfus sont tout simplement incroyables ! Et, je le crois, inégalées jusqu'à ce jour.

Cet article historique, rédigé par *l'un des plus grands auteurs français de tous les temps*, fut publié dans le n° 87 du 13 janvier 1898 du journal *L'Aurore,* sous la forme d'une lettre ouverte au président de la République française, Félix Faure. Ce dernier étant un antidreyfusard reconnu qui se rendra coupable de partialité pour la postérité.

Cette « une », et ce titre du quotidien *L'Aurore,* est probablement devenue l'une des premières pages journalistiques les plus célèbres au monde. Elle sert aujourd'hui encore de référence aux intellectuels et aux artistes et elle est reconnue, presque labellisée, comme l'exemple type du coup d'éclat médiatique capable de bouleverser l'ordre étatique et de faire chavirer l'opinion publique. Elle est un cri, et une indignation démocrate encore plus que républicaine. Cette lettre ouverte et citoyenne est un pamphlet incendiaire contre l'iniquité. Elle n'est en plus motivée par aucune ambition personnelle. Elle n'est que la traduction d'une forte conviction. D'une presque foi.

Quel auteur, quel intellectuel, quel artiste, quel journaliste n'a pas rêvé d'être l'auteur du « J'accuse » de Zola ?

L'article fut une postérité assurée pour Zola, bien évidemment, il fut même peut-être son billet d'entrée pour le Panthéon, mais surtout, il

symbolise plus que tout autre chose un engagement et un combat intellectuel assumé, qui sera au final gagnant. Même si la victoire sera en demi-teinte dans les faits. L'État ne renonçant jamais à avoir le dernier mot. Et Zola subira les foudres de l'orage qu'il aura provoqué, le reste de sa vie. C'est même probablement cet article qui le tuera.
Cette lettre est donc un exemple « immortel » de la force de frappe et de conviction d'un auteur. D'un intellectuel humaniste et progressiste indigné par le comportement et les décisions juridiques injustes et partisanes. Prodigieusement moderne, porté par un titre choc et une diffusion massive, le message assènera un coup puissant aux institutions de la IIIe République (en exercice de septembre 1870 à juillet 1940), à son chef et ses politiques comme aux plus hauts représentants de « la grande muette ».
Le quotidien *L'Aurore* publie ce brûlot, refusé par *Le Figaro*, dans un climat social et international tendu, entre enjeux coloniaux des empires et labyrinthes des alliances, industrialisation massive et modernité agressive. Le procédé alors utilisé par Zola, comme vous le savez, fera école. Il le pensera lui-même comme « révolutionnaire » pour son époque. À la suite de cette publication, des manifestations antisémites se déroulèrent dans toutes les grandes villes de France, à Paris, à Nantes, à Rennes, à Bordeaux, à Marseille, à Nancy...
Je cite : « *Des devantures de magasins juifs sont détruites, des synagogues assiégées et des personnes molestées. Le 22 janvier, une "chasse aux Juifs" est lancée à Alger par Max Régis qui propose "d'arroser de sang juif l'arbre de la liberté"... Les Juifs ripostent, et un émeutier est tué. Au retour de ses obsèques le 23 janvier, plusieurs Juifs sont lapidés, et l'un d'eux massacré à coup de matraque. Plus de 600 personnes sont arrêtées, plus de 100 sont blessées. Les émeutes ne prennent fin qu'après le départ du gouverneur général Louis Lépine en juillet.* »
La « bête immonde » donnera toute son expression quelque 30 années plus tard, et elle se déchaînera comme jamais on ne put croire que c'était possible. Le monde libre la subira, luttera pour s'en défendre, tentera de la tuer, pensera même un jour y être arrivé, mais la verra malheureusement sans cesse renaître de ses cendres, comme un phénix maudit. Alors comme beaucoup d'autres artistes, auteurs et intellectuels, je crois fermement que si le mal n'a besoin de rien pour exister, les valeurs fondamentales de l'humanité ont besoin de « messies » occasionnels et pertinents pour être rappelées à la conscience de tous. Merci, Monsieur Zola, pour cette leçon de courage, d'engagement et d'honnêteté.

Pourquoi avoir choisi le journal *L'Aurore* ?

Le Figaro ayant refusé ses derniers articles qui avaient heurté son lectorat conservateur, mais publié tout de même précédemment *Pour les Juifs* et *Lettres à la jeunesse*, Zola se tourne vers le quotidien *L'Aurore* dont il connaît la direction à la fois éditoriale et politique. Il compte de longue date les frères Clemenceau dans ses relations. Ce quotidien a moins de résonnance que *Le Figaro*, mais son équipe éditoriale est extrêmement motivée par le sujet. Il termine la rédaction de son article dans les quarante-huit heures suivant le verdict de l'acquittement d'Esterhazy par le tribunal militaire. Mais, à la dernière minute, il décide d'aller vers une méthode de communication plus « révolutionnaire ». Initialement nommé « *Lettre à M. Félix Faure, président de la République* », le directeur de *L'Aurore* et le journaliste Georges Clemenceau offrent un titre plus percutant à Zola. Le directeur du journal confiera :

« *Je voulais faire un grand affichage et attirer l'attention du public. Puis Clemenceau me dit : "Mais Zola vous l'indique, lui-même, le titre. Il ne peut y en avoir qu'un : J'accuse... !"* »

Généralement diffusé autour de 30 000 exemplaires, le numéro du jeudi 13 janvier 1898 de *L'Aurore* décuple son tirage. Les 300 000 exemplaires se vendent en quelques heures. Les crieurs sont dans toutes les rues du centre de Paris. On veut lire ce que Zola a écrit. D'ailleurs, Zola n'a pas cherché à écrire un texte historique et encore moins une plaidoirie juridique. Son article est un brûlot, destiné à provoquer une prise de conscience face à l'injustice républicaine. C'est aussi, avec cet article paru, la première synthèse éditée de l'affaire Dreyfus qui est réalisée, que le public découvre enfin dans sa globalité, sans avoir besoin de reconstituer le puzzle de lui-même. Émile Zola avait travaillé son dossier, méticuleux et organisé, comme à son habitude. Un résumé de l'affaire Dreyfus, rédigé en partie d'après les notes de l'écrivain politique Bernard Lazare, avait été préparé depuis plusieurs semaines. Ce dernier comptait parmi les premiers dreyfusards. Zola avait envisagé la publication de son plaidoyer comme un livret, à l'image de sa *Lettre à la jeunesse*.

Mais Zola ignorait certaines réalités de l'affaire à cette date, et le texte de la lettre ouverte est davantage un instantané qu'un « dossier ». Une sorte de photographie qui entérine d'ailleurs l'idée que le dossier Dreyfus est bel et bien une « affaire ». Zola donne un rôle beaucoup trop important à certains acteurs de ce triste épisode et ignore le rôle considérable de certains autres. Il faudra attendre le dénouement total de l'histoire, en 1906, pour comprendre les tenants et les aboutissants de l'affaire. Et même bien au-delà de cette date.

Quoi qu'il en soit, le retentissement de l'article est considérable en France comme dans le monde. Un des objectifs de Zola est de s'exposer personnellement à des poursuites judiciaires civiles. Le romancier souhaite relancer le débat et exposer l'affaire au sein d'une enceinte judiciaire civile, au moment où tout semble perdu pour la cause drey-fusarde, et ainsi désavouer les deux conseils de guerre successifs, ayant pour l'un condamné Alfred Dreyfus pour un crime de trahison qu'il n'avait pas commis, et pour l'autre acquitté le commandant Es-terhazy pourtant convaincu de trahison. La réaction du gouvernement ne se fait pas attendre, pas plus que celle de l'État- major militaire offusqué, outré et déshonoré ! Le général Billot, ministre de la Guerre, porte plainte contre Émile Zola et Alexandre Perrenx, le gérant du journal *L'Aurore*. Pour diffamation. Pour Zola, sa victoire du moment ne sera que le début d'une descente aux enfers qui le conduira proba-blement à la mort. Et l'affaire Dreyfus l'accompagnera même au-delà.

Affiche antisémite, d'après documentation, dessin et palette graphique, 2023 copyright Cat's society.

« J'ACCUSE... ! »

par Émile Zola

13 janvier 1898

III

LETTRE À M. FÉLIX FAURE

Président de la République

***

Monsieur le Président,

Me permettez-vous, dans ma gratitude pour le bienveillant accueil que vous m'avez fait un jour, d'avoir le souci de votre juste gloire et de vous dire que votre étoile, si heureuse jusqu'ici, est menacée de la plus honteuse, de la plus ineffaçable des taches ?

Vous êtes sorti sain et sauf des basses calomnies, vous avez conquis les cœurs. Vous apparaissez rayonnant dans l'apothéose de cette fête patriotique que l'alliance russe a été pour la France, et vous vous préparez à présider au solennel triomphe de notre Exposition Universelle, qui couronnera notre grand siècle de travail, de vérité et de liberté. Mais quelle tache de boue sur votre nom — j'allais dire sur votre règne — que cette abominable affaire Dreyfus ! Un conseil de guerre vient, par ordre, d'oser acquitter un Esterhazy, soufflet suprême à toute vérité, à toute justice. Et c'est fini, la France a sur la joue cette souillure, l'histoire écrira que c'est sous votre présidence qu'un tel crime social a pu être commis.

Puisqu'ils ont osé, j'oserai aussi, moi. La vérité, je la dirai, car j'ai promis de la dire, si la justice, régulièrement saisie, ne la faisait pas, pleine et entière. Mon devoir est de parler, je ne veux pas être complice. Mes nuits seraient hantées par le spectre de l'innocent qui expie là-bas, dans la plus affreuse des tortures, un crime qu'il n'a pas commis.

Et c'est à vous, monsieur le Président, que je la crierai, cette vérité, de toute la force de ma révolte d'honnête homme. Pour votre honneur, je suis convaincu que vous l'ignorez. Et à qui donc dénoncerai-je la tourbe malfaisante des vrais coupables, si ce n'est à vous, le premier magistrat du pays ?

***

La vérité d'abord sur le procès et sur la condamnation de Dreyfus.

Un homme néfaste a tout mené, a tout fait, c'est le lieutenant-colonel du Paty de Clam, alors simple commandant. Il est l'affaire Dreyfus tout entière ; on ne la connaîtra que lorsqu'une enquête loyale aura établi nettement ses actes et ses responsabilités. Il apparaît comme l'esprit le plus fumeux, le plus compliqué, hanté d'intrigues romanesques, se complaisant aux moyens des romans-feuilletons, les papiers volés, les lettres anonymes, les rendez-vous dans les endroits déserts, les femmes mystérieuses qui colportent, de nuit, des preuves accablantes. C'est lui qui imagina de dicter le bordereau à Dreyfus ; c'est lui qui rêva de l'étudier dans une pièce entièrement revêtue de glaces ; c'est lui que le commandant Forzinetti nous représente armé d'une lanterne sourde, voulant se faire introduire près de l'accusé endormi, pour projeter sur son visage un brusque flot de lumière et surprendre ainsi son crime, dans l'émoi du réveil. Et je n'ai pas à tout dire, qu'on cherche, on trouvera. Je déclare simplement que le commandant du Paty de Clam, chargé d'instruire l'affaire Dreyfus, comme officier judiciaire, est, dans l'ordre des dates et des responsabilités, le premier coupable de l'effroyable erreur judiciaire qui a été commise.

Le bordereau était depuis quelque temps déjà entre les mains du colonel Sandherr, directeur du bureau des renseignements, mort depuis de paralysie générale. Des « fuites » avaient lieu, des papiers disparaissaient, comme il en disparaît aujourd'hui encore ; et l'auteur du bordereau était recherché, lorsqu'un a priori se fit peu à peu que cet auteur ne pouvait être qu'un officier de l'état-major, et un officier d'artillerie : double erreur manifeste, qui montre avec quel esprit superficiel on avait étudié ce bordereau, car un examen raisonné démontre qu'il ne pouvait s'agir que d'un officier de troupe. On cherchait donc dans la maison, on examinait les écritures, c'était comme une affaire de famille, un traître à surprendre dans les bureaux mêmes, pour l'en expulser. Et, sans que je veuille refaire ici une histoire connue en partie, le commandant du Paty de Clam entre en scène, dès qu'un premier soupçon tombe sur Dreyfus. À partir de ce moment, c'est lui qui a inventé Dreyfus, l'affaire devient son affaire, il se fait fort de confondre le traître, de l'amener à des aveux complets. Il y a bien le ministre de la Guerre, le général Mercier, dont l'intelligence semble médiocre ; il y a bien le chef de l'état-major, le général de Boisdeffre, qui paraît avoir cédé à sa passion cléricale, et le sous-chef de l'état-major, le général Gonse, dont la conscience a pu s'accommoder de beaucoup de choses. Mais, au fond, il n'y a d'abord que le commandant du Paty de Clam, qui les mène tous, qui les hypnotise, car il s'occupe aussi de spiritisme, d'occultisme, il con-

verse avec les esprits. On ne saurait concevoir les expériences auxquelles il a soumis le malheureux Dreyfus, les pièges dans lesquels il a voulu le faire tomber, les enquêtes folles, les imaginations monstrueuses, toute une démence torturante.

Ah ! cette première affaire, elle est un cauchemar, pour qui la connaît dans ses détails vrais ! Le commandant du Paty de Clam arrête Dreyfus, le met au secret. Il court chez madame Dreyfus, la terrorise, lui dit que, si elle parle, son mari est perdu. Pendant ce temps, le malheureux s'arrachait la chair, hurlait son innocence. Et l'instruction a été faite ainsi, comme dans une chronique du XVe siècle, au milieu du mystère, avec une complication d'expédients farouches, tout cela basé sur une seule charge enfantine, ce bordereau imbécile, qui n'était pas seulement une trahison vulgaire, qui était aussi la plus impudente des escroqueries, car les fameux secrets livrés se trouvaient presque tous sans valeur. Si j'insiste, c'est que l'œuf est ici, d'où va sortir plus tard le vrai crime, l'épouvantable déni de justice dont la France est malade. Je voudrais faire toucher du doigt comment l'erreur judiciaire a pu être possible, comment elle est née des machinations du commandant du Paty de Clam, comment le général Mercier, les généraux de Boisdeffre et Gonse ont pu s'y laisser prendre, engager peu à peu leur responsabilité dans cette erreur, qu'ils ont cru devoir, plus tard, imposer comme la vérité sainte, une vérité qui ne se discute même pas. Au début, il n'y a donc, de leur part, que de l'incurie et de l'inintelligence. Tout au plus, les sent-on céder aux passions religieuses du milieu et aux préjugés de l'esprit de corps. Ils ont laissé faire la sottise.

Mais voici Dreyfus devant le conseil de guerre. Le huis clos le plus absolu est exigé. Un traître aurait ouvert la frontière à l'ennemi pour conduire l'empereur allemand jusqu'à Notre-Dame, qu'on ne prendrait pas des mesures de silence et de mystère plus étroites. La nation est frappée de stupeur, on chuchote des faits terribles, de ces trahisons monstrueuses qui indignent l'Histoire ; et naturellement la nation s'incline. Il n'y a pas de châtiment assez sévère, elle applaudira à la dégradation publique, elle voudra que le coupable reste sur son rocher d'infamie, dévoré par le remords. Est-ce donc vrai, les choses indicibles, les choses dangereuses, capables de mettre l'Europe en flammes, qu'on a dû enterrer soigneusement derrière ce huis clos ? Non ! il n'y a eu, derrière, que les imaginations romanesques et démentes du commandant du Paty de Clam. Tout cela n'a été fait que pour cacher le plus saugrenu des romans-feuilletons. Et il suffit, pour s'en assurer, d'étudier attentivement l'acte d'accusation, lu devant le conseil de guerre.

Ah ! le néant de cet acte d'accusation ! Qu'un homme ait pu être condamné sur cet acte, c'est un prodige d'iniquité. Je défie les honnêtes gens de le lire, sans que leur cœur bondisse d'indignation et crie leur révolte, en pensant à l'expiation démesurée, là-bas, à l'île du Diable. Dreyfus sait plusieurs langues, crime ; on n'a trouvé chez lui aucun papier compromettant, crime ; il va parfois dans son pays d'origine, crime ; il est laborieux, il a le souci de tout savoir, crime ; il ne se trouble pas, crime ; il se trouble, crime. Et les naïvetés de rédaction, les formelles assertions dans le vide ! On nous avait parlé de quatorze chefs d'accusation : nous n'en trouvons qu'une seule en fin de compte, celle du bordereau ; et nous apprenons même que les experts n'étaient pas d'accord, qu'un d'eux, M. Gobert, a été bousculé militairement, parce qu'il se permettait de ne pas conclure dans le sens désiré. On parlait aussi de vingt-trois officiers qui étaient venus accabler Dreyfus de leurs témoignages. Nous ignorons encore leurs interrogatoires, mais il est certain que tous ne l'avaient pas chargé ; et il est à remarquer, en outre, que tous appartenaient aux bureaux de la guerre. C'est un procès de famille, on est là entre soi, et il faut s'en souvenir : l'état-major a voulu le procès, l'a jugé, et il vient de le juger une seconde fois.

Donc, il ne restait que le bordereau, sur lequel les experts ne s'étaient pas entendus. On raconte que, dans la chambre du conseil, les juges allaient naturellement acquitter. Et, dès lors, comme l'on comprend l'obstination désespérée avec laquelle, pour justifier la condamnation, on affirme aujourd'hui l'existence d'une pièce secrète, accablante, la pièce qu'on ne peut montrer, qui légitime tout, devant laquelle nous devons nous incliner, le bon Dieu invisible et inconnaissable ! Je la nie, cette pièce, je la nie de toute ma puissance ! Une pièce ridicule, oui, peut-être la pièce où il est question de petites femmes, et où il est parlé d'un certain D... qui devient trop exigeant : quelque mari sans doute trouvant qu'on ne lui payait pas sa femme assez cher. Mais une pièce intéressant la défense nationale, qu'on ne saurait produire sans que la guerre fût déclarée demain, non, non ! C'est un mensonge ! et cela est d'autant plus odieux et cynique qu'ils mentent impunément sans qu'on puisse les en convaincre. Ils ameutent la France, ils se cachent derrière sa légitime émotion, ils ferment les bouches en troublant les cœurs, en pervertissant les esprits. Je ne connais pas de plus grand crime civique.

Voilà donc, monsieur le Président, les faits qui expliquent comment une erreur judiciaire a pu être commise ; et les preuves morales, la situation de fortune de Dreyfus, l'absence de motifs, son continuel cri d'innocence, achèvent de le montrer comme une victime des extraordi-

naires imaginations du commandant du Paty de Clam, du milieu clérical où il se trouvait, de la chasse aux «sales Juifs», qui déshonore notre époque.

***

Et nous arrivons à l'affaire Esterhazy. Trois ans se sont passés, beaucoup de consciences restent troublées profondément, s'inquiètent, cherchent, finissent par se convaincre de l'innocence de Dreyfus.

Je ne ferai pas l'historique des doutes, puis de la conviction de M. Scheurer-Kestner. Mais, pendant qu'il fouillait de son côté, il se passait des faits graves à l'état-major même. Le colonel Sandherr était mort, et le lieutenant-colonel Picquart lui avait succédé comme chef du bureau des renseignements. Et c'est à ce titre, dans l'exercice de ses fonctions, que ce dernier eut un jour entre les mains une lettre-télégramme, adressée au commandant Esterhazy, par un agent d'une puissance étrangère. Son devoir strict était d'ouvrir une enquête. La certitude est qu'il n'a jamais agi en dehors de la volonté de ses supérieurs. Il soumit donc ses soupçons à ses supérieurs hiérarchiques, le général Gonse, puis le général de Boisdeffre, puis le général Billot, qui avait succédé au général Mercier comme ministre de la Guerre. Le fameux dossier Picquart, dont il a été tant parlé, n'a jamais été que le dossier Billot, j'entends le dossier fait par un subordonné pour son ministre, le dossier qui doit exister encore au ministère de la Guerre. Les recherches durèrent de mai à septembre 1896, et ce qu'il faut affirmer bien haut, c'est que le général Gonse était convaincu de la culpabilité d'Esterhazy, c'est que le général de Boisdeffre et le général Billot ne mettaient pas en doute que le bordereau ne fût de l'écriture d'Esterhazy. L'enquête du lieutenant-colonel Picquart avait abouti à cette constatation certaine. Mais l'émoi était grand, car la condamnation d'Esterhazy entraînait inévitablement la révision du procès Dreyfus ; et c'était ce que l'état-major ne voulait à aucun prix.

Il dut y avoir là une minute psychologique pleine d'angoisse. Remarquez que le général Billot n'était compromis dans rien, il arrivait tout frais, il pouvait faire la vérité. Il n'osa pas, dans la terreur sans doute de l'opinion publique, certainement aussi dans la crainte de livrer tout l'état-major, le général de Boisdeffre, le général Gonse, sans compter les sous-ordres. Puis, ce ne fut là qu'une minute de combat entre sa conscience et ce qu'il croyait être l'intérêt militaire. Quand cette minute fut passée, il était déjà trop tard. Il s'était engagé, il était compromis. Et, depuis lors, sa responsabilité n'a fait que grandir, il a pris à sa charge le crime des autres, il est aussi coupable que les autres, il est plus coupable qu'eux, car il a été le maître de faire justice, et il n'a rien fait. Comprenez-vous cela ! Voici un an que le général Billot, que les généraux de Boisdeffre et Gonse savent que Dreyfus est innocent, et ils ont gardé pour eux cette effroyable chose ! Et ces gens-là dorment, et ils ont des femmes et des enfants qu'ils aiment !

Le colonel Picquart avait rempli son devoir d'honnête homme. Il insistait auprès de ses supérieurs, au nom de la justice. Il les suppliait même, il leur disait combien leurs délais étaient impolitiques, devant le terrible orage qui s'amoncelait, qui devait éclater, lorsque la vérité serait connue. Ce fut, plus tard, le langage que M. Scheurer-Kestner tint également au général Billot, l'adjurant par patriotisme de prendre en main l'affaire, de ne pas la laisser s'aggraver, au point de devenir un désastre public. Non ! Le crime était commis, l'état-major ne pouvait plus avouer son crime. Et le lieutenant-colonel Picquart fut envoyé en mission, on l'éloigna de plus en plus loin, jusqu'en Tunisie, où l'on voulut même un jour honorer sa bravoure, en le chargeant d'une mission qui l'aurait sûrement fait massacrer, dans les parages où le marquis de Morès a trouvé la mort. Il n'était pas en disgrâce, le général Gonse entretenait avec lui une correspondance amicale. Seulement, il est des secrets qu'il ne fait pas bon d'avoir surpris.

À Paris, la vérité marchait, irrésistible, et l'on sait de quelle façon l'orage attendu éclata. M. Mathieu Dreyfus dénonça le commandant Esterhazy comme le véritable auteur du bordereau, au moment où M. Scheurer-Kestner allait déposer, entre les mains du garde des Sceaux, une demande en révision du procès. Et c'est ici que le commandant Esterhazy paraît. Des témoignages le montrent d'abord affolé, prêt au suicide ou à la fuite. Puis, tout d'un coup, il paye d'audace, il étonne Paris par la violence de son attitude. C'est que du secours lui était venu, il avait reçu une lettre anonyme l'avertissant des menées de ses ennemis, une dame mystérieuse s'était même dérangée de nuit pour lui remettre une pièce volée à l'état-major, qui devait le sauver. Et je ne puis m'empêcher de retrouver là le lieutenant-colonel du Paty de Clam, en reconnaissant les expédients de son imagination fertile. Son œuvre, la culpabilité de Dreyfus, était en péril, et il a voulu sûrement défendre son œuvre. La révision du procès, mais c'était l'écroulement du roman-feuilleton si extravagant, si tragique, dont le dénouement abominable a lieu à l'île du Diable ! C'est ce qu'il ne pouvait permettre. Dès lors, le duel va avoir lieu entre le lieutenant-colonel Picquart et le lieutenant-colonel du Paty de Clam, l'un le visage découvert, l'autre masqué. On les retrouvera prochainement tous deux devant la justice civile. Au fond, c'est toujours l'état-major qui se défend, qui ne veut pas avouer son crime, dont l'abomination grandit d'heure en heure.

On s'est demandé avec stupeur quels étaient les protecteurs du commandant Esterhazy. C'est d'abord, dans l'ombre, le lieutenant-colonel du Paty de Clam qui a tout machiné, qui a tout conduit. Sa main se trahit aux moyens saugrenus. Puis, c'est le général de Boisdeffre, c'est le général Gonse, c'est le général Billot lui-même, qui sont bien obligés de faire acquitter le commandant, puisqu'ils ne peuvent laisser reconnaître l'innocence de Dreyfus, sans que les bureaux de la guerre croulent dans le mépris public. Et le beau résultat de cette situation prodigieuse est que l'honnête homme, là-dedans, le lieutenant-colonel Picquart, qui seul a fait son devoir, va être la victime, celui qu'on bafouera et qu'on punira. Ô justice, quelle affreuse désespérance serre le cœur ! On va jusqu'à dire que c'est lui le faussaire, qu'il a fabriqué la carte-télégramme pour perdre Esterhazy. Mais, grand Dieu ! pourquoi ? dans quel but ? donnez un motif. Est-ce que celui-là aussi est payé par les Juifs ? Le joli de l'histoire est qu'il était justement antisémite. Oui ! nous assistons à ce spectacle infâme, des hommes perdus de dettes et de crimes dont on proclame l'innocence, tandis qu'on frappe l'honneur même, un homme à la vie sans tache ! Quand une société en est là, elle tombe en décomposition.

Voilà donc, monsieur le Président, l'affaire Esterhazy : un coupable qu'il s'agissait d'innocenter. Depuis bientôt deux mois, nous pouvons suivre heure par heure la belle besogne. J'abrège, car ce n'est ici, en gros, que le résumé de l'histoire dont les brûlantes pages seront un jour écrites tout au long. Et nous avons donc vu le général de Pellieux, puis le commandant Ravary, conduire une enquête scélérate d'où les coquins sortent transfigurés et les honnêtes gens salis. Puis, on a convoqué le conseil de guerre.

***

Comment a-t-on pu espérer qu'un conseil de guerre déferait ce qu'un conseil de guerre avait fait ?

Je ne parle même pas du choix toujours possible des juges. L'idée supérieure de discipline, qui est dans le sang de ces soldats, ne suffit-elle à infirmer leur pouvoir d'équité ? Qui dit discipline dit obéissance. Lorsque le ministre de la Guerre, le grand chef, a établi publiquement, aux acclamations de la représentation nationale, l'autorité de la chose jugée, vous voulez qu'un conseil de guerre lui donne un formel démenti ? Hiérarchiquement, cela est impossible. Le général Billot a suggestionné les juges par sa déclaration, et ils ont jugé comme ils doivent aller au feu, sans raisonner. L'opinion préconçue qu'ils ont apportée sur leur siège est évidemment celle-ci : « Dreyfus a été condamné pour crime de trahison par un conseil de guerre, il est donc coupable ; et nous, conseil de guerre, nous ne pouvons le déclarer innocent ; or nous savons que reconnaître la culpabilité d'Esterhazy, ce serait proclamer l'innocence de Dreyfus. » Rien ne pouvait les faire sortir de là.

Ils ont rendu une sentence inique, qui à jamais pèsera sur nos conseils de guerre, qui entachera désormais de suspicion tous leurs arrêts. Le premier conseil de guerre a pu être inintelligent, le second est forcément criminel. Son excuse, je le répète, est que le chef suprême avait parlé, déclarant la chose jugée inattaquable, sainte et supérieure aux hommes, de sorte que des inférieurs ne pouvaient dire le contraire. On nous parle de l'honneur de l'armée, on veut que nous l'aimions, la respections. Ah ! certes, oui, l'armée qui se lèverait à la première menace, qui défendrait la terre française, elle est tout le peuple, et nous n'avons pour elle que tendresse et respect. Mais il ne s'agit pas d'elle, dont nous voulons justement la dignité, dans notre besoin de justice. Il s'agit du sabre, le maître qu'on nous donnera demain peut-être. Et baiser dévotement la poignée du sabre, le dieu, non !

Je l'ai démontré d'autre part : l'affaire Dreyfus était l'affaire des bureaux de la guerre, un officier de l'état-major, dénoncé par ses camarades de l'état-major, condamné sous la pression des chefs de l'état-major. Encore une fois, il ne peut revenir innocent sans que tout l'état-major soit coupable. Aussi les bureaux, par tous les moyens imaginables, par des campagnes de presse, par des communications, par des influences, n'ont-ils couvert Esterhazy que pour perdre une seconde fois Dreyfus. Quel coup de balai le gouvernement républicain devrait donner dans cette jésuitière, ainsi que les appelle le général Billot lui-même ! Où est-il, le ministère vraiment fort et d'un patriotisme sage, qui osera tout y refondre et tout y renouveler ? Que de gens je connais qui, devant une guerre possible, tremblent d'angoisse, en sachant dans quelles mains est la défense nationale ! Et quel nid de basses intrigues, de commérages et de dilapidations, est devenu cet asile sacré, où se décide le sort de la patrie ! On s'épouvante devant le jour terrible que vient d'y jeter l'affaire Dreyfus, ce sacrifice humain d'un malheureux, d'un « sale Juif » ! Ah ! tout ce qui s'est agité là de démence et de sottise, des imaginations folles, des pratiques de basse police, des mœurs d'inquisition et de tyrannie, le bon plaisir de quelques galonnés mettant leurs bottes sur la nation, lui rentrant dans la gorge son cri de vérité et de justice, sous le prétexte menteur et sacrilège de la raison d'État !

Et c'est un crime encore que de s'être appuyé sur la presse immonde, que de s'être laissé défendre par toute la fripouille de Paris, de sorte que voilà la fripouille qui triomphe insolemment, dans la défaite du droit et de la simple probité. C'est un crime d'avoir accusé de troubler la France ceux qui la veulent généreuse, à la tête des nations libres et justes, lorsqu'on ourdit soi-même l'impudent complot d'imposer l'erreur, devant le monde entier. C'est un crime d'égarer l'opinion, d'utiliser pour une besogne de mort cette opinion qu'on a pervertie jusqu'à la faire délirer. C'est un crime d'empoisonner les petits et les humbles, d'exaspérer les passions de réaction et d'intolérance, en s'abritant derrière l'odieux antisémitisme, dont la grande France libérale des droits de l'Homme mourra, si elle n'en est pas guérie. C'est un crime que d'exploiter le patriotisme pour des œuvres de haine, et c'est un crime, enfin, que de faire du sabre le dieu moderne, lorsque toute la science humaine est au travail pour l'œuvre prochaine de vérité et de justice.

Cette vérité, cette justice, que nous avons si passionnément voulues, quelle détresse à les voir ainsi souffletées, plus méconnues et plus obscurcies ! Je me doute de l'écroulement qui doit avoir lieu dans l'âme de M. Scheurer-Kestner, et je crois bien qu'il finira par éprouver un remords, celui de n'avoir pas agi révolutionnairement, le jour de l'interpellation au Sénat, en lâchant tout le paquet, pour tout jeter à bas. Il a été le grand honnête homme, l'homme de sa vie loyale, il a cru que la vérité se suffisait à elle-même, surtout lorsqu'elle lui apparaissait éclatante comme le plein jour. À quoi bon tout bouleverser, puisque bientôt le soleil allait luire ? Et c'est de cette sérénité confiante dont il est si cruellement puni. De même pour le lieutenant-colonel Picquart, qui, par un sentiment de haute dignité, n'a pas voulu publier les lettres du général Gonse. Ces scrupules l'honorent d'autant plus que, pendant qu'il restait respectueux de la discipline, ses supérieurs le faisaient couvrir de boue, instruisaient eux-mêmes son procès, de la façon la plus inattendue et la plus outrageante. Il y a deux victimes, deux braves gens, deux cœurs simples, qui ont laissé faire Dieu, tandis que le diable agissait. Et l'on a même vu, pour le lieutenant-colonel Picquart, cette chose ignoble : un tribunal français, après avoir laissé le rapporteur charger publiquement un témoin, l'accuser de toutes les fautes, a fait le huis clos, lorsque ce témoin a été introduit pour s'expliquer et se défendre. Je dis que ceci est un crime de plus et que ce crime soulèvera la conscience universelle. Décidément, les tribunaux militaires se font une singulière idée de la justice.

Telle est donc la simple vérité, monsieur le Président, et elle est effroyable, elle restera pour votre présidence une souillure. Je me doute bien que vous n'avez aucun pouvoir en cette affaire, que vous êtes le pri-

sonnier de la Constitution et de votre entourage. Vous n'en avez pas moins un devoir d'homme, auquel vous songerez, et que vous remplirez. Ce n'est pas, d'ailleurs, que je désespère le moins du monde du triomphe. Je le répète avec une certitude plus véhémente : la vérité est en marche et rien ne l'arrêtera. C'est d'aujourd'hui seulement que l'affaire commence, puisqu'aujourd'hui seulement les positions sont nettes : d'une part, les coupables qui ne veulent pas que la lumière se fasse ; de l'autre, les justiciers qui donneront leur vie pour qu'elle soit faite. Je l'ai dit ailleurs, et je le répète ici : quand on enferme la vérité sous terre, elle s'y amasse, elle y prend une force telle d'explosion, que, le jour où elle éclate, elle fait tout sauter avec elle. On verra bien si l'on ne vient pas de préparer, pour plus tard, le plus retentissant des désastres.

***

Mais cette lettre est longue, monsieur le Président, et il est temps de conclure.

J'accuse le lieutenant-colonel du Paty de Clam d'avoir été l'ouvrier diabolique de l'erreur judiciaire, en inconscient, je veux le croire, et d'avoir ensuite défendu son œuvre néfaste, depuis trois ans, par les machinations les plus saugrenues et les plus coupables.

J'accuse le général Mercier de s'être rendu complice, tout au moins par faiblesse d'esprit, d'une des plus grandes iniquités du siècle.

J'accuse le général Billot d'avoir eu entre les mains les preuves certaines de l'innocence de Dreyfus et de les avoir étouffées, de s'être rendu coupable de ce crime de lèse-humanité et de lèse-justice, dans un but politique et pour sauver l'état-major compromis.

J'accuse le général de Boisdeffre et le général Gonse de s'être rendus complices du même crime, l'un sans doute par passion cléricale, l'autre peut-être par cet esprit de corps qui fait des bureaux de la guerre l'arche sainte, inattaquable.

J'accuse le général de Pellieux et le commandant Ravary d'avoir fait une enquête scélérate, j'entends par là une enquête de la plus monstrueuse partialité, dont nous avons, dans le rapport du second, un impérissable monument de naïve audace.

J'accuse les trois experts en écritures, les sieurs Belhomme, Varinard et Couard, d'avoir fait des rapports mensongers et frauduleux, à moins qu'un examen médical ne les déclare atteints d'une maladie de la vue et du jugement.

J'accuse les bureaux de la guerre d'avoir mené dans la presse, particulièrement dans L'Éclair et dans L'Écho de Paris, une campagne abominable, pour égarer l'opinion et couvrir leur faute.

45

J'accuse enfin le premier conseil de guerre d'avoir violé le droit, en condamnant un accusé sur une pièce restée secrète, et j'accuse le second conseil de guerre d'avoir couvert cette illégalité, par ordre, en commettant à son tour le crime juridique d'acquitter sciemment un coupable.

En portant ces accusations, je n'ignore pas que je me mets sous le coup des articles 30 et 31 de la loi sur la presse du 29 juillet 1881, qui punit les délits de diffamation. Et c'est volontairement que je m'expose.

Quant aux gens que j'accuse, je ne les connais pas, je ne les ai jamais vus, je n'ai contre eux ni rancune ni haine. Ils ne sont pour moi que des entités, des esprits de malfaisance sociale. Et l'acte que j'accomplis ici n'est qu'un moyen révolutionnaire pour hâter l'explosion de la vérité et de la justice.

Je n'ai qu'une passion, celle de la lumière, au nom de l'humanité qui a tant souffert et qui a droit au bonheur. Ma protestation enflammée n'est que le cri de mon âme. Qu'on ose donc me traduire en cour d'assises et que l'enquête ait lieu au grand jour !

J'attends.

Veuillez agréer, monsieur le Président, l'assurance de mon profond respect.

Émile Zola

« *L'antisémitisme, dans les pays où il a une réelle importance, n'est jamais que l'arme d'un parti politique ou le résultat d'une situation économique grave.* »

Émile Zola

Affiche antisémite, documentation image d'archive. Palette graphique.

IV

« Pour les Juifs »

Un article de presse d'Émile Zola

Ce premier texte, ou *Lettre pour les Juifs*, passe pour être le premier acte du « *J'accuse* » qui sera publié deux ans plus tard. Le 16 mai 1896 paraissait donc en première page du *Figaro*, sur trois colonnes, un article d'Émile Zola intitulé : *Pour les Juifs*. En réaction à l'antisémitisme montant de la société française qui débordait dans la presse et trouvait de plus en plus d'écho. Notamment depuis la fondation de *La Libre Parole*, en 1892, par Drumont, auteur entre autres de *La France juive*, publié en 1886. Le titre de Zola pour cet article est volontairement provocateur et heurte les sensibilités jusque dans la rédaction du *Figaro*. D'ailleurs, ils refuseront de publier par la suite le « *J'accuse* ».

Nous sommes donc au printemps de l'année 1896. Alfred Dreyfus, qui a été condamné à la fin de l'année 1894, est emprisonné à l'île du Diable depuis deux ans, mais, en écrivant son article, Zola ne songe pas spécifiquement au sort de Dreyfus. Et pour tout dire, il ignore tout des circonstances du procès du malheureux capitaine et il n'imagine pas que l'on ait condamné un innocent. Zola rentrera dans la bataille lorsque le vice-président du Sénat, Scheurer-Kestner, sur les révélations portées par l'avocat de Picquart et l'action de Mathieu Dreyfus, ouvrira devant lui le dossier de ce qui deviendra « l'affaire Dreyfus » en novembre 1897.

Depuis quelques années, je suis la campagne qu'on essaye de faire en France contre les Juifs, avec une surprise et un dégoût croissants. Cela m'a l'air d'une monstruosité, j'entends une chose en dehors de tout bon sens, de toute vérité et de toute justice, une chose sotte et aveugle qui nous ramènerait à des siècles en arrière, une chose enfin qui aboutirait à la pire des abominations, une persécution religieuse, ensanglantant toutes les patries.

Et je veux le dire.

48

D'abord, quel procès dresse-t-on contre les Juifs, que leur reproche-t-on ?

Des gens, même des amis à moi, disent qu'ils ne peuvent les souffrir, qu'ils ne peuvent leur toucher la main, sans avoir à la peau un frémissement de répugnance. C'est l'horreur physique, la répulsion de race à race, du blanc pour le jaune, du rouge pour le noir. Je ne cherche pas si, dans cette répugnance, il n'entre pas la lointaine colère du chrétien pour le Juif qui a crucifié son Dieu, tout un atavisme séculaire de mépris et de vengeance. En somme, l'horreur physique est une bonne raison, la seule raison même, car il n'y a rien à répondre aux gens qui vous disent : «Je les exècre parce que je les exècre, parce que la vue seule de leur nez me jette hors de moi, parce que toute ma chair se révolte, à les sentir différents et contraires.»

Mais, en vérité, cette raison de l'hostilité de race à race n'est pas suffisante. Retournons alors au fond des bois, recommençons la guerre barbare d'espèce à espèce, dévorons-nous parce que nous n'aurons pas le même cri et que nous aurons le poil planté autrement. L'effort des civilisations est justement d'effacer ce besoin sauvage de se jeter sur son semblable, quand il n'est pas tout à fait semblable. Au cours des siècles, l'histoire des peuples n'est qu'une leçon de mutuelle tolérance, si bien que le rêve final sera de les ramener tous à l'universelle fraternité, de les noyer tous dans une commune tendresse, pour les sauver tous le plus possible de la commune douleur. Et, de notre temps, se haïr et se mordre, parce qu'on n'a pas le crâne absolument construit de même, commence â être la plus monstrueuse des folies.

J'arrive au procès sérieux, qui est surtout d'ordre social. Et je résume le réquisitoire, j'indique les grands traits. Les Juifs sont accusés d'être une nation dans la nation, de mener à l'écart une vie de caste religieuse et d'être ainsi, par-dessus les frontières, une sorte de secte internationale, sans patrie réelle, capable un jour, si elle triomphait, de mettre la main sur le monde. Les Juifs se marient entre eux, gardent un lien de famille très étroit, au milieu du relâchement moderne, se soutiennent et s'encouragent, montrent, dans leur isolement, une force de résistance et de lente conquête extraordinaire. Mais surtout ils sont de race pratique et avisée, ils apportent avec leur sang un besoin du lucre, un amour de l'argent, un esprit prodigieux des affaires, qui, en moins de cent ans, ont accumulé entre leurs mains des fortunes énormes, et qui semblent leur assurer la royauté, en un temps où l'argent est roi.

Et tout cela est vrai. Seulement, si l'on constate le fait, il faut l'expliquer. Ce qu'on doit ajouter, c'est que les Juifs, tels qu'ils existent aujourd'hui, sont notre œuvre, l'œuvre de nos dix-huit cents ans d'imbécile persécution. On les a parqués dans des quartiers infâmes, comme des lépreux, et rien d'étonnant à ce qu'ils aient vécu à part, conservant tout de leurs traditions, resserrant le lien de la famille, demeurant des vaincus chez des vainqueurs. On les a frappés, injuriés, abreuvés d'injustices et de violences, et rien d'étonnant à ce qu'ils gardent au cœur, même inconsciemment, l'espoir d'une lointaine revanche, la volonté de résister, de se maintenir et de vaincre. Surtout on leur a dédaigneusement abandonné le domaine de l'argent, qu'on méprisait, faisant socialement d'eux des trafiquants et des usuriers, et rien d'étonnant à ce que, lorsque le régime de la force brutale a fait place au régime de l'intelligence et du travail, on les ait trouvés maîtres des capitaux, la cervelle assouplie, exercée par des siècles d'hérédité, tout prêts pour l'empire.

Et voilà qu'aujourd'hui, terrifiés devant cette œuvre d'aveuglement, tremblants de voir ce que la foi sectaire du Moyen Âge a fait des Juifs, vous n'imaginez rien de mieux que de retourner à l'an mille, de reprendre les persécutions, de prêcher de nouveau la guerre sainte pour que les Juifs soient traqués, dépouillés, remis en tas, avec la rage dans l'âme, traités en peuple vaincu parmi un peuple vainqueur !

En vérité, vous êtes des gaillards intelligents, et vous avez là une jolie conception sociale !

Eh quoi ! vous êtes plus de deux cents mil-lions de catholiques, on compte à peine cinq millions de Juifs, et vous tremblez, vous appelez les gendarmes, vous menez un effroyable vacarme de terreur, comme si des nuées de pillards s'étaient abattues sur le pays. Voilà du courage !

Il me semble que les conditions de la lutte sont acceptables. Sur le terrain des affaires, pourquoi ne pas être aussi intelligents et aussi forts qu'eux ? Pendant le mois que je suis allé à la Bourse, pour tâcher d'y comprendre quelque chose, un banquier catholique me disait, en parlant des Juifs : « Ah ! monsieur, ils sont plus forts que nous, toujours ils nous battront. » Si cela était vrai, ce serait vraiment humiliant. Mais pourquoi serait-ce vrai ? Le don a beau exister, le travail et l'intelligence, quand même, peuvent tout. Je connais déjà des chrétiens qui sont des Juifs très distingués. Le champ est libre, et, s'ils ont eu des siècles pour aimer l'argent et pour apprendre à le gagner, il n'y a qu'à les suivre sur ce terrain, à y acquérir leurs qualités, à les battre avec leurs propres armes. Mon Dieu ! oui, cesser de les injurier inutilement, et les vaincre en leur étant supérieur. Rien n'est plus simple, et c'est la loi même de la vie.

Quelle satisfaction orgueilleuse doit être la leur, devant le cri de détresse que vous poussez ! N'être qu'une minorité infime et nécessiter un tel déploiement de guerre ! Tous les matins, vous les foudroyez, vous battez désespérément le rappel, comme si la cité se trouvait en péril d'être prise d'assaut ! À vous entendre, il faudrait rétablir le ghetto, nous aurions encore la rue des Juifs, qu'on barrerait le soir avec des chaînes. Et ce serait chose aimable, cette quarantaine, dans nos libres villes ouvertes. Je comprends qu'ils ne s'émotionnent pas et qu'ils continuent à triompher sur tous nos marchés financiers, car l'injure est la flèche légendaire qui retourne crever l'œil du méchant archer. Continuez donc à les persécuter, si vous voulez qu'ils conti-nuent à vaincre !

La persécution, vraiment, vous en êtes encore là ? Vous en êtes encore à cette belle imagination qu'on supprime les gens en les persécutant ? Eh ! c'est tout le contraire ; pas une cause n'a grandi qu'arrosée du sang de ses martyrs. S'il y a encore des Juifs, c'est de votre faute. Ils auraient disparu, se seraient fondus, si on ne les avait pas forcés de se défendre, de se grouper, de s'entêter dans leur race. Et, aujourd'hui encore, leur plus réelle puissance vient de vous, qui la rendez sensible en l'exagé-rant. On finit par créer un danger, en criant chaque matin qu'il existe. À force de montrer au peuple un épouvantail, on crée le monstre réel. Ne parlez donc plus d'eux, et ils ne seront plus. Le jour où le Juif ne sera qu'un homme comme nous, il sera notre frère.

Et la tactique s'indique, absolument opposée. Ouvrir les bras tout grands, réaliser socialement l'égalité reconnue par le Code. Embrasser les Juifs, pour les absorber et les confondre en nous. Nous enrichir de leurs qualités, puisqu'ils en ont. Faire cesser la guerre des races en mê-lant les races. Pousser aux mariages, remettre aux enfants le soin de réconcilier les pères. Et là seulement est l'œuvre d'unité, l'œuvre hu-maine et libératrice.

L'antisémitisme, dans les pays où il a une réelle importance, n'est jamais que l'arme d'un parti politique ou le résultat d'une situation économique grave.

Mais, en France, où il n'est pas vrai que les Juifs, comme on veut nous en convaincre, soient les maîtres absolus du pouvoir et de l'ar-gent, l'antisémitisme reste une chose en l'air, sans racines aucunes dans le peuple. Il a fallu, pour créer une apparence de mouvement, qui n'est au fond que du tapage, la passion de quelques cerveaux fu-meux, où se débat un louche catholicisme de sectaires, poursuivant jusque dans les Rothschild, par un abus de littérature, les descen-dants du Judas qui a livré et crucifié son Dieu. Et j'ajoute que le besoin d'un terrain de vacarme, la rage de se faire lire et de conquérir une notoriété retentissante, n'ont certainement pas été étrangers à cet allumage et à cet entretien public de bûchers, dont les flammes sont heureusement de simple décor.

Aussi quel échec lamentable ! Quoi ? depuis de si longs mois, tant d'injures, tant de délations, des Juifs dénoncés chaque jour comme des voleurs et des assassins, des chrétiens même dont on fait des Juifs quand on les veut atteindre, tout le monde juif, traqué, insulté, condamné ! Et, au demeurant, rien que du bruit, de vilaines paroles, des passions basses étalées, mais pas un acte, pas un coin de foule ameuté, ni un crâne fendu, ni une vitre cassée ! Faut-il que notre petit peuple de France soit un bon peuple, et sage, et honnête, pour ne pas écouter ces appels quotidiens à la guerre civile, pour garder sa raison, au milieu de ces excitations abominables, cette demande journalière du sang d'un Juif ! Ce n'est plus d'un prêtre que le journal déjeune chaque matin, mais d'un Juif, le plus gras, le plus fleuri qu'on puisse trouver. Déjeuner aussi médiocre que l'autre, et pour le moins aussi sot. Et, de tout cela, il ne reste que la laideur de la besogne, la plus folle et la plus exécrable qui soit à faire, la plus inutile aussi, heureusement, puisque les passants de la rue ne tournent même pas la tête, laissant les énergumènes se débattre comme des diables dans de louches bénitiers.

L'extraordinaire est qu'ils affectent la prétention de faire une œuvre indispensable et saine. Ah ! les pauvres gens, comme je les plains, s'ils sont sincères ! Quel épouvantable document. Ils vont laisser sur eux : cet amas d'erreurs, de mensonges, de furieuse envie, de démence exagérée, qu'ils entassent quotidiennement ! Quand un critique voudra descendre dans ce bourbier, il reculera d'horreur, en constatant qu'il n'y a eu là que passion religieuse et qu'intelligence déséquilibrée. Et c'est au pilori de l'histoire qu'on les clouera, ainsi que des malfaiteurs sociaux, dont les crimes n'ont avorté que grâce aux conditions de rare aveuglement dans lesquelles ils les ont commis.

Car là est ma continuelle stupeur, qu'un tel retour de fanatisme, qu'une telle tentative de guerre religieuse, ait pu se produire à notre époque, dans notre grand Paris, au milieu de notre bon peuple. Et cela dans nos temps de démocratie, d'universelle tolérance, lorsqu'un immense mouvement se déclare de partout vers l'égalité, la fraternité et la justice !

Nous en sommes à détruire les frontières, à rêver la communauté des peuples, à réunir des congrès de religions pour que les prêtres de tous les cultes s'embrassent, à nous sentir tous frères par la douleur, à vouloir tous nous sauver de la misère de vivre, en élevant un autel unique à la pitié humaine ! Et il y a là une poignée de fous, d'imbéciles ou d'habiles, qui nous crient chaque matin : « Tuons les Juifs, mangeons les Juifs, massacrons, exterminons, retournons aux bûchers et aux dragonnades ! » Voilà qui est bien choisir son moment ! Et rien ne serait plus bête, si rien n'était plus abominable !

Qu'il y ait, entre les mains de quelques Juifs, un accaparement douloureux de la richesse, c'est là un fait certain. Mais le même accaparement existe chez des catholiques et chez des protestants. Exploiter les révoltes populaires en les mettant au service d'une passion religieuse, jeter surtout le Juif en pâture aux revendications des déshérités, sous le prétexte d'y jeter l'homme d'argent, il y a là un socialisme hypocrite et menteur, qu'il faut dénoncer, qu'il faut flétrir. Si, un jour, la loi du travail se formule pour la vérité et pour le bonheur, elle recréera l'humanité entière ; et peu importera qu'on soit juif ou qu'on soit chrétien, car les comptes à rendre seront les mêmes, et les mêmes aussi les nouveaux droits et les nouveaux devoirs.

Ah ! cette unité humaine, à laquelle nous devons tous nous efforcer de croire, si nous voulons avoir le courage de vivre, et garder dans la lutte quelque espérance au cœur ! C'est le cri, confus encore, mais qui peu à peu va se dégager, s'enfler, monter de tous les peuples, affamés de vérité, de justice et de paix. Désarmons nos haines, aimons-nous dans nos villes, aimons-nous par-dessus les frontières, travaillons à fondre les races en une seule famille enfin heureuse ! Et mettons qu'il faudra mille ans, mais croyons quand même à la réalisation finale de l'amour, pour commencer du moins à nous aimer aujourd'hui autant que la misère des temps actuels nous le permettra. Et laissons les fous, et laissons les méchants retourner à la barbarie des forêts, ceux qui s'imaginent faire de la justice à coups de couteau. Que Jésus dise donc à ses fidèles exaspérés qu'il a pardonné aux Juifs et qu'ils sont des hommes !

Émile Zola

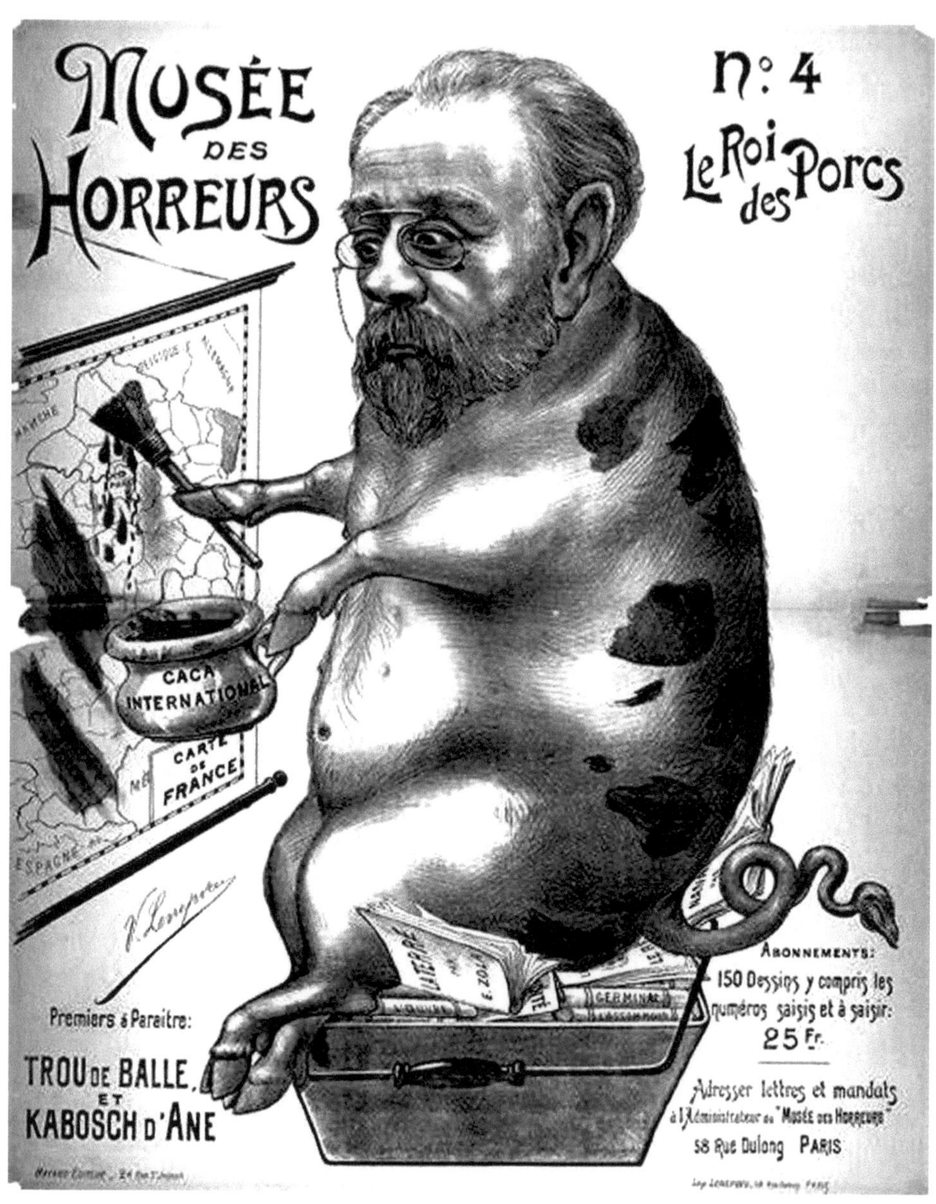

Couverture presse, Affiche antisémite, documentation image d'archive. Palette graphique.

V

« Lettre à la jeunesse »

1897 : 5 violentes manifestations étudiante ont lieu, notamment à Toulouse où des étudiants royalistes organisent une bataille rangée contre des étudiants dreyfusards, et plus tôt, ce fut un jeune homme seul qui fut tabassé par des étudiants ligueurs et antidreyfusards.
Zola rédige cette lettre à la jeunesse quelques mois avant le « J'accuse » que publiera le journal *L'Aurore*, le 13 janvier 1898.

Où allez-vous, jeunes gens, où allez-vous, étudiants, qui courez en bandes par les rues, manifestant au nom de vos colères et de vos enthousiasmes, éprouvant l'impérieux besoin de jeter publiquement le cri de vos consciences indignées ?

Allez-vous protester contre quelque abus du pouvoir, a-t-on offensé le besoin de vérité et d'équité, brûlant encore dans vos âmes neuves, ignorantes des accommodements politiques et des lâchetés quotidiennes de la vie ?

Allez-vous redresser un tort social, mettre la protestation de votre vibrante jeunesse dans la balance inégale, où sont si faussement pesés le sort des heureux et celui des déshérités de ce monde ?

Allez-vous, pour affirmer la tolérance, l'indépendance de la raison humaine, siffler quelque sectaire de l'intelligence, à la cervelle étroite, qui aura voulu ramener vos esprits libérés à l'erreur ancienne, en proclamant la banqueroute de la science ?

Allez-vous crier, sous la fenêtre de quelque personnage fuyant et hypocrite, votre foi invincible en l'avenir, en ce siècle prochain que vous apportez et qui doit réaliser la paix du monde, au nom de la justice et de l'amour ?

— Non, non ! Nous allons huer un homme, un vieillard, qui, après une longue vie de travail et de loyauté, s'est imaginé qu'il pouvait impunément soutenir une cause généreuse, vouloir que la lumière se fasse et qu'une erreur soit réparée, pour l'honneur même de la patrie française !

Ah, quand j'étais jeune moi-même, je l'ai vu, le Quartier latin, tout frémissant des fières passions de la jeunesse, l'amour de la liberté, la haine de la force brutale, qui écrase les cerveaux et comprime les âmes. Je l'ai vu, sous l'Empire, faisant son œuvre brave d'opposition, injuste même parfois, mais toujours dans un excès de libre émancipation humaine. Il sifflait les auteurs agréables aux Tuileries, il malmenait les professeurs dont l'enseignement lui semblait louche, il se levait contre quiconque se montrait pour les ténèbres et pour la tyrannie. En lui brûlait le foyer sacré de la belle folie des vingt ans, lorsque toutes les espérances sont des réalités, et que demain apparaît comme le sûr triomphe de la Cité parfaite.

Et, si l'on remontait plus haut, dans cette histoire des passions nobles, qui ont soulevé la jeunesse des écoles, toujours on la verrait s'indigner sous l'injustice, frémir et se lever pour les humbles, les abandonnés, les persécutés, contre les féroces et les puissants. Elle a manifesté en faveur des peuples opprimés, elle a été pour la Pologne, pour la Grèce, elle a pris la défense de tous ceux qui souffraient, qui agonisaient sous la brutalité d'une foule ou d'un despote. Quand on disait que le Quartier latin s'embrasait, on pouvait être certain qu'il y avait derrière quelque flambée de juvénile justice, insoucieuse des ménagements, faisant d'enthousiasme une œuvre du cœur. Et quelle spontanéité alors, quel fleuve débordé coulant par les rues !

Je sais bien qu'aujourd'hui encore le prétexte est la patrie menacée, la France livrée à l'ennemi vainqueur, par une bande de traîtres. Seulement, je le demande, où trouvera-t-on la claire intuition des choses, la sensation instinctive de ce qui est vrai, de ce qui est juste, si ce n'est dans ces âmes neuves, dans ces jeunes gens qui naissent à la vie publique, dont rien encore ne devrait obscurcir la raison droite et bonne ? Que les hommes politiques, gâtés par des années d'intrigues, que les journalistes, déséquilibrés par toutes les compromissions du métier, puissent accepter les plus impudents mensonges, se boucher les yeux à d'aveuglantes clartés, cela s'explique, se comprend. Mais elle, la jeunesse, elle est donc bien gangrenée déjà, pour que sa pureté, sa candeur naturelle, ne se reconnaisse pas d'un coup au milieu des inacceptables erreurs, et n'aille pas tout droit à ce qui est évident, à ce qui est limpide, d'une lumière honnête de plein jour !

Il n'est pas d'histoire plus simple. Un officier a été condamné, et personne ne songe à suspecter la bonne foi des juges. Ils l'ont frappé selon leur conscience, sur des preuves qu'ils ont cru certaines. Puis, un jour, il arrive qu'un homme, que plusieurs hommes ont des doutes, finissent par être convaincus qu'une des preuves, la plus importante, la seule du moins sur laquelle les juges se sont publiquement appuyés, a été faussement attribuée au condamné, que cette pièce est à n'en pas douter de la main d'un autre. Et ils le disent, et cet autre est dénoncé par le frère du prisonnier, dont le strict devoir était de le faire ; et voilà, forcément, qu'un nouveau procès commence, devant amener la révision du premier procès, s'il y a condamnation. Est-ce que tout cela n'est pas parfaitement clair, juste et raisonnable ? Où y a-t-il, là-dedans, une machination, un noir complot pour sauver un traître ? Le traître, on ne le nie pas, on veut seulement que ce soit un coupable et non un innocent qui expie le crime. Vous l'aurez toujours, votre traître, et il ne s'agit que de vous en donner un authentique.

Un peu de bon sens ne devrait-il pas suffire ? À quel mobile obéiraient donc les hommes qui poursuivent la révision du procès Dreyfus ? Écartez l'imbécile antisémitisme, dont la monomanie féroce voit là un complot juif, l'or juif s'efforçant de remplacer un juif par un chrétien, dans la geôle infâme. Cela ne tient pas debout, les invraisemblances et les impossibilités croulent les unes sur les autres, tout l'or de la terre n'achèterait pas certaines consciences. Et il faut bien en arriver à la réalité, qui est l'expansion naturelle, lente, invincible de toute erreur judiciaire. L'histoire est là. Une erreur judiciaire est une force en marche : des hommes de conscience sont conquis, sont hantés, se dévouent de plus en plus obstinément, risquent leur fortune et leur vie, jusqu'à ce que justice soit faite. Et il n'y a pas d'autre explication possible à ce qui se passe aujourd'hui, le reste n'est qu'abominables passions politiques et religieuses, que torrent débordé de calomnies et d'injures.

Mais quelle excuse aurait la jeunesse, si les idées d'humanité et de justice se trouvaient obscurcies un instant en elle ! Dans la séance du 4 décembre, une Chambre française s'est couverte de honte, en votant un ordre du jour «flétrissant les meneurs de la campagne odieuse qui trouble la conscience publique». Je le dis hautement, pour l'avenir qui me lira, j'espère, un tel vote est indigne de notre généreux pays, et il restera comme une tache ineffaçable. «Les meneurs», ce sont les hommes de conscience et de bravoure, qui, certains d'une erreur judiciaire, l'ont dénoncée, pour que réparation fût faite, dans la conviction patriotique qu'une grande nation, où un innocent agoniserait parmi les tortures, serait une nation condamnée. «La campagne odieuse», c'est le cri de vérité, le cri de justice que ces hommes poussent, c'est l'obstination qu'ils mettent à vouloir que la France reste, devant les peuples qui la regardent, la France humaine, la France qui a fait la liberté et qui fera la justice. Et, vous le voyez bien, la Chambre a sûrement commis un crime, puisque voilà qu'elle a pourri jusqu'à la jeunesse de nos écoles, et que voilà celle-ci trompée, égarée, lâchée au travers de nos rues, manifestant, ce qui ne s'était jamais vu encore, contre tout ce qu'il y a de plus fier, de plus brave, de plus divin dans l'âme humaine !

Après la séance du Sénat, le 7, on a parlé d'écroulement pour M. Scheurer-Kestner. Ah oui ! quel écroulement, dans son cœur, dans son âme ! Je m'imagine son angoisse, son tourment, lorsqu'il voit s'effondrer autour de lui tout ce qu'il a aimé de notre République, tout ce qu'il a aidé à conquérir pour elle, dans le bon combat de sa vie, la liberté d'abord, puis les mâles vertus de la loyauté, de la franchise et du courage civique.

Il est un des derniers de sa forte génération. Sous l'Empire, il a su ce que c'était qu'un peuple soumis à l'autorité d'un seul, se dévorant de fièvre et d'impatience, la bouche brutalement bâillonnée, devant les dénis de justice. Il a vu nos défaites, le cœur saignant, il en a su les causes, toutes dues à l'aveuglement, à l'imbécillité despotiques. Plus tard, il a été de ceux qui ont travaillé le plus sagement, le plus ardemment, à relever le pays de ses décombres, à lui rendre son rang en Europe. Il date des temps héroïques de notre France républicaine, et je m'imagine qu'il pouvait croire avoir fait une œuvre bonne et solide, le despotisme chassé à jamais, la liberté conquise, j'entends surtout cette liberté humaine qui permet à chaque conscience d'affirmer son devoir, au milieu de la tolérance des autres opinions.

Ah bien, oui ! Tout a pu être conquis, mais tout est par terre une fois encore. Il n'a autour de lui, en lui, que des ruines. Avoir été en proie au besoin de vérité, est un crime. Avoir voulu la justice, est un crime. L'affreux despotisme est revenu, le plus dur des bâillons est de nouveau sur les bouches. Ce n'est pas la botte d'un César qui écrase la conscience publique, c'est toute une Chambre qui flétrit ceux que la passion du juste embrase. Défense de parler ! Les poings écrasent les lèvres de ceux qui ont la vérité à défendre, on ameute les foules pour qu'elles réduisent les isolés au silence. Jamais une si monstrueuse oppression n'a été organisée, utilisée contre la discussion libre. Et la honteuse terreur règne, les plus braves deviennent lâches, personne n'ose plus dire ce qu'il pense, dans la peur d'être dénoncé comme vendu et traître. Les quelques journaux restés honnêtes sont à plat ventre devant leurs lecteurs, qu'on a fini par affoler avec de sottes histoires. Et aucun peuple, je crois, n'a traversé une heure plus trouble, plus boueuse, plus angoissante pour sa raison et pour sa dignité.

Alors, c'est vrai, tout le loyal et grand passé a dû s'écrouler chez M. Scheurer-Kestner. S'il croit encore à la bonté et à l'équité des hommes, c'est qu'il est d'un solide optimisme. On l'a traîné quotidiennement dans la boue, depuis trois semaines, pour avoir compromis l'honneur et la joie de sa vieillesse, à vouloir être juste. Il n'est point de plus douloureuse détresse, chez l'honnête homme, que de souffrir le martyre de son honnêteté. On assassine chez cet homme la foi en demain, on empoisonne son espoir ; et, s'il meurt, il dit : « C'est fini, il n'y a plus rien, tout ce que j'ai fait de bon s'en va avec moi, la vertu n'est qu'un mot, le monde est noir et vide ! »

Et, pour souffleter le patriotisme, on est allé choisir cet homme, qui est, dans nos Assemblées, le dernier représentant de l'Alsace-Lorraine ! Lui, un vendu, un traître, un insulteur de l'armée, lorsque son nom aurait dû suffire pour rassurer les inquiétudes les plus ombrageuses ! Sans doute, il avait eu la naïveté de croire que sa qualité d'Alsacien, son renom de patriote ardent seraient la garantie même de sa bonne foi, dans son rôle délicat de justicier. S'il s'occupait de cette affaire, n'était-ce pas dire que la conclusion prompte lui en semblait nécessaire à l'honneur de l'armée, à l'honneur de la patrie ? Laissez-la traîner des semaines encore, tâchez d'étouffer la vérité, de vous refuser à la justice, et vous verrez bien si vous ne nous avez pas donnés en risée à toute l'Europe, si vous n'avez pas mis la France au dernier rang des nations !

Non, non ! les stupides passions politiques et religieuses ne veulent rien entendre, et la jeunesse de nos écoles donne au monde ce spectacle d'aller huer M. Scheurer-Kestner, le traître, le vendu, qui insulte l'armée et qui compromet la patrie !

Je sais bien que les quelques jeunes gens qui manifestent ne sont pas toute la jeunesse, et qu'une centaine de tapageurs, dans la rue, font plus de bruit que dix mille travailleurs, studieusement enfermés chez eux. Mais les cent tapageurs ne sont-ils pas déjà de trop, et quel symptôme affligeant qu'un pareil mouvement, si restreint qu'il soit, puisse à cette heure se produire au Quartier latin !

Des jeunes gens antisémites, ça existe donc, cela ? Il y a donc des cerveaux neufs, des âmes neuves, que cet imbécile poison a déjà déséquilibrés ? Quelle tristesse, quelle inquiétude, pour le vingtième siècle qui va s'ouvrir ! Cent ans après la Déclaration des droits de l'Homme, cent ans après l'acte suprême de tolérance et d'émancipation, on en revient aux guerres de religion, au plus odieux et au plus sot des fanatismes ! Et encore cela se comprend chez certains hommes qui jouent leur rôle, qui ont une attitude à garder et une ambition vorace à satisfaire. Mais, chez des jeunes gens, chez ceux qui naissent et qui poussent pour cet épanouissement de tous les droits et de toutes les libertés, dont nous avons rêvé que resplendirait le prochain siècle ! Ils sont les ouvriers attendus, et voilà déjà qu'ils se déclarent antisémites, c'est-à-dire qu'ils commenceront le siècle en massacrant tous les Juifs, parce que ce sont des concitoyens d'une autre race et d'une autre loi ! Une belle entrée en jouissance, pour la Cité de nos rêves, la

Cité d'égalité et de fraternité ! Si la jeunesse en était vraiment là, ce serait à sangloter, à nier tout espoir et tout bonheur humain.

Ô jeunesse, jeunesse ! Je t'en supplie, songe à la grande besogne qui t'attend. Tu es l'ouvrière future, tu vas jeter les assises de ce siècle prochain, qui, nous en avons la foi profonde, résoudra les problèmes de vérité et d'équité, posés par le siècle finissant. Nous, les vieux, les aînés, nous te laissons le formidable amas de notre enquête, beaucoup de contradictions et d'obscurités peut-être, mais à coup sûr l'effort le plus passionné que jamais siècle ait fait vers la lumière, les documents les plus honnêtes et les plus solides, les fondements mêmes de ce vaste édifice de la science que tu dois continuer à bâtir pour ton honneur et pour ton bonheur. Et nous ne te demandons que d'être encore plus généreuse, plus libre d'esprit, de nous dépasser par ton amour de la vie normalement vécue, par ton effort mis entier dans le travail, cette fécondité des hommes et de la terre qui saura bien faire enfin pousser la débordante moisson de joie, sous l'éclatant soleil. Et nous te céderons fraternellement la place, heureux de disparaître et de nous reposer de notre part de tâche accomplie, dans le bon sommeil de la mort, si nous savons que tu nous continues et que tu réalises nos rêves.

Jeunesse, jeunesse ! Souviens-toi des souffrances que tes pères ont endurées, des terribles batailles où ils ont dû vaincre, pour conquérir la liberté dont tu jouis à cette heure. Si tu te sens indépendante, si tu peux aller et venir à ton gré, dire dans la presse ce que tu penses, avoir une opinion et l'exprimer publiquement, c'est que tes pères ont donné de leur intelligence et de leur sang. Tu n'es pas née sous la tyrannie, tu ignores ce que c'est que de se réveiller chaque matin avec la botte d'un maître sur la poitrine, tu ne t'es pas battue pour échapper au sabre du dictateur, aux poids faux du mauvais juge. Remercie tes pères, et ne commets pas le crime d'acclamer le mensonge, de faire campagne avec la force brutale, l'intolérance des fanatiques et la voracité des ambitieux. La dictature est au bout.

Jeunesse, jeunesse ! Sois toujours avec la justice. Si l'idée de justice s'obscurcissait en toi, tu irais à tous les périls. Et je ne te parle pas de la justice de nos codes, qui n'est que la garantie des liens sociaux. Certes, il faut la respecter, mais il est une notion plus haute, la justice, celle qui pose en principe que tout jugement des hommes est faillible et qui admet l'innocence possible d'un condamné, sans croire insulter les juges. N'est-ce donc pas là une aventure qui doive soulever ton enflammée passion du droit ? Qui se lèvera pour exiger que justice soit faite, si ce n'est toi qui n'es pas dans nos luttes d'intérêts et de personnes, qui n'es encore engagée ni compromise dans aucune affaire louche, qui peux parler haut, en toute pureté et en toute bonne foi ?

Jeunesse, jeunesse ! Sois humaine, sois généreuse. Si même nous nous trompons, sois avec nous, lorsque nous disons qu'un innocent subit une peine effroyable, et que notre cœur révolté s'en brise d'angoisse. Que l'on admette un seul instant l'erreur possible, en face d'un châtiment à ce point démesuré, et la poitrine se serre, les larmes coulent des yeux. Certes, les garde-chiourmes restent insensibles, mais toi, toi, qui pleures encore, qui dois être acquise à toutes les misères, à toutes les pitiés ! Comment ne fais-tu pas ce rêve chevaleresque, s'il est quelque part un martyr succombant sous la haine, de défendre sa cause et de le délivrer ? Qui donc, si ce n'est toi, tentera la sublime aventure, se lancera dans une cause dangereuse et superbe, tiendra tête à un peuple, au nom de l'idéale justice ? Et n'es-tu pas honteuse, enfin, que ce soient des aînés, des vieux, qui se passionnent, qui fassent aujourd'hui ta besogne de généreuse folie ?

— Où allez-vous, jeunes gens, où allez-vous, étudiants, qui battez les rues, manifestant, jetant au milieu de nos discordes la bravoure et l'espoir de vos vingt ans ?

— Nous allons à l'humanité, à la vérité, à la justice !

Émile Zola

Clemenceau, d'après documentation, dessin et palette graphique, 2023
copyright Cat's society.

VI

L'affaire Dreyfus en bref

« *Je n'étais qu'un officier d'artillerie, qu'une tragique erreur a empê-ché de suivre son chemin.* »

Lieutenant-colonel Dreyfus

En 1894, Alfred Dreyfus, officier français d'état-major d'origine alsacienne et de confession juive, est accusé d'avoir livré des documents classés « défense » à l'Allemagne. C'est un officier brillant, riche de naissance, qui a fait un « beau » mariage avec la fille d'un diamantaire, c'est aussi, d'après les témoignages de ses contemporains, un homme érudit et totalement patriote.

Une agente du renseignement français, exerçant sous couverture comme femme de ménage à l'ambassade d'Allemagne, ramène le contenu de la corbeille à papier du bureau militaire de l'ambassade, comme à son habitude, et la remet à un officier responsable du renseignement français. Dans les détritus est retrouvé un bordereau, c'est-à-dire une note, prouvant qu'un membre du renseignement militaire français fait commerce avec l'Allemagne de renseignements classés défense. L'écriture du bordereau est analysée et comparée avec celle des différents officiers du bureau de contre-espionnage français. Et il faut rapidement trouver un coupable avant que le scandale n'éclate. « On » reconnaît l'écriture de Dreyfus.

L'officier Dreyfus est, après un procès militaire sommaire, sans réelles preuves de sa culpabilité, dégradé en public et condamné à l'emprisonnement à perpétuité. Il est expédié en conséquence de ce jugement sur l'île du Diable, en Guyane française. Il y passera plus de 1500 jours, dans des conditions de détention extrêmement difficiles. On cherchera par tous les moyens détournés possibles à ce qu'il y meure. L'assassinat étant trop risqué au goût du haut état-major militaire français, car on ne veut pas que le cas Dreyfus devienne une affaire politique qui nuirait à la réputation de l'armée et entraînerait des remous incontrôlables quant à la destinée de l'état-major, à commencer par celle du ministre de la Guerre et général Mercier.

Trois ans plus tard, les preuves de son innocence seront indirectement révélées par le nouveau chef du renseignement militaire français, le lieutenant-colonel Picquart. Qui payera cher sa découverte. Par le biais de son avocat et sous l'insistance du frère du capitaine Dreyfus, Mathieu Dreyfus, le « frère admirable » dira Clemenceau, et grâce au témoignage d'un courtier qui identifiera formellement l'écriture du véritable traître sur le bordereau après diffusion par voie de presse, à savoir celle du commandant Esterhazy. Mais l'État, comme l'état-major militaire, refusera de faire réviser son procès et maintiendra Dreyfus en captivité. Le président de la République bloquera le dossier jusqu'à sa mort accidentelle en 1899. Alors que le véritable coupable sera jugé et acquitté en 1898. Zola, en réaction, publiera le « J'accuse ». Soutenu par Clemenceau et bien d'autres.

Procès de Rennes, août 1899

Après l'arrêt de la Cour de cassation annulant le premier jugement, Dreyfus est rapatrié de Guyane pour être jugé par un second conseil de guerre, à Rennes. Le procès public débute le 7 août 1899. Il est déjà, pour l'époque, filmé, et extrêmement médiatisé. Alfred Dreyfus y comparaît, physiquement affaibli, stigmatisé par les mauvais traitements. Il est diminué par les conditions atroces de sa captivité en Guyane française et peine à se défendre devant ses juges. Maurice Barrès, principal adversaire médiatique des dreyfusards, assiste au procès. Il écrira :

« Toute la salle bougea d'horreur et de pitié mêlées quand Dreyfus parut. Devant sa figure mince et contractée ! Ce pauvre petit homme qui, chargé de tant de commentaires, s'avançait avec une prodigieuse rapidité. Nous ne sentîmes rien à cette minute qu'un mince flot de douleur qui entrait dans la salle. On jetait en pleine lumière une misérable guenille humaine. Une boule de chair vivante, disputée entre deux camps de joueurs et qui depuis six ans n'a pas eu une minute de repos, vient d'Amérique rouler au milieu de notre bataille. Mais déjà Dreyfus a gravi les trois marches de l'estrade, la nouvelle station de son calvaire. »

Le 9 septembre, le jury le reconnaît à nouveau coupable de trahison, mais lui accorde le bénéfice de circonstances atténuantes et le condamne à dix ans de détention. Alors qu'il est désormais prouvé qu'il est innocent de l'ensemble des faits qui lui sont reprochés.

Dreyfus, sur le conseil de ses avocats, signe alors une demande de pourvoi en cassation.

Après un débat qui divise les chefs de file des dreyfusards (Clemenceau, Jaurès, Millerand...), Mathieu Dreyfus convainc son frère de renoncer à son pourvoi en cassation et de signer un recours en grâce. Le 19 septembre 1899, le président de la République, Émile Loubet, gracie Alfred Dreyfus.

La réhabilitation

Une loi d'amnistie couvrant « *tous les faits criminels ou délictueux connexes à l'affaire Dreyfus ou ayant été compris dans une poursuite relative à l'un de ces faits* » est votée par le Parlement en décembre 1900. On avait décidé de laver le linge sale en famille et de reprendre la main d'un point de vue étatique sur « L'affaire ». Zola s'insurgera contre cette loi d'amnistie, qui, selon lui, fait que la justice ne serait pas ainsi rendue aux victimes collatérales de l'affaire, ni à Dreyfus lui-même.

Pour quelques célèbres dreyfusards, l'avocat Labori, l'ex-lieutenant-colonel Picquart et Georges Clemenceau, la grâce obtenue et le retour à la vie civile du désormais « ex-capitaine » Dreyfus clôt l'affaire. Ces derniers se trouveront désolés que Dreyfus ne continue pas le combat et choisisse de s'effacer. Dreyfus, las, dépassé et usé physiquement, a renoncé à être le symbole que l'on voulait qu'il incarne. Il n'aspire plus à ce moment-là qu'à sortir du cauchemar.

Mais quelque temps plus tard, Alfred Dreyfus dépose une requête en révision, le 25 novembre 1903. La chambre criminelle de la Cour de cassation rassemble les pièces du dossier et les examine jusqu'au 19 novembre 1904. Deux nouvelles preuves de l'innocence du capitaine Dreyfus sont remises à la chambre criminelle : l'une sur un faux du commandant Henry et l'autre sur l'expertise graphologique bancale de Bertillon, le « père » de l'identité judiciaire. Le travail d'enquête est terminé le 14 mai 1905. Le marathon judiciaire ne prend fin que le 12 juillet 1906, lorsque la Cour de cassation rend l'arrêt suivant :

« *Attendu en dernière analyse que de l'accusation portée contre Dreyfus rien ne reste debout, et que l'annulation du jugement du Conseil de guerre ne laisse rien subsister qui puisse, à charge, être qualifié de crime ou délit ; attendu dès lors que, par application du paragraphe*

*final de l'article 445 du code d'instruction criminelle, aucun renvoi ne doit être prononcé ; par ces motifs, la cour annule le jugement du Conseil de guerre de Rennes, qui le **9 septembre 1899**, a condamné Dreyfus à dix ans de détention et à la dégradation militaire*
Dit que c'est par erreur et à tort que cette condamnation a été prononcée »

Alfred Dreyfus est ensuite réintégré dans l'armée avec le grade de chef d'escadron. Il est nommé chevalier de la Légion d'honneur le 20 juillet 1906 et décoré au cours d'une cérémonie officielle dans la cour de l'École militaire de Paris où la troupe lui rend les honneurs.

Le saviez-vous ?

Son ancienneté dans les rangs de l'armée fut mal calculée, ne donnant pas à Dreyfus le rang hiérarchique qu'il aurait dû avoir de par le fait. Alfred Dreyfus est nommé commandant de l'artillerie pour l'arrondissement de Saint-Denis, le 15 octobre 1906. Il tente auprès du nouveau président du Conseil, Georges Clemenceau, et du ministre de la Guerre, le désormais général Picquart, d'obtenir le grade de lieutenant-colonel, auquel il aurait pu prétendre. Mais sans succès. Il fait alors valoir ses droits et est mis à la retraite, le 25 octobre 1907.

Patriote un jour, patriote toujours...

Mobilisé pendant la Première Guerre mondiale en tant que chef d'escadron d'artillerie de réserve, Dreyfus est affecté à l'état-major de l'artillerie du camp retranché de Paris. Puis en 1917, au parc d'artillerie de la 168e division. Il participe aux combats du Chemin des Dames et de Verdun. À sa demande. En septembre 1918, il est élevé au grade de lieutenant-colonel, et le 9 juillet 1919, il est promu officier de la Légion d'honneur.

Après la Grande Guerre, il mène une vie paisible et ne quitte plus son appartement parisien, très entouré de ses proches. Il meurt le 12 juillet 1935, des suites d'une opération chirurgicale. Il est inhumé au cimetière du Montparnasse le 14 juillet 1935.

J'accuse ! montage d'après documentation, dessin et palette graphique, 2023 copyright Cat's Society.

VII

Chronologie de l'affaire Dreyfus de 1894 à 1908

1894

27 septembre : Le commandant Henry chargé du contre-espionnage arrive à la « Section de Statistique » avec une lettre française compromettante adressée à von Schwartzkoppen, l'attaché militaire allemand en poste à Paris. Une enquête est ouverte par le ministère. Cette section du renseignement est dirigée par le lieutenant-colonel Sandherr.

6 octobre : L'enquête interne aboutit à la conclusion que l'auteur de la lettre serait un stagiaire d'état-major. Les soupçons se portent sur le capitaine Alfred Dreyfus, dont l'écriture semble analogue à celle du « bordereau ».

9 octobre : Le général Mercier, ministre de la Guerre, donne l'ordre d'ouvrir une enquête officielle.

15 octobre : Le capitaine Dreyfus est arrêté au ministère de la Guerre par le commandant du Paty de Clam, désigné pour l'occasion comme officier de police judiciaire.

29 octobre : *La Libre Parole*, journal antisémite, diffuse l'information de l'arrestation d'un officier juif pour haute trahison.

31 octobre : Le commandant du Paty de Clam remet son rapport sur l'enquête au ministre de la Guerre.

Novembre-décembre : La presse nationaliste et antisémite orchestre une vaste campagne contre l'officier Dreyfus.

19 au 21 décembre : Le procès du capitaine Dreyfus en Conseil de guerre a lieu à huis clos.

22 décembre : Alfred Dreyfus est condamné à l'unanimité des juges à la dégradation et à la déportation à perpétuité en Guyane pour haute trahison. En toute illégalité, un dossier secret avait été transmis la veille par le commandant du Paty de Clam à la Cour, à l'insu de la défense et de l'accusé.

24 décembre : Le général Mercier dépose à la chambre des députés un projet de loi rétablissant la peine de mort pour le crime de trahison.

31 décembre : La Cour de cassation rejette le pourvoi déposé par Alfred Dreyfus.

Bordereau de l'affaire Dreyfus, septembre 1894

Sans nouvelles m'indiquant que vous désirez me voir, je vous adresse cependant, Monsieur, quelques renseignements intéressants :

1° une note sur le frein hydraulique de 120 et la manière dont s'est conduite cette pièce.

2° une note sur les troupes de couvertures (quelques modifications seront apportées par le nouveau plan).

3° une note sur une modification aux formations de l'artillerie.

4° une note relative à Madagascar.

5° le projet de manuel de tir de l'artillerie de campagne (14 mars 1894).

Ce dernier document est extrêmement difficile à se procurer et je ne puis l'avoir à ma disposition que très peu de jours. Le ministère de la Guerre en a envoyé un nombre fixe dans les corps et ces corps en sont responsables, chaque officier détenteur doit remettre le sien après les manœuvres. Si donc vous voulez y prendre ce qui vous intéresse et le tenir à ma disposition après, je le prendrai. À moins que vous ne vouliez que je ne le fasse copier in extenso et ne vous en adresse la copie.

Je vais partir en manœuvres.

1895

5 janvier : Le capitaine Dreyfus est dégradé dans la cour de l'École militaire.

17 janvier : Dreyfus part pour Saint-Martin-de-Ré. Dernière étape pénitentiaire avant la Guyane pour les condamnés.

21 février : Dreyfus part pour la Guyane.

12 mars : Dreyfus arrive en Guyane.

14 avril : Dreyfus est transféré à l'île du Diable.

14 juillet : nommé le 26 juin pour remplacer le colonel Sandherr, gravement malade, le chef de bataillon Picquart devient chef du Service de Renseignement.

1896

2 mars : Picquart découvre un télégramme écrit par Schwartzkoppen et adressé au commandant Esterhazy. L'enquête du colonel Picquart sur Esterhazy conclut qu'il est l'auteur du bordereau qui a fait condamner Dreyfus.

5 août : Picquart annonce à ses supérieurs et au ministre que le bordereau est de la main d'Esterhazy.

1er septembre : Picquart annonce à ses supérieurs que le dossier secret ne contient aucune preuve contre Dreyfus.

14 septembre : Le journal *L'Éclair*, voulant prouver de manière « irréfutable » la culpabilité de Dreyfus, révèle la communication de pièces secrètes aux juges du Conseil de guerre, ce qui est une manœuvre illégale.

16 septembre : Mme Lucie Dreyfus demande la révision du procès de son mari pour violation des règles de procédure militaire.

1er novembre : Devenant gênant pour sa hiérarchie, le commandant Henry fait usage de faux en écriture pour accabler Dreyfus. L'une des pièces qu'il aura fabriquées sera dénommée par la suite le « faux Henry ».

10 novembre : *Le Matin* publie un fac-similé du bordereau.

14 novembre : Le lieutenant-colonel Picquart est nommé en Tunisie. Et donc relevé de ses fonctions aux services de renseignements.

18 novembre : Interpellé à la Chambre par des dreyfusards, le général Billot affirme que les règles de procédure militaire ont été respectées dans le cadre des débats et du jugement de Dreyfus.

Henry, d'après documentation, dessin et palette graphique, 2023 copyright Cat's society.

1897

Janvier : Le chef de bataillon Henry est nommé chef du Service de Renseignement.

21-29 juin : Picquart confie ses découvertes inédites sur l'affaire Dreyfus à maître Leblois, son ami et avocat.

13 juillet : À l'étude des pièces que lui a remises Picquart, Leblois se confie à Scheurer-Kestner, vice-président du Sénat, et le convainc de l'innocence de Dreyfus.

16 octobre : Les officiers Gonse, Henry et du Paty de Clam décident de protéger Esterhazy en le prévenant des accusations dont il va être l'objet.

5 novembre : Gabriel Monod affirme l'erreur judiciaire dont est victime Dreyfus dans le journal *Le Temps*.

16 novembre : Les journaux du matin publient une lettre de Mathieu Dreyfus au ministre de la Guerre, dénonçant Esterhazy comme l'auteur du bordereau. Ce qui provoque l'ouverture d'une nouvelle enquête.

25 novembre : Zola publie son premier article en faveur de la cause de Dreyfus dans *Le Figaro*.

28 novembre : *Le Figaro* publie des extraits de lettres d'Esterhazy. Dans la *Lettre du Uhlan*, il affirme rêver d'entrer à Paris à la tête d'un régiment de cavalerie et de sabrer cent mille Français.

14 décembre : Zola publie la *Lettre à la jeunesse*, après avoir publié le Procès-verbal dans *Le Figaro*.

26 décembre : Après avoir étudié le bordereau, les trois experts, Belhomme, Varinard et Couard, remettent leurs conclusions au commandant Ravary : ils affirment que le document n'est pas l'œuvre d'Esterhazy.

1898

1er janvier : La mise en jugement du commandant Esterhazy est décidée sous une forme originale : c'est Esterhazy qui demande lui-même à être jugé.

11 janvier : Le Conseil de guerre vote l'acquittement d'Esterhazy à l'unanimité.

13 janvier : Zola publie « *J'accuse* » dans *L'Aurore*. Parallèlement, le colonel Picquart est condamné à soixante jours de forteresse et incarcéré au mont Valérien.

18 janvier : Le général Billot porte plainte contre Émile Zola et *L'Aurore*.

7 février : Le procès d'Émile Zola débute devant la Cour d'assises de la Seine.

23 février : Émile Zola est condamné pour diffamation à la peine maximale, soit un an de prison ferme et 3 000 francs d'amende.

9 mars : Le procès intenté à Zola par les trois experts en écritures qu'il a mis en cause dans « *J'accuse* », se déroule devant la 9e chambre correctionnelle.

2 avril : La Chambre criminelle de la Cour de cassation casse et annule le jugement du 23 février pour vice de forme.

8 avril : Le Conseil de guerre porte plainte dans les formes contre Émile Zola. Le nouveau procès a lieu en juillet.

16 juin : La Cour de cassation rejette le pourvoi en cassation formé par l'avocat Fernand Labori le 23 mai.

7 juillet : Cavaignac, nouveau ministre de la Guerre, affirme, dans un discours à la Chambre, détenir les preuves irréfutables de la culpabilité de Dreyfus au travers de trois documents extraits du « dossier secret ».

9 juillet : Picquart s'adresse par écrit au président du Conseil en précisant que sur les trois pièces présentées par Cavaignac, deux sont volontairement mal datées et la troisième est un faux. Le ministre porte plainte contre Leblois et Picquart, conformément aux lois sur l'espionnage.

13 juillet : Picquart est écroué à la Santé.

18 juillet : Émile Zola est à nouveau condamné aux Assises. Il s'enfuit en Angleterre pour échapper à la prison.
10 août : Jean Jaurès écrit une série d'articles dans *La Petite République* intitulés *Les Preuves*.

12 août : À la suite d'une demande du procureur Feuilloley, la chambre des mises en accusation rend un arrêt de non-lieu en faveur d'Esterhazy. Il est remis en liberté.

13 août : Le « faux Henry » est découvert par le capitaine Cuignet, attaché militaire de Cavaignac.

30 août : Le commandant Henry passe aux aveux en présence du ministre Cavaignac ; il est arrêté sur-le-champ et conduit au Mont Valérien.

31 août : Le commandant Henry se « suicide » dans sa cellule, la gorge tranchée au rasoir.

3 septembre : Cavaignac démissionne.

22 septembre : Le colonel Picquart est écroué à la prison du Cherche-Midi.

27 octobre : La chambre criminelle de la Cour de cassation commence l'examen de la demande en révision.

29 octobre : La Chambre déclare la demande recevable et décide de procéder à une enquête.

1899

6 janvier : Jules Quesnay de Beaurepaire, président de la chambre civile de la Cour de cassation, accuse la chambre criminelle de partialité envers le colonel Picquart et réclame une enquête.

9 février : La chambre criminelle clôt son enquête sur la révision.

16 février : Félix Faure, qui était un adversaire déterminé de l'affaire, meurt.

24 avril : Les auditions de la Cour de cassation débutent.

1er juin : Du Paty de Clam est arrêté.
3 juin : La Cour de cassation annule le jugement de 1894 et renvoie devant un nouveau Conseil de guerre.

9 juin : Alfred Dreyfus quitte sa sinistre prison de l'île du Diable.

13 juin : Picquart obtient un non-lieu.

1er juillet : Dreyfus est enfermé dans la prison militaire de Rennes dès son arrivée en France.

18 juillet : *Le Matin* publie un récit d'Esterhazy, dans lequel il reconnaît être l'auteur du bordereau, mais « sous la dictée », obéissant aux ordres de ses chefs.

7 août : Le procès d'Alfred Dreyfus est ouvert devant le Conseil de guerre de la Xe région militaire de Rennes.

14 août : À Rennes, l'avocat Fernand Labori est victime d'une tentative d'assassinat. On lui a tiré dans le dos au revolver.

9 septembre : Alfred Dreyfus est à nouveau condamné, à dix ans de réclusion, mais cette fois, avec « circonstances atténuantes ».

19 septembre : Alfred Dreyfus est gracié par le président de la République, Émile Loubet.

17 novembre : Le gouvernement dépose une loi d'amnistie dont l'annonce déclenche de vives critiques car elle met à l'abri de poursuite tous les instigateurs de l'Affaire.

1900 à 1908

24 décembre 1900 : Le Sénat vote la loi d'amnistie sur tous les faits concernant l'affaire Dreyfus. Les auteurs militaires et civils du complot ne seront jamais poursuivis.

29 septembre 1902 : Émile Zola meurt à Paris des suites d'une intoxication au monoxyde de carbone dans son appartement.

5 octobre 1902 : Émile Zola est enterré au cimetière Montmartre. Anatole France prononce un discours : « *Envions-le, il fut un moment de la conscience humaine.* »

26 novembre 1903 : Alfred Dreyfus écrit au Garde des Sceaux pour demander la révision du procès de Rennes.

1904-1906 : La Cour de cassation entame une procédure et une enquête minutieuse.

12 juillet 1906 : La Cour de cassation, toutes chambres réunies, annule sans renvoi le jugement du Conseil de guerre de Rennes, et affirme que la condamnation portée contre Alfred Dreyfus a été prononcée « à tort ».

13 juillet 1906 : La Chambre vote pour la réintégration de Dreyfus dans l'armée avec le grade de chef d'escadron et de Picquart avec le grade de général de brigade.

21 juillet 1906 : Alfred Dreyfus est fait chevalier de la Légion d'honneur.

4 juin 1908 : Au cours de la cérémonie du transfert des cendres de Zola au Panthéon, Dreyfus est victime d'un attentat commis par un journaliste qui le blesse au bras. Le journaliste sera acquitté.

Couverture presse, Affiche antisémite, documentation image d'archive. Palette graphique.

VIII

Zola, jusqu'au procès !

Voici les lignes de la lettre ouverte qui seront retenues contre Émile Zola pour son procès.

J'accuse le lieutenant-colonel du Paty de Clam d'avoir été l'ouvrier diabolique de l'erreur judiciaire, en inconscient, je veux le croire, et d'avoir ensuite défendu son œuvre néfaste, depuis trois ans, par les machinations les plus saugrenues et les plus coupables.

J'accuse le général Mercier de s'être rendu complice, tout au moins par faiblesse d'esprit, d'une des plus grandes iniquités du siècle.

J'accuse le général Billot d'avoir eu entre les mains les preuves certaines de l'innocence de Dreyfus et de les avoir étouffées, de s'être rendu coupable de ce crime de lèse-humanité et de lèse-justice, dans un but politique et pour sauver l'état-major compromis.

J'accuse le général de Boisdeffre et le général Gonse de s'être rendus complices du même crime, l'un sans doute par passion cléricale, l'autre peut-être par cet esprit de corps qui fait des bureaux de la guerre l'arche sainte, inattaquable.

J'accuse le général de Pellieux et le commandant Ravary d'avoir fait une enquête scélérate, j'entends par là une enquête de la plus monstrueuse partialité, dont nous avons, dans le rapport du second, un impérissable monument de naïve audace.

J'accuse les trois experts en écritures, les sieurs Belhomme, Varinard et Couard, d'avoir fait des rapports mensongers et frauduleux, à moins qu'un examen médical ne les déclare atteints d'une maladie de la vue et du jugement.

J'accuse les bureaux de la guerre d'avoir mené dans la presse, particulièrement dans L'Éclair *et dans* L'Écho de Paris, *une campagne abominable, pour égarer l'opinion et couvrir leur faute.*

J'accuse enfin le premier conseil de guerre d'avoir violé le droit, en condamnant un accusé sur une pièce restée secrète, et j'accuse le second conseil de guerre d'avoir couvert cette illégalité, par ordre, en commettant à son tour le crime juridique d'acquitter sciemment un coupable.

En portant ces accusations, je n'ignore pas que je me mets sous le coup des articles 30 et 31 de la loi sur la presse du 29 juillet 1881, qui punit les délits de diffamation. Et c'est volontairement que je m'expose.

Quant aux gens que j'accuse, je ne les connais pas, je ne les ai jamais vus, je n'ai contre eux ni rancune ni haine. Ils ne sont pour moi que des entités, des esprits de malfaisance sociale. Et l'acte que j'accomplis ici n'est qu'un moyen révolutionnaire pour hâter l'explosion de la vérité et de la justice.

Je n'ai qu'une passion, celle de la lumière, au nom de l'humanité qui a tant souffert et qui a droit au bonheur. Ma protestation enflammée n'est que le cri de mon âme. Qu'on ose donc me traduire en cour d'assises et que l'enquête ait lieu au grand jour !

J'attends.

Veuillez agréer, monsieur le Président, l'assurance de mon profond respect.

Si on ne trouve pas la trace d'une quelconque action de Zola dans l'affaire Dreyfus avant 1898, en revanche, il publiera des articles dès 1896 pour combattre l'antisémitisme affiché d'une partie de la presse et d'une certaine catégorie de la population comme de la classe politique et littéraire (*Daudet ou Verne par exemple, voir les dossiers documentaires réalisés dans la collection Les Atemporels, par Yoann Laurent-Rouault, aux éditions JDH*). L'antisémitisme pour le romancier est « *une honte et un scandale indigne de la France* ».

L'affaire Dreyfus avait alors déjà presque trois années d'existence médiatique. Le premier verdict contre « *l'officier juif* » avait été rendu à l'unanimité des sept juges du Conseil de guerre et les faits rapportés avaient fini, contre toute attente, par convaincre de nombreux progressistes, pourtant jusque-là sceptiques sur les jugements et condamnations proférés et appliqués par les grandes instances gouvernementales ou même militaires.

Les intellectuels de l'époque se revendiquent de l'indépendance de la presse comme de la libre pensée contre *l'étatisme latent et le fonctionnariat oppressant*. Menaces identifiées, encore d'actualité, pour n'importe quel système républicain. D'autant plus au moment où j'écris ces lignes.

Pour beaucoup, à l'évocation du cas militaire du capitaine Dreyfus, la situation était simple : «*Le militaire s'est vendu à l'ennemi, il a été pris, il a été condamné, très bien, cela regarde donc les militaires ! Non le peuple. Et encore moins les députés ou les journalistes.*» C'était en substance ce que l'on en disait dans les milieux intellectuels parisiens. C'est aussi ce que l'on peut en lire sur différentes archives. Et c'était, au début de l'affaire, ce qu'on pouvait lire dans la presse. Presse revancharde, encore stigmatisée par la perte de l'Alsace et de la Lorraine et donc par la défaite napoléonienne contre la Prusse. Voyez ce cliché vendeur : «*Un Juif, officier de l'armée française, attaché à l'état-major qui plus est, a vendu des renseignements capitaux sur la défense française à l'ennemi héréditaire et colonisateur : l'Allemand.*» Allemand qui avait humilié la France à Versailles en 1871. Allemand qui avait «volé» l'Alsace et la Lorraine. Dreyfus stigmatisait l'idée et il méritait alors la mort pour une grande partie de l'opinion publique.

Seulement, cette même année, un coup de théâtre va faire basculer l'histoire. Alors que l'opinion publique s'est emparée de l'affaire Dreyfus, au point de devenir un phénomène de société, le véritable traître à la solde de l'Allemagne apparaît être le commandant Walsin Esterhazy. Un Alsacien.

Esterhazy, d'après documentation, dessin et palette graphique, 2023 copyright Cat's society.

Ce dernier sera confondu par le lieutenant-colonel Georges Picquart, alors chef du service des renseignements militaires français.

De par le fait, l'innocence de Dreyfus est donc faite. Seulement, dans les ministères, une question d'ordre politique et morale se pose : « *Un Alsacien déjà victime de l'occupation prussienne peut-il réellement trahir la France ?*

Alors qu'un Juif...

Ces gens-là sont apatrides, c'est bien connu ! »

C'est en substance ce que l'on pouvait lire dans de nombreuses correspondances de célébrités, ou encore dans la presse radicale ou de droite.

Quoi qu'il en soit, Dreyfus, juif ou non, d'ailleurs, est innocent. Preuve est faite ! Les « dreyfusards » attendent alors avec impatience la révision du procès. Mais, à la surprise générale, une manœuvre politique du gouvernement Félix Faure, antidreyfusard notoire, fit que non seulement le lieutenant-colonel Picquart fut limogé de son poste, ceci afin d'empêcher la réouverture de l'affaire d'un point de vue « judiciaire », mais en plus, si Esterhazy passe effectivement en conseil de guerre pour « trahison » et « commerce avec l'ennemi », il est acquitté à l'unanimité par ses 10 juges, à la suite d'un délibéré de trois minutes.

La république dispose d'une justice forte et souveraine et elle n'entend pas que l'on revienne sur ses décisions, comme elle n'avouera pas une faute commise par son appareil judiciaire, qu'elle soit civile ou militaire. De plus, la raison d'État prime sur tout le reste. « *Un Juif, c'est mieux qu'un Alsacien.* » Il faudra donc que naisse un acharnement particulier de l'opposition politique et des partisans de Dreyfus pour qu'enfin, un jour, justice soit faite. Zola y contribuera grandement.

« Après la condamnation d'un innocent, c'est l'acquittement du coupable »

C'est justement ce comportement scandaleux des instances militaires et politiques qui pousse Émile Zola à intervenir, en lançant par voie de presse des accusations nominatives contre dix acteurs de l'affaire, dont le ministre de la Guerre et le chef d'état-major de l'armée. Zola, en agissant ainsi, s'expose alors personnellement à des poursuites en cour d'assises, devant un tribunal civil, mais armé par les militaires. Zola comparaît au mois de février 1898.

L'affaire Zola, montage d'après documentation, dessin et palette graphique, 2023 copyright Cat's society.

IX

La vérité est en marche et rien ne l'arrêtera

Le général Billot, ministre de la Guerre de Félix Faure, porte plainte contre Émile Zola et le gérant du journal *L'Aurore*, pour diffamation. Les deux hommes seront jugés en conséquence devant les Assises de la Seine du 7 au 23 février 1898.

Le ministre public ne retiendra que 3 passages du texte « *J'accuse* » pour justifier sa plainte, soit 18 lignes de l'article initialement paru dans *L'Aurore* !

Lignes évidemment tournées vers le ministre concerné. Et son honneur politique et militaire.

Maître Labori, l'avocat de Zola, fera citer environ deux cents témoins concernés par l'affaire Dreyfus. Ceci afin de défendre la posture d'Émile Zola et de justifier ses opinions de dreyfusard. La presse relaiera bien évidemment ces témoignages, ce qui ne fera qu'attiser la violence qui se déchaînera en marge du procès. Les nationalistes, rangés derrière Henri Rochefort, organiseront des émeutes et des manifestations qui forceront la police à intervenir afin de protéger Zola à chacune de ses audiences.

Les révélations et déclarations des témoins vont en faveur de Dreyfus. Elles sont évidemment inédites pour la plupart, parce que jamais entendues par la justice militaire. Ni publiées dans la presse. Le fait scandalisera une partie de l'opinion publique. On aime que l'armée soit « propre » et « vertueuse ». Les dreyfusards y gagneront des partisans, mais déchaîneront d'autant plus les antidreyfusards. Comme le déroulement du procès lui-même enflammera les deux camps. Beaucoup s'offusqueront que la défense ne puisse pleinement exercer ses droits et certains mettront en avant le fait rendu évident par la défense de la complicité entre l'armée et l'État dans cette sinistre affaire. Affaire qui passionnera les foules bien au-delà des quinze audiences publiques de ce procès qui, pourtant, n'aurait dû en comporter que trois.

Sa condamnation au maximum autorisé de la peine, soit un an de détention et 3 000 francs d'amende, poussera Zola à l'exil avant la fin du procès.

Le 2 avril, une demande de pourvoi en cassation reçoit une réponse favorable.
Le procès est ajourné et les débats sont remis au 18 juillet.

Le procès Zola, d'après documentation, dessin et palette graphique, 2023 copyright Cat's society.

La violence des attaques contre Zola et l'injustice de sa condamnation renforceront l'engagement des dreyfusards : Stéphane Mallarmé se déclare «*pénétré par la sublimité de l'Acte de Zola*» et Jules Renard écrit dans son journal : «*À partir de ce soir, je tiens à la République, qui m'inspire un respect, une tendresse que je ne me connaissais pas. Je déclare que le mot Justice est le plus beau de la langue des hommes, et qu'il faut pleurer si les hommes ne le comprennent plus.*»
Le général de Boisdeffre, chef de l'état-major, déclarera aux jurés du procès Zola : «*Vous êtes le jury, vous êtes la nation ; si la nation n'a pas confiance dans les chefs de son armée, dans ceux qui ont la res-*

ponsabilité de la défense nationale, ils sont prêts à laisser à d'autres cette lourde tâche. Vous n'avez qu'à parler.»
Cependant, le procès et même la condamnation de Zola sont une victoire pour les dreyfusards. L'Affaire et ses contradictions ont pu être largement évoquées tout au long du procès, en particulier par des militaires! L'avocat de Zola, Fernand Labori, son éditeur, les frères Clemenceau et Desmoulins l'ont convaincu de partir *« immédiatement au soir du verdict, avant que celui-ci ne lui soit officiellement signifié et ne devienne exécutoire ».* Cet exil volontaire déclenche un important mouvement de l'opinion et ridiculise la justice militaire comme civile. Cette fuite est interprétée comme un aveu de culpabilité par la presse antidreyfusarde. Zola est recherché dans toute la France. On ignore où il est, les informations les plus contradictoires circulent dans la presse et dans les rangs de la police. Un signalement est diffusé. Mais les recherches resteront heureusement vaines.

La révision du procès Dreyfus est enfin démarrée, avec l'enquête de la Chambre criminelle de la Cour de cassation en décembre 1898. La procédure connaît de nombreux épisodes et s'étend sur tout le premier semestre 1899. Le soudain décès du président de la République, Félix Faure, le 16 février 1899, ouvre définitivement la voie à la révision. Les obstacles politiques tombent. La décision de la cour doit intervenir en juin. Zola décide de rentrer sans attendre, quelle que soit la décision de la cour.
Heureusement pour Zola, cette décision sera positive. Elle sera rendue publique le 3 juin. Le lendemain, l'écrivain rentre à Paris au terme de onze mois d'exil. Un de ses premiers actes sera d'écrire au capitaine Dreyfus. En revanche, Zola restera très discret et n'interviendra pas dans le procès de révision du militaire. Mais, quand un verdict de culpabilité, avec circonstances atténuantes, est rendu le 9 septembre, dans le quotidien *L'Aurore* du 12 septembre, Zola écrit :
«Je suis dans l'épouvante, de la terreur sacrée de l'homme qui voit l'impossible se réaliser, les fleuves remonter vers leurs sources, la terre culbuter sous le soleil. Et ce que je crie, c'est la détresse de notre généreuse et noble France, c'est l'effroi de l'abîme où elle roule.»
Le gouvernement décidera finalement de gracier Dreyfus, *du fait de son état de santé.* Non parce qu'il était innocent.

Le dernier combat de Zola lié à l'affaire Dreyfus sera de contester la loi d'amnistie prévue pour absoudre l'ensemble des acteurs de l'Affaire. Cette loi a pour but de faire cesser les polémiques, et est la volonté du nouveau gouvernement ainsi que de la Chambre des députés. L'armée, comme l'exécutif, ne fut que trop chahutée par cette affaire. De nouveaux scandales ne seraient pas les bienvenus. Cette loi permettra notamment au général Mercier, appelé « le criminel en chef » par les dreyfusards, comme à ses complices, d'échapper à la justice. Zola, par de violents articles, toujours publiés dans *L'Aurore*, dénonce la manœuvre politicienne et prend position contre cette loi. La loi est votée le 27 décembre 1900. Au grand dam des dreyfusards, qui, par amalgame, sont associés aux coupables de ce scandale. L'État, comme toujours, a encore eu le dernier mot.

Pour Zola, le jugement prononcé à son encontre ne lui sera jamais signifié et toutes poursuites s'éteindront avec la loi d'amnistie de 1900. À l'image d'Hugo, Voltaire ou Vallès en leurs temps, Zola triomphera de la corruption politique. Mais les circonstances troubles de sa mort, en 1902, relanceront le débat sur l'engagement politique ou social d'un auteur, jusque de nos jours. Et 120 ans plus tard, on ne peut que constater que les exemples « à la Zola » ne manquent pas.

D'ailleurs, son engagement politique aura coûté cher à l'écrivain. Lors de son exil, la justice avait fait saisir ses biens et les avait revendus aux enchères. Sur le plan moral, pour les antidreyfusards, Zola incarne à lui seul « *le traître à la patrie et à l'armée* ». Dès 1898, l'écrivain est l'objet de caricatures, de chansons et de livrets chacun plus diffamant que les précédents. Zola écrira cependant : « Ma lettre ouverte est sortie comme un cri. Tout a été calculé par moi, je m'étais fait donner le texte de la loi, je savais ce que je risquais. » Jusqu'à sa dernière candidature le 23 août 1897, qui échoue en 1898, l'écrivain briguera 25 fois le fauteuil d'Immortel selon le site de l'Académie française. Le 28 mai 1896, comprenant que son engagement dans l'affaire Dreyfus lui ferme définitivement les portes de l'Académie française, il renoncera ensuite à se présenter.

Paradoxalement, c'est l'acharnement de la presse sur les « Juifs » et non l'affaire elle-même qui piquera Zola au vif et le poussera à intervenir dans l'affaire Dreyfus. Les campagnes de haine antisémite qui se déclenchent à l'occasion de révélations sur « l'Affaire » dans la presse, en révélant l'innocence de Dreyfus par exemple, incitent Zola à intervenir en faveur des « oppressés ». Ainsi, en mai 1896, Zola publiait un article intitulé « Pour les Juifs », dans lequel il stigmatise le climat raciste et antisémite « indigne de la France et attisé par une presse complaisante ». Avouant être à la base totalement ignorant de l'affaire Dreyfus, il sera rapporté que Zola hésitera à propos

de « sa légitimité à intervenir ». Mais après une série d'événements
qui se dérouleront entre le 13 et le 25 novembre 1897, dont certains
le toucheront personnellement, Zola écrira un premier article d'une
série de trois, dont le dernier sera le « J'accuse », dont un certain
Georges Clemenceau encouragera plus que vivement la publication.
En une du *Figaro*, le 16 mai 1896, il écrit : « *Il y a une poignée de
fous, d'imbéciles ou d'habiles qui nous crient chaque matin : "Tuons
les Juifs, mangeons les Juifs, massacrons, exterminons, retournons
aux bûchers et aux dragonnades." [...] Rien ne serait plus bête, si rien
n'était plus abominable.* »

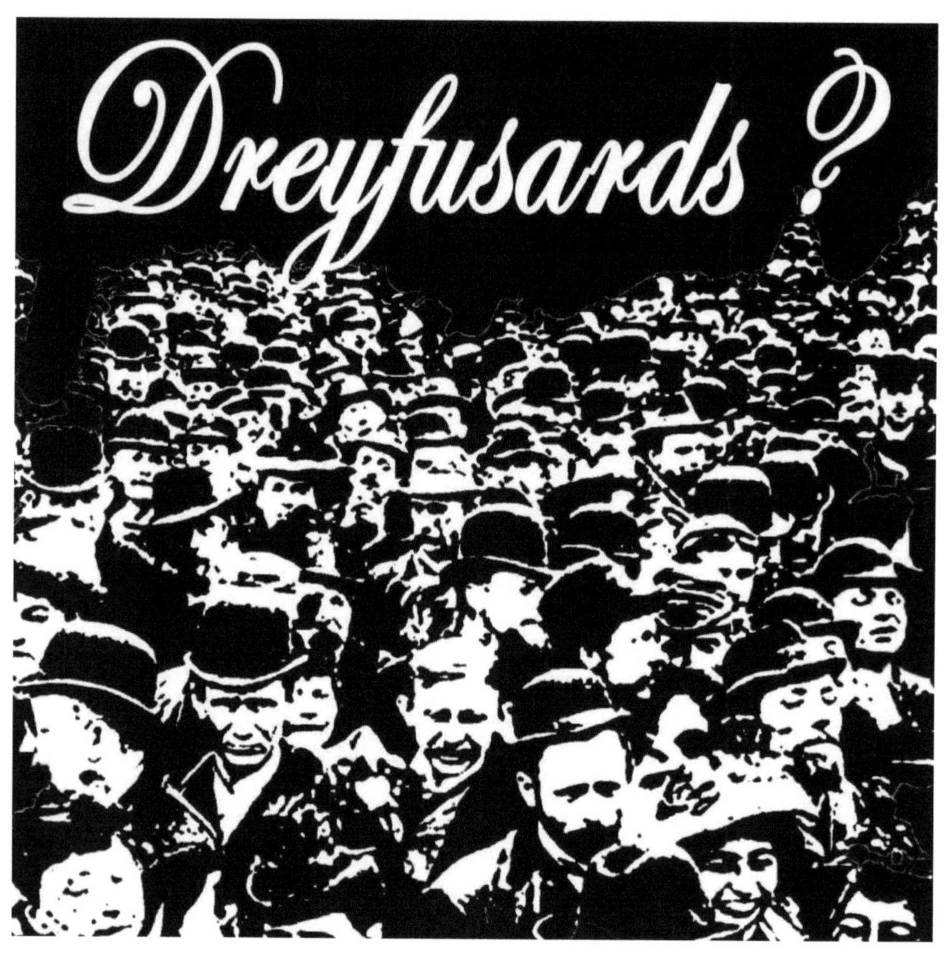

Dreyfusards, dessin et palette graphique, 2023 copyright Cat's society.

X

Quelques antidreyfusards
et dreyfusards célèbres

Antidreyfusards

- ✓ *Officiers :* Louis-Norbert Carrière - Esterhazy (le véritable coupable) - Hubert-Joseph Henry - Auguste Mercier - Armand du Paty de Clam, l'officier qui a arrêté Dreyfus.
- ✓ *Hommes politiques :* Jean-Baptiste Billot - Godefroy Cavaignac - Félix Faure - Jules Méline.
- ✓ *Journalistes et intellectuels :* Maurice Barrès - Paul Bourget - Ferdinand Brunetière - Édouard Drumont - Charles Maurras - Henri Rochefort - Léon Daudet - Paul Valéry - Henri Dutrait-Crozon.
- ✓ *Magistrats et avocats :* Jules Quesnay de Beaurepaire.
- ✓ *Artistes :* Edgar Degas - Auguste Rodin - Paul Cézanne - Pierre-Auguste Renoir - Henri de Toulouse-Lautrec.
- ✓ *Hommes d'église :* Léon Dehon - Edmond Loutil.
- ✓ *Aristocratie :* Henri d'Orléans - Philippe d'Orléans.

Dreyfusards

- ✓ *Officiers :* Ferdinand Forzinetti - Georges Picquart - Antoine Louis Targe.
- ✓ *Hommes politiques :* Georges Clemenceau - Jean Jaurès - Paul Langevin - Émile Loubet - Francis de Pressensé - Joseph Reinach - Auguste Scheurer-Kestner - Ludovic Trarieux - Pierre Waldeck-Rousseau - Léon Blum.
- ✓ *Journalistes et intellectuels :* Victor Basch - Émile Duclaux - Anatole France - Lucien Herr - Bernard Lazare - Octave Mirbeau - Gabriel Monod - Charles Péguy - Marcel Proust - Jules Renard - Caroline Rémy dite Séverine - Émile Zola - André Spire.
- ✓ *Magistrats et avocats :* Fernand Labori - Edgar Demange - Henry Mornard - Alexis Ballot-Beaupré - Alphonse Bard - Manuel Achille Baudoin - Louis Loew - Jean-Pierre Manau - Clément Moras - Henri Guernut
- ✓ *Religieux :* Raoul Allier - Zadoc Kahn.
- ✓ *Artistes :* Claude Monet.

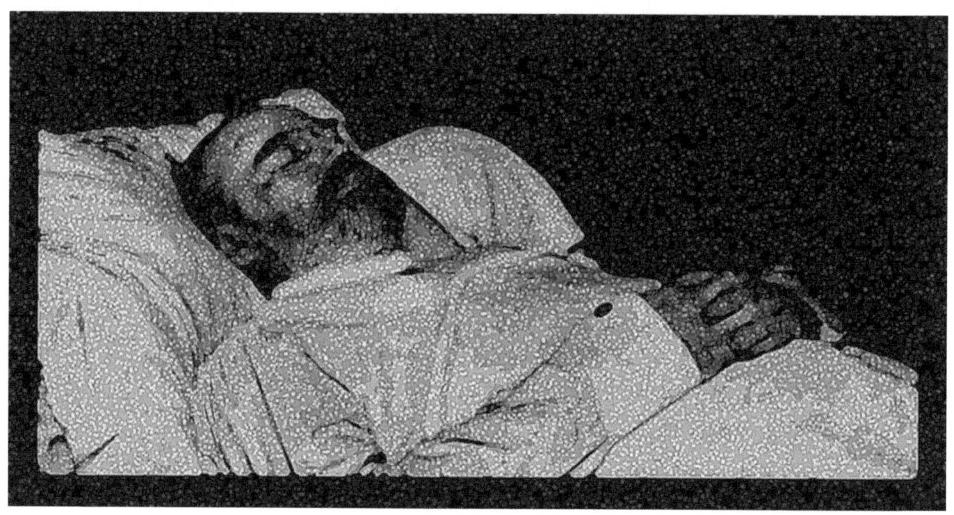

Zola sur son lit de mort, d'après documentation, dessin et palette graphique, 2023 copyright Cat's society.

XI

Zola assassiné ?

Le 29 septembre 1902, de retour de Médan à son adresse parisienne, rue de Bruxelles dans le 9e arrondissement de Paris, Émile Zola et son épouse Alexandrine sont mortellement intoxiqués dans la nuit, par la combustion lente d'un feu couvert produit par la cheminée de leur chambre à coucher. Une flambée faite avec de petits boulets de charbon avait été prévue pour réchauffer la chambre des maîtres de maison pour la soirée de leur arrivée. Dans la nuit, Alexandrine, fortement incommodée par des émanations toxiques de la cheminée, propose à son mari de réveiller les domestiques pour remédier au problème. Mais Zola lui demande de ne pas les déranger pour rien. Ensuite, peu de temps après, Alexandrine se rappelle l'avoir vu s'affaisser sur une chaise, sans connaissance, avant d'elle-même s'évanouir. Émile Zola aurait alors déjà absorbé une dose mortelle de « gaz carbonique et d'acide carbonique ». Zola décède officiellement vers 9 h du matin. Alexandrine, après avoir reçu des soins d'urgence, est dirigée en clinique.

Le retentissement de la mort d'Émile Zola est immense. La presse traduit l'émotion qui gagne la population en rendant un hommage quasi unanime à l'auteur de « J'accuse… ! ». *L'Aurore* arbore un liseré noir en signe de deuil sur son édition du jour. *Le Figaro*, en première page, se lamente sur la fin précipitée des grands auteurs français après les disparitions successives de Gustave Flaubert, d'Alphonse Daudet et maintenant de Zola.

La Libre Parole, journal antisémite, titre : « *Un fait divers naturaliste : Zola asphyxié* ». Le journal *La Croix* publie un article qui prétend que Zola s'est suicidé. La presse étrangère se fait largement l'écho de la mort dramatique du célèbre écrivain français. L'hommage international est unanime.

Au cours des obsèques de Zola au cimetière de Montmartre, une délégation de mineurs de Denain défile devant sa tombe en scandant « Germinal ». Le petit peuple de Zola lui rend hommage un peu partout en France. Anatole France lira sa désormais célèbre oraison à l'auteur de « J'accuse… ! » : « *Devant rappeler la lutte entreprise par Zola pour la justice et la vérité, m'est-il possible de garder le silence sur ces hommes acharnés à la ruine d'un innocent et qui, se sentant perdus s'il était sauvé, l'accablaient avec l'audace désespérée de la*

Zola fut donc honoré lors de ses obsèques et l'opinion salua un grand homme disparu trop tôt, qui aura marqué les consciences. Mais, pour une autre partie de l'opinion publique, Zola est mort assassiné. Victime d'une de ces factions d'extrême droite, ou de fous assassins qui ne lui ont pas pardonné son rôle majeur dans l'affaire Dreyfus. Et de son statut « d'amis des Juifs ». Côté justice, dès le 29 septembre 1902, jour de la mort d'Émile Zola, une instruction est ouverte avec la nomination d'un groupe d'experts qui effectueront son autopsie. Côté police, comme côté famille, on veut clore le chapitre rapidement. Pour le commissaire en charge de « la nouvelle affaire Zola », c'est un accident qui aura tué l'illustre auteur. Point final. Sa famille cherche aussi à éviter la polémique. Peut-être par peur, peut-être par lassitude, car n'oublions pas que depuis 1896, Zola et les siens, à cause de ses prises de position, vivaient sous la menace perpétuelle d'un attentat.

L'autopsie conclut donc logiquement à « *une asphyxie par le gaz oxyde de carbone, ainsi que le prouve l'analyse spectroscopique du sang de l'écrivain* ». Des expériences sont réalisées par les experts dans la chambre de Zola, dans le but de reproduire les conditions physico-chimiques ayant provoqué le décès du romancier, mais sans résultat. Ce qui sèmera le trouble. Malgré un certain nombre de contradictions, le juge validera la thèse de l'accident le 13 janvier 1903. L'explication officielle sera maintenue pendant cinquante ans.

Mais en 1953, sous l'impulsion de quelques-uns de ses journalistes, le journal *Libération* publie une série d'articles qui interrogent sur la mort de Zola. Et ils produisent un scoop : le témoignage d'un pharmacien en retraite qui affirme connaître l'assassin de Zola, rencontré en 1928. L'homme en question, non identifié avec certitude à l'époque, était ramoneur et il aurait avoué avoir bouché le conduit de cheminée de l'écrivain la veille de sa mort. En passant par les toits de la maison voisine. Dès le lendemain matin, il aurait réalisé l'opération inverse sans avoir été aperçu. Les deux hommes se seraient connus dans le cadre d'actions militantes nationalistes. Le « fumiste » aurait même été un cadre de la Ligue des patriotes, mouvance ayant condamné avec véhémence lettres, articles et menaces lourdes, l'engagement d'Émile Zola dans l'affaire Dreyfus. Et dans la défense des Juifs de France. Mais cette thèse d'assassinat, basée sur un témoignage indirect, était proprement invérifiable. À l'époque.

En 1978, cependant, Jean Bedel, le journaliste à l'origine des articles publiés en 1953 dans le journal *Libération*, révèle le nom du fumiste dans un court article du *Quotidien de Paris* : l'homme se nommerait Henri Buronfosse.

C'est Alain Pagès, célèbre biographe, qui reprendra le dossier et découvrira, en effectuant des recherches aux archives de Paris et de Sarcelles, la vie de ce personnage intriguant, s'accusant devant témoin du meurtre d'Émile Zola. Militant patriote et antisémite, il était effectivement propriétaire d'une entreprise de ramonage, et quelques autres détails, notamment liés à des modifications de son état civil, rendent la version du pharmacien Haquin très probable. L'absence d'enquête policière sur la présence signalée de fumistes sur les toits de l'immeuble de la rue de Bruxelles où habitait Zola est aussi très troublante. La thèse de la cheminée intentionnellement bouchée refait surface... D'autres auteurs et historiens essayeront de prouver, en s'appuyant sur des rapports de police établis d'après des crimes similaires, que non seulement la cheminée de Zola a pu bel et bien être bouchée, mais qu'en plus, une substance chimique empoisonnante aurait tout à fait pu être versée sur les boulets de charbons incandescents. Preuve en est, dans l'après-midi même du jour de l'arrivée du couple Zola, le valet de la maison avait dû aérer la chambre, car selon son témoignage recueilli à l'époque par la police, la cheminée avait fumé anormalement en dégageant une odeur âcre. La thèse de la complicité éventuelle du domestique de Zola, Jules Delahalle, sera écartée, car peu probable selon la famille même de Zola. « *L'homme vénérait Émile* ».
Alors, Zola assassiné ?

Couverture de *La France Juive*, documentation image d'archive. Palette graphique.

XII

Éloge funèbre d'Émile Zola par Anatole France

Émile Zola s'éteint dans la nuit du 29 septembre 1902. Asphyxié à l'oxyde de carbone à cause d'une cheminée obstruée, sa mort suscite une vive émotion. D'autant que des suspicions d'assassinat planent malgré une enquête de police concluant à un accident. L'affaire Dreyfus a généré de multiples tensions. Pour autant, les funérailles au cimetière de Montmartre sont solennelles. L'éloge funèbre d'Émile Zola est donné par Anatole France, membre de l'Académie française où Zola – malgré dix-neuf candidatures – ne fut jamais admis. Les deux hommes s'étaient rapprochés et étaient devenus amis à l'occasion de l'affaire Dreyfus. Anatole France dresse un portrait élogieux de l'homme derrière l'œuvre gigantesque au-delà de la polémique de l'affaire Dreyfus. Il souligne les qualités morales de Zola et son authentique foi en la laïcité. Anatole France partageait l'anticléricalisme de Zola. Il rappelle dans son discours les grands combats de Zola qu'il évoque au travers des grands thèmes de ses romans. Cette oraison funèbre est un éloge «républicain» qui prône avant tout les vertus civiles que Zola lui-même défendait.

Messieurs,

Appelé par les amis d'Émile Zola à parler sur cette tombe, j'apporterai d'abord l'hommage de leur respect et de leur douleur à celle qui fut durant quarante années la compagne de sa vie, qui partagea, allégea les fatigues des débuts, égaya les jours de gloire et le soutint de son infatigable dévouement aux heures agitées et cruelles.

Rendant à Émile Zola, au nom de ses amis, les honneurs qui lui sont dus, je ferai taire ma douleur et la leur. Ce n'est pas par des plaintes et des lamentations qu'il convient de célébrer ceux qui laissent une grande mémoire, c'est par de mâles louanges et par la sincère image de leur œuvre et de leur vie.

L'œuvre littéraire de Zola est immense. Vous venez d'entendre le président de la Société des gens de lettres en définir le caractère avec une admirable précision. Vous avez entendu le ministre de l'Instruction publique en développer éloquemment le sens intellectuel et moral. Permettez qu'à mon tour je la considère un moment devant vous.

Messieurs, lorsqu'on la voyait s'élever pierre par pierre, cette œuvre, on en mesurait la grandeur avec surprise. On admirait, on s'étonnait, on louait, on blâmait. Louanges et blâmes étaient poussés avec une égale véhémence. On fit parfois au puissant écrivain (je le sais par moi-même) des reproches sincères, et pourtant injustes. Les invectives et les apologies s'entremêlaient. Et l'œuvre allait grandissant.

Aujourd'hui qu'on en découvre dans son entier la forme colossale, on reconnaît aussi l'esprit dont elle est pleine. C'est un esprit de bonté. Zola était bon. Il avait la grandeur et la simplicité des grandes âmes. Il était profondément moral. Il a peint le vice d'une main rude et vertueuse. Son pessimisme apparent, une sombre humeur répandue sur plus d'une de ses pages cachent mal un optimisme réel, une foi obstinée au progrès de l'intelligence et de la justice.

Dans ses romans, qui sont des études sociales, il poursuivit d'une haine vigoureuse une société oisive, frivole, une aristocratie basse et nuisible, il combattit le mal du temps : la puissance de l'argent. Démocrate, il ne flatta jamais le peuple et il s'efforça de lui montrer les servitudes de l'ignorance, les dangers de l'alcool qui le livre imbécile et sans défense à toutes les oppressions, à toutes les misères, à toutes les hontes. Il combattit le mal social partout où il le rencontra. Telles furent ses haines. Dans ses derniers livres, il montra tout entier son amour fervent de l'humanité. Il s'efforça de deviner et de prévoir une société meilleure.

Il voulait que, sur la terre, sans cesse un plus grand nombre d'hommes fussent appelés au bonheur. Il espérait en la pensée, en la science. Il attendait de la force nouvelle, de la machine, l'affranchissement progressif de l'humanité laborieuse.

Ce réaliste sincère était un ardent idéaliste. Son œuvre n'est comparable en grandeur qu'à celle de Tolstoï. Ce sont deux vastes cités idéales élevées par la lyre aux deux extrémités de la pensée européenne. Elles sont toutes deux généreuses et pacifiques. Mais celle de Tolstoï est la cité de la résignation. Celle de Zola est la cité du travail.

Zola, jeune encore, avait conquis la gloire. Tranquille et célèbre, il jouissait du fruit de son labeur, quand il s'arracha lui-même, d'un coup, à son repos, au travail qu'il aimait, aux joies paisibles de sa vie. Il ne faut prononcer sur un cercueil que des paroles graves et sereines et ne donner que des signes de calme et d'harmonie. Mais vous savez, Messieurs, qu'il n'y a de calme que dans la justice, de repos *que dans la vérité. Je ne parle pas de la vérité philosophique, objet de nos éternelles disputes, mais de cette vérité morale que nous pouvons tous saisir parce qu'elle est relative, sensible, conforme à notre nature et si proche de nous qu'un enfant peut la toucher de la main. Je ne trahirai pas la justice qui m'ordonne de louer ce qui est louable. Je ne cacherai pas la vérité dans un lâche silence. Et pourquoi nous taire ? Est-ce qu'il se taisent, eux, ses calomniateurs ? Je ne dirai que ce qu'il faut dire sur ce cercueil, et je dirai tout ce qu'il faut dire.*

Devant rappeler la lutte entreprise par Zola pour la justice et la vérité, m'est-il possible de garder le silence sur ces hommes acharnés à la ruine d'un innocent et qui, se sentant perdus s'il était sauvé, l'accablaient avec l'audace désespérée de la peur ? Comment les écarter de votre vue alors que je dois vous montrer Zola se dressant, faible et désarmé, devant eux ? Puis-je taire leurs mensonges ? Ce serait taire sa droiture héroïque. Puis-je taire leurs crimes ? Ce serait taire sa vertu. Puis-je taire les outrages et les calomnies dont ils l'ont poursuivi ? Ce serait taire sa récompense et ses honneurs. Puis-je taire leur honte ? Ce serait taire sa gloire. Non ! je parlerai.

Avec le calme et la fermeté que donne le spectacle de la mort, je rappellerai les jours obscurs où l'égoïsme et la peur étaient assis au Conseil du Gouvernement. L'iniquité commençait à être connue, mais on la sentait soutenue et défendue par de telles forces publiques et secrètes, que les plus fermes hésitaient. Ceux qui avaient le devoir de parler se taisaient. Les meilleurs, qui ne craignaient pas pour eux-mêmes, craignaient d'engager leur parti dans d'effroyables dangers. Égarée par de monstrueux mensonges, excitée par d'odieuses déclamations, la foule du peuple, se croyant trahie, s'exaspérait. Les chefs de l'opinion, trop souvent, caressaient l'erreur, qu'ils désespéraient de détruire. Les ténèbres s'épaississaient. Un silence sinistre régnait. C'est alors que Zola écrivit au président de la République cette lettre mesurée et terrible qui dénonçait le faux et la forfaiture.

De quelles fureurs il fut alors assailli par les criminels, par leurs défenseurs intéressés, par leurs complices involontaires, par les partis coalisés de toutes les réactions, par la foule trompée, vous le savez et vous avez vu des âmes innocentes se joindre avec une sainte simplicité aux hideux cortèges des aboyeurs à gages. Vous avez entendu les hurlements de rage et les cris de mort dont il fut poursuivi jusque dans le Palais de Justice, durant ce long procès jugé dans l'ignorance volontaire de la cause, sur de faux témoignages, dans le cliquetis des épées.

Je vois ici quelques-uns de ceux qui, se tenant alors à son côté, partagèrent ses périls : qu'ils disent si jamais plus d'outrages furent jetés à un juste ! Qu'ils disent aussi avec quelle fermeté il les supporta ! Qu'ils disent si sa bonté robuste, sa mâle pitié, sa douceur se démentirent une seule fois et si sa constance en fut ébranlée.

En ces jours scélérats, plus d'un bon citoyen désespéra du salut de la patrie et de la fortune morale de la France. Les républicains défenseurs du régime actuel n'étaient pas seuls atterrés. On entendit un des ennemis les plus résolus de ce régime, un socialiste irréconciliable, s'écrier amèrement : « Si cette société est à ce point corrompue, ses débris immondes ne pourront même pas servir de fondement à une société nouvelle. » Justice, honneur, pensée, tout semblait perdu.

Tout était sauvé. Zola n'avait pas seulement révélé une erreur judiciaire, il avait dénoncé la conjuration de toutes les forces de violence et d'oppression unies pour tuer en France la justice sociale, l'idée républicaine et la pensée libre. Sa parole courageuse avait réveillé la France.

Les conséquences de son acte sont incalculables. Elles se déroulent aujourd'hui avec une force et une majesté puissantes ; elles s'étendent indéfiniment : elles ont déterminé un mouvement d'équité sociale qui ne s'arrêtera pas. Il en sort un nouvel ordre de choses fondé sur une justice meilleure et sur une connaissance plus profonde des droits de tous.

Messieurs,
Il n'y a qu'un pays au monde dans lequel ces grandes choses pouvaient s'accomplir. Qu'il est admirable, le génie de notre patrie ! Qu'elle est belle, cette âme de la France, qui, dans les siècles passés, enseigna le droit à l'Europe et au monde ! La France est le pays de la raison ornée et des pensées bienveillantes, la terre des magistrats équitables et des philosophes humains, la patrie de Turgot, de Montesquieu, de Voltaire et de Malesherbes. Zola a bien mérité de la patrie, en ne désespérant pas de la justice en France.
Ne le plaignons pas d'avoir enduré et souffert. Envions-le. Dressée sur le plus prodigieux amas d'outrages que la sottise, l'ignorance et la méchanceté aient jamais élevé, sa gloire atteint une hauteur inaccessible.
Envions-le : il a honoré sa patrie et le monde par une œuvre immense et par un grand acte. Envions-le, sa destinée et son cœur lui firent le sort le plus grand : il fut un moment de la conscience humaine.

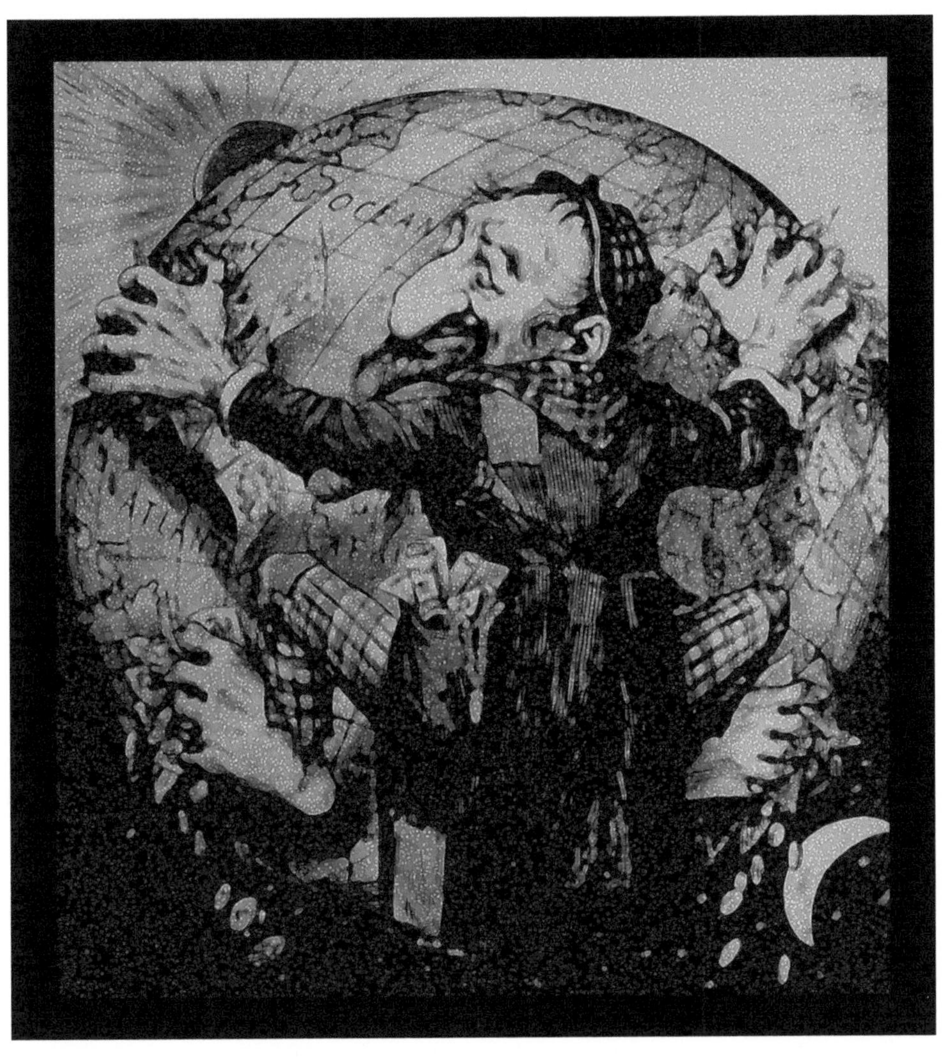

Affiche antisémite, documentation image d'archive. Palette graphique.

XIII

Panthéonisation le 4 juin 1908

Le 3 juin 1908, le corps d'Émile Zola est exhumé et transporté par fourgon jusqu'au Panthéon dans la soirée. Le lendemain, une cérémonie d'hommage a lieu en présence du président de la République Armand Fallières et Georges Clemenceau, chef du gouvernement. Le cercueil de l'écrivain repose dans la nef centrale du monument, posé sur un imposant catafalque. La solennité de l'hommage est accentuée par *La Marseillaise* puis par le prélude du *Messidor* d'Alfred Bruneau et enfin la *Marche funèbre* de Beethoven. Gaston Doumergue conclue la cérémonie par un discours sur l'héroïsme de l'auteur de « J'accuse ». C'est la première panthéonisation d'un écrivain depuis celle de Victor Hugo en 1885.

La presse commente largement les manifestations antisémites qui accompagnent la cérémonie. On retient parmi tous ces commentaires les mots de Jean Jaurès dans *L'Humanité,* félicitant Zola d'avoir « *réuni l'art et la vie dans sa passion de la vérité* ».

Les transferts au Panthéon étaient votés par le Parlement. La loi du 19 juillet 1881 avait réaffecté l'église Sainte-Geneviève au culte des vertus civiques, dans la tradition héritée de la Révolution. En 1885, quand s'éteignit Victor Hugo, les deux chambres rendirent hommage au grand auteur en votant des funérailles nationales qui rassemblèrent un million de personnes. Pour Zola, l'hommage ne fut pas unanime.

Si la décision de transférer les cendres d'Émile Zola au Panthéon a été prise par la Chambre des députés dès le 13 juillet 1906 (par 316 voix contre 165), au lendemain de l'annulation par la Cour de cassation du jugement condamnant Alfred Dreyfus, la cérémonie n'a été organisée que deux ans plus tard, le 4 juin 1908.

19 mars 1908

Vote des crédits pour le transfert des cendres de Zola au Panthéon

Le débat parlementaire est marqué par une violente charge de Maurice Barrès contre la mémoire de Zola :

« *Messieurs, on nous demande 35 000 francs pour porter Zola au Panthéon. Je crois que nous n'aurons jamais une meilleure occasion de faire des économies.* » Après avoir attaqué son œuvre : « *[…] j'ai le droit de constater, ce qui est de toute évidence, qu'il y avait chez monsieur Zola une préoccupation basse et pornographique* », il taxe ensuite l'auteur de « J'accuse » d'opportunisme : « *Rassasié de succès de librairie, il rêvait de plus vastes triomphes. Il vit, dans une affaire qui se présentait devant lui et qui satisfaisait évidemment ses convictions, l'occasion d'entrer dans la vie active. Il disait : "Je vois la voiture, j'y monte !", et il engageait ses amis de lettres à y monter avec lui.* »

Jean Jaurès : « *La gloire de Zola, son honneur, de n'avoir pu concevoir l'art à la façon de monsieur Barrès, comme une sorte d'étang mélancolique et trouble, mais comme un grand fleuve qui emporte avec lui tous les mélanges de la vie, toutes les audaces de la réalité.* »

Gaston Doumergue, le ministre de l'Instruction Publique et des Beaux-Arts : « *D'après M. Barrès, Émile Zola a vu passer une voiture qui pouvait, croyait-il, le conduire à cette popularité et il y est monté. A-t-on oublié – nos souvenirs sont plus précis – qu'à ce moment le nombre de ceux qui avaient pris place dans cette voiture était fort restreint et que celle-ci ne paraissait pas précisément conduire à la popularité ? A-t-il oublié le danger, les périls qu'il y avait à voyager ainsi ?* »

Jules-Louis Breton, député du Cher (en 1908, il dépose une proposition de loin demandant le transfert des cendres d'Émile Zola au Panthéon) : « *Ce fut un éclair formidable qui fit jaillir la lumière.* » « *Sans l'initiative héroïque de Zola, l'innocent serait encore au bagne, à moins que la mort ne l'eût libéré des tortures morales et physiques que lui infligeaient ses criminels bourreaux ; la lumière n'aurait pu traverser tous les faux qui l'obscurcissaient, la vérité n'aurait pu triompher des mensonges accumulés et la justice ne serait pas encore venue apporter une réparation nécessaire et bienfaisante non seulement à la victime innocente, mais encore à la France elle-même.* »

Le vote donnera 356 voix pour ce projet de loi contre 164 (chiffre annoncé en séance), le résultat officiel après rectifications étant de 344 contre 144.

Couverture presse, Affiche antisémite, documentation image d'archive. Palette graphique.

XIV

« On a tiré sur Dreyfus ! »

Le 4 juin 1908, les cendres d'Émile Zola sont transférées au Panthéon. La cérémonie en présence du président de la République, du Conseil et du Sénat ainsi que du ministre de l'Intérieur Georges Clemenceau promet d'être faste et solennelle. Cependant, il s'agit encore et toujours de l'affaire Dreyfus et le contexte est tendu. Les opposants sont nombreux, car c'est Zola qu'on panthéonise. Zola l'auteur du « J'accuse », Zola le « laïcard », l'écrivain de *La Débâcle*, qui dénonce l'horreur et l'inutilité de la guerre et qui ose situer son roman pendant la déroute de la France face à l'armée prussienne. Alors qu'une partie de la France ne rêve que de revanche et de reconquête de l'Alsace et la Lorraine. Zola l'allié des mineurs, contre le capitalisme et l'industrie, Zola l'homme qui défend les Juifs...
Les débats sur son transfert au Panthéon ont été vifs dans l'hémicycle, entre le socialiste Jean Jaurès et le nationaliste Maurice Barrès, qui s'insurge que l'on glorifie un « antipatriote ». Jaurès qui sera assassiné, Jaurès le pacifiste, hostile aussi à la peine de mort, Jaurès qui défendra les vignerons, Jaurès qui condamnera le coup de feu républicain de Narbonne... Jaurès le représentant du dangereux socialisme, Zola le pourfendeur de l'injustice...

Ce matin-là, il ne peut que se passer quelque chose. La veuve de Zola ne souhaitait pas qu'Alfred Dreyfus soit présent à la cérémonie. Puis elle changea d'avis sous la pression de ses proches. Elle avait peur que la cérémonie soit gâchée si quelque chose arrivait. Et les journaux antisémites battaient le rappel depuis la veille. Cela ne pouvait que mal se passer. Des contre-manifestations étaient organisées par *La Libre parole*, *L'Éclair*, *L'Autorité* et *L'Action française*.

À la fin de la cérémonie, un coup de feu claque. Puis un deuxième. Dreyfus, touché, s'écroule. Le projectile est allé le frapper au bras, pendant qu'il se retournait. Le tir fut heureusement dévié par Mathieu Dreyfus, frère du commandant. Rapidement maîtrisé, le tireur criera qu'il voulait faire peur, créer un « événement », mais en aucun cas blesser le commandant Dreyfus. Le tireur évitera de peu de se faire lyncher par la foule venue assister à la cérémonie hommage pour Zola.

Il s'agit de Louis Gregori, rédacteur au journal de droite *Le Gaulois*. Son geste étonne. Jusqu'à ses proches. L'homme n'est pas connu pour être violent. Louis Gregori est conduit au commissariat, où il fait sa première déclaration :

« Je me nomme Gregori, je suis syndic de la presse militaire. Je n'appartiens à aucun parti politique. Je suis militariste. C'est comme syndic et aussi probablement comme doyen de la presse militaire française que j'ai voulu venger l'injure que le gouvernement infligeait à l'armée en la faisant assister à la cérémonie en l'honneur de Zola, l'auteur de La Débâcle. *Un point c'est tout. »*

La rédaction du *Gaulois* parle du *« drame avorté »* d'un *« patriote exaspéré »*. La faute en revient à Georges Clemenceau, qui a obligé l'armée à honorer la mémoire d'Émile Zola. *« Nous l'avons vu lancer à l'armée le plus monstrueux défi en l'obligeant à s'incliner, à incliner le drapeau devant l'auteur de* La Débâcle, *devant le mauvais citoyen. Cet homme qui n'a jamais soutenu une idée haute, dont le cœur n'a jamais battu pour une noble cause, cet homme enfin qui insultait ceux qui défendaient la patrie, parce qu'il n'avait pas eu le courage de suivre leur exemple, ce mercanti de lettres entrait au Panthéon par la volonté du Parlement et du gouvernement, et nos soldats devaient lui présenter les armes, et le drapeau, qu'il eût volontiers souillé, s'abaisser devant sa dépouille mortelle. »*

Louis Gregori passe en procès au mois de septembre 1908. Pour sa défense, il déclarera :
« J'ai pensé que mon acte serait un pas vers le relèvement de la fierté nationale. Nous avons été provoqués, je plaide la légitime défense contre le dreyfusisme traitant la France en pays conquis. Je n'ai pas la prétention de réviser la révision. Le jury pourra dire son dernier mot à cette page avilissante de notre histoire qu'il ne restera "plus qu'à déchirer". »
Son avocat plaide un fantasque « crime passionnel ». Et le jury l'acquitte le 11 septembre 1908.

L'Aurore répondra dans ses colonnes :
« S'il suffit, en effet, que les opinions représentées par un individu vous déplaisent pour qu'il vous soit permis de tirer dessus, toute tentative d'assassinat devient licite. Vous n'aimez pas l'autorité : vous avez le droit de décharger votre revolver sur un gendarme. Vous êtes anticlé-

rical : votre droit est de tuer un curé. Vous croyez avoir à vous plaindre de l'institution du jury : poignardez un juré avec sécurité. Acquittement imprudent, absurde aussi. Crime passionnel, a dit l'avocat du meurtrier, de passion politique exaspérée, "l'acquittement s'impose, ce serait un scandale, une monstruosité d'enfermer cet homme en prison pour deux ans".

Et voilà quarante ans que Berezowski est au bagne, condamné lui aussi par un jury. Pourquoi ? Pour avoir tiré sur le tsar Alexandre, exactement comme M. Gregori sur le commandant Dreyfus : par haine d'une idée ! »

« **Un juste** », lieutenant-colonel Picquart, d'après documentation, dessin et palette graphique, 2023 copyright Cat's society.

XV

L'autre conscience de l'affaire Dreyfus :
Picquart

Marie-George Picquart est né le 6 septembre 1854 à Strasbourg et mort le 19 janvier 1914 à Amiens des conséquences d'une chute de cheval. Il était alors général de division et ministre de la Guerre du premier gouvernement Clemenceau (du 25 octobre 1906 au 23 juillet 1909).

C'est un des acteurs principaux de l'affaire Dreyfus. Il sera celui par qui le scandale arrive en faisant la lumière sur l'innocence du capitaine Dreyfus et en révélant la trahison de Ferdinand Esterhazy. Tout comme Dreyfus, il sera arrêté et incarcéré. Les deux hommes seront réintégrés en même temps, en 1906. Il reprendra ensuite le cours de sa carrière militaire, sans jamais avoir cédé à sa hiérarchie. Picquart est décrit par ses contemporains comme un homme cultivé, amoureux des arts et des lettres. Il aime fréquenter les salons parisiens, et il y cultive des amitiés littéraires, musicales, journalistiques et politiques. On note dans son carnet d'adresses la présence de Paul Clemenceau, Ferdinand Buisson, Gabriel Monod, Octave Mirbeau, Victor Basch, et bien sûr Émile Zola, entre autres célébrités de l'époque.

C'est dans ces salons parisiens de la fin du XIXe siècle que naissaient les tendances, tant intellectuelles que sociétales. On y retrouvait la belle société ainsi qu'une multitude d'intrigants de toutes sortes et de courtisanes ou de demi-mondaines. On y faisait ou défaisait une carrière. On y cultivait surtout un relationnel indispensable pour tout carriériste ou affairiste. Comme on disait à l'époque : tout se passe à Paris.

Le saviez-vous ?

Dans la mesure où il reste toute sa vie célibataire, la propagande antidreyfusarde suggèrera que le colonel Picquart était homosexuel. On tenta même de le prouver. À cette époque, Picquart risquait en conséquence, le tribunal et, au minimum, la réformation.

Picquart & Dreyfus

En 1895, Picquart est promu chef de la section de statistique (service de renseignement militaire) avec le grade de lieutenant-colonel. Peu convaincu de la culpabilité de Dreyfus, son enquête le conduira à prouver que le véritable coupable est le commandant Ferdinand Walsin Esterhazy. Il le mettra en accusation et demandera qu'on révise « le cas Dreyfus ». Sa hiérarchie, et jusqu'aux plus hautes instances du ministère de la Guerre, que la culpabilité de Dreyfus arrangeait, continuera non seulement de couvrir d'Esterhazy, mais en plus éloignera Picquart de son poste et le dirigera vers une voie de garage dans les colonies, en Tunisie.

Picquart décide alors de communiquer tout ce qu'il sait de « l'affaire Dreyfus » à son ami et avocat Louis Leblois. Ce dernier révèle ce qu'il en sait désormais au sénateur alsacien Auguste Scheurer-Kestner, qui décidera de relancer l'Affaire. Ce n'était pas une volonté affirmée de Picquart que Leblois révèle tout ça. Pour Picquart, ces preuves de l'innocence de Dreyfus étaient plus une « assurance vie » qu'autre chose. Picquart sera traduit en 1898 devant un conseil qui le réformera pour faute grave. Accusé d'avoir fabriqué la culpabilité de Ferdinand Walsin Esterhazy, il est emprisonné, à la prison du Cherche-Midi. Il y restera pendant près d'un an.

Les dreyfusards font alors de lui un héros. Octave Mirbeau écrira :

« Comme on avait condamné Dreyfus, coupable d'être innocent, il savait que l'on condamnerait Picquart, doublement coupable d'une double innocence : celle de Dreyfus et la sienne. »

Quelque temps après le procès de Rennes, en 1906, Picquart est réintégré dans l'armée, le même jour que Dreyfus, avec le grade de général de brigade. Il deviendra ministre de la Guerre trois mois plus tard.

Barrés, d'après documentation, dessin et palette graphique, 2023 copyright Cat's society.

XVI

Barrés, un antidreyfusard académique

« Notre tâche sociale, à nous, jeunes hommes, c'est de reprendre la terre enlevée, de reconstituer l'idéal français qui est fait tout autant du génie protestant de Strasbourg que de la facilité brillante du Midi. Nos pères faillirent un jour : c'est une tâche d'honneur qu'ils nous laissent. Ils ont poussé si avant le domaine de la patrie dans les domaines de l'esprit que nous pouvons, s'il le faut, nous consacrer au seul souci de reconquérir les exilés. Nous dirons que la France est grande et l'Allemagne aussi. Quels que soient, d'ailleurs, les instants de la politique, trois peuples guident la civilisation dans ce siècle : la France, l'Angleterre, l'Allemagne aussi. Et ce serait pour nous une perte irréparable si l'un de ces flambeaux disparaissait. Le patriotisme d'aujourd'hui ne ressemble pas plus au chauvinisme d'hier qu'au cosmopolitisme de demain. Nous avons des pères intellectuels dans tous les pays. Kant, Goethe, Hegel ont des droits sur les premiers d'entre nous. »

Maurice Barrés

Maurice Barrès est né en 1862, dans les Vosges, et décèdera en 1923 à Neuilly-sur-Seine, à l'âge de 61 ans. C'est un écrivain et un homme politique, député et président de la Ligue des patriotes, successeur de Paul Déroulède, et un académicien français. Il est souvent considéré comme la figure de proue du nationalisme français de son époque. Parmi ses succès littéraires, on distingue en principale les trois volumes du *Roman de l'énergie nationale* :

➢ *Les Déracinés* (1897)
➢ *L'Appel au soldat* (1900)
➢ *Leurs Figures* (1902)

Maurice Barrès est le chantre du nationalisme républicain, du traditionalisme, de l'attachement aux racines, à la famille, à l'armée et à la terre natale. En soi, il est plus proche de l'État français de Vichy que de sa République contemporaine. Il est l'un des écrivains les plus influents dans la France de la Belle Époque, et l'un des maîtres à penser de la droite nationaliste durant l'entre-deux-guerres. Antidreyfusard acharné, ennemi de Zola, il écrit ce qui va suivre, peu après le procès de Rennes de Dreyfus, sous le titre : « Ce que j'ai vu à Rennes » : « *Que Dreyfus est capable de trahir, je le conclus de sa race.* »

Dans *Scènes et doctrines du nationalisme*, il explique qu'Émile Zola, le dreyfusard, « *n'est pas un Français* », pour expliquer l'incroyable prise de position de ce dernier en faveur du capitaine Dreyfus. Il va loin et dénonce sans vergogne les origines familiales de l'auteur :

« *Qu'est-ce que M. Émile Zola ? Je le regarde à ses racines : cet homme n'est pas un Français. Il se prétend bon Français ; je ne fais pas le procès de ses prétentions, ni même de ses intentions. Je reconnais que son dreyfusisme est le produit de sa sincérité. Mais je dis à cette sincérité : il y a une frontière entre vous et moi. Quelle frontière ? Les Alpes. Parce que son père et la série de ses ancêtres sont des Vénitiens, Émile Zola pense naturellement comme un Vénitien déraciné.* »

Ses principaux discours de 1906 portent sur l'affaire Dreyfus et sur la loi de séparation de l'Église et de l'État. Il défend également la peine de mort que l'on songe déjà à abolir. Le 19 mars 1908, un duel oratoire l'oppose à Jean Jaurès au Parlement, Barrès refusant la panthéonisation d'Émile Zola que défend Jaurès.

Le saviez-vous ?

Au printemps 1921, les dadaïstes organisent le procès, présidé par André Breton, de Maurice Barrès, accusé de « crime contre la sûreté de l'esprit ». Ribemont-Dessaignes est l'accusateur public, la défense est assurée par Aragon et Soupault, et parmi les témoins se trouvent Tzara, Péret, Drieu la Rochelle, Jacques Rigaut. Voici l'acte d'accusation dada : « *Le problème est de savoir dans quelle mesure peut être tenu pour coupable un homme que la volonté de puissance porte à se faire le champion des idées conformistes les plus contraires à celles de sa jeunesse. Comment l'auteur d'*Un Homme Libre *a-t-il pu devenir le propagandiste de* L'Écho de Paris *?* »

Barrès est condamné à vingt ans de travaux forcés à l'issue du procès. Cette farce dada est à l'origine de la dislocation du mouvement dadaïste l'année suivante, Tristan Tzara et les fondateurs du mouvement refusant toute forme de justice, même organisée par Dada.

Affiche antisémite, d'après documentation, dessin et palette graphique, 2023 copyright Cat's society.

Caricature de presse, documentation image d'archive. Palette graphique.

XVII

Maurras et le mot « race »...

Éditorial de Yoann Laurent-Rouault,
paru dans la revue littéraire L'Édredon *en 2 volets,*
les 2 & 3 mai 2023. www.jdheditions.fr

Charles Maurras ou le « tout et son contraire ». Patriote, mais proche collaborateur de Pétain. Nationaliste et monarchiste, mais défenseur de la république à ses heures. Journaliste sans foi ni loi, mais respectant pourtant l'union sacrée de la Grande Guerre. Agnostique, mais qui récitera le « confiteor » à l'heure de sa mort. Sa vie durant, il sera à la fois défenseur des valeurs de l'Église catholique et ennemi de la papauté. Anticolonialiste, mais soutenant l'expansion fasciste italienne en Éthiopie. Anti-germaniste, mais anti-résistant... et cette triste liste pourrait se prolonger sur des dizaines de lignes tant les contradictions sont foules...
Je n'ai jamais compris et, je crois que je dois l'avouer, je ne comprendrai jamais les raisons de l'écoute dont il a bénéficié et l'influence intellectuelle et journalistique qu'il a pu avoir sur son époque. Et pour être franc, lire une ligne de « Maurras » me coûte. Me heurte. Et me lasse. Son style ampoulé de latiniste distingué empreint de scientisme, son vocabulaire populiste entrecoupé de grands mots et de formules « savantes » m'écorchent l'esprit.

Pourtant, force est de reconnaître qu'il « compte » dans la littérature de la fin du XIXe et de la première moitié du XXe siècle. Souvent décrit comme un des théologiens phares de l'extrême droite française, le personnage me paraît psychologiquement beaucoup plus complexe qu'il n'y paraît. Il est des cas où le secret médical devait être levé pour pouvoir procéder à une juste analyse.
Maurras sera pourtant capable d'influencer des grands noms des arts et lettres, comme de la politique et il récoltera les lauriers de la gloire en devenant l'un des « immortels » de l'Académie française. Et, bien que reconnu coupable de haute trahison, son siège d'académicien restera « vacant » jusqu'à sa mort. L'académie ne le réattribuera pas. Fait rare.

Violent, capable de duels, poète à ses heures, passionné des femmes, Maurras me reste une énigme.

Comment a-t-il pu obtenir tout ce crédit ?

Songez que l'influence de Charles Maurras touchera, et pour n'en citer que quelques-uns, Rodin, Montherlant, Apollinaire, Proust, Lacan, Anna de Noailles, Fernand Léger, Marguerite Yourcenar, André Gide, Gabriel Marcel, Colette, Paul Valéry, Malraux, Pierre Messmer, Edgar Faure, Edmond Michelet, François Périer, Pierre Fresnay, Elvire Popesco, Roland Laudenbach, Philippe Ariès, Georges Dumézil et même un certain Charles de Gaulle…

Politiques, artistes, acteurs, auteurs, journalistes de son temps sont touchés par Maurras, par le chantre de *L'action française*. Même si la plupart, surtout après 1945, ne s'en réclameront pas. Beaucoup seront donc influencés par cet homme qui crachera à longueur de vie sur la république, les régimes parlementaires et la démocratie… par cet homme antisémite à l'extrême, abusif et intellectuellement corrompu. Par cet homme qui sous Vichy soutiendra l'instauration d'une législation antisémite et la création de la milice. Il poursuivra la publication de *L'Action française* sous l'occupation allemande et il y réclamera l'exécution de résistants. Il dénoncera des Juifs aux nazis. Arrêté à la Libération, il sera condamné à la réclusion criminelle à perpétuité et à la dégradation nationale. Il sera gracié pour raisons de santé en mars 1952. Et il mourra la même année.

Un parcours complexe

Maurras est né le 20 avril 1868 à Martigues. Antidreyfusard dès la première heure, avec la complicité de Léon Daudet, de Jacques Bainville et de Maurice Pujo, il dirigera le journal *L'Action française*, support de papier du mouvement homonyme. Ce journal d'inspiration royaliste, nationaliste et évidemment contre-révolutionnaire devient le principal mouvement intellectuel et politique d'extrême droite sous la IIIe République. Il prêche le retour en France d'une monarchie de type « héréditaire », antisémite, antiprotestante, antimaçonnique et forcément, est-il utile de l'écrire, ultranationaliste. Une France seule gouvernée par un homme seul, une France antidémocratique et compromise par les privilèges. Avec Maurras, c'est le grand retour en arrière qui est demandé. Versailles sera toujours Versailles… la révolution de 1789, et les suivantes, tout doit être balayé, effacé et certainement même nié. Le négationnisme faisant partie de la panoplie du fasciste de base. Car Maurras est-il autre chose, au final ?

Antidreyfusisme

1898 : « *Le parti de Dreyfus mériterait qu'on le fusillât tout entier comme insurgé.* »

1930 : « *Je ne veux pas rentrer dans le vieux débat, innocent ou coupable. Mon premier avis là-dessus avait été que, si Dreyfus était innocent, il fallait le nommer maréchal de France, mais fusiller une douzaine de ses principaux défenseurs pour le triple tort qu'ils faisaient à la France, à la paix et à la raison.* »

En septembre 1898, Maurras s'oppose publiquement à la demande de révision du procès du capitaine Alfred Dreyfus. Révision attendue puisque le commandant Henry est mort, de ses aveux, « suicidé ». Maurras, d'ailleurs, lui rédigera un éloge pompeux dans *La Gazette de France*.

Le journal de Maurras, *L'Action française*, se réclame de *défendre l'armée comme première condition de vie du pays et des hommes qui la composent contre une justice qui lui porterait tort.*

Comprenne qui voudra…

Maurras prétend ainsi *défendre la raison d'État en soutenant l'armée coûte que coûte pour éviter le désastre d'une nouvelle guerre perdue contre l'Allemagne.* Et les dreyfusards, selon lui, dissipent la ligne politique gouvernementale, mettent en avant le socialisme, et donc le communisme, mêlent au débat les « sans grades », et par toutes ces actions répréhensibles, empêchent *la France d'agir politiquement dans un contexte international menaçant.* L'affaire Dreyfus nuit.

C'est là la justification principale de Maurras.

La bêtise, l'opportunisme, le sens de la justice, le conservatisme et la liaison dangereuse entre l'État et l'Église qui s'enrhume au vent libertaire républicain n'entrent pas en compte dans son analyse.

Une analyse primaire, pour le moins.

L'Action française persistera à publier des réquisitoires contre Dreyfus plusieurs années après la fin de l'affaire : de 1908 à 1914, des articles menacent concrètement Dreyfus, et ses déplacements personnels sont notés et donc divulgués. Maurras comptant certainement sur un « exalté » pour en finir…

Le capitaine Dreyfus intentera plusieurs procès au journal. Il y fera même valoir son droit de réponse, sur décision de justice, ce qui amènera Maurras à écrire : « *Le traître juif entrevoit, en frissonnant, les douze balles qui lui apprendront enfin l'art de ne plus trahir et de ne plus troubler l'ordre de ce pays qui l'hospitalise.* »

Obsédé par l'Allemagne, son autre ennemi personnel, son angoisse patriote, là pour une fois dans une certaine logique nationaliste,

Maurras écrit en 1913 : « *La République nous a mis en retard sur l'Europe entière : nous en sommes à percevoir l'utilité d'une armée forte et d'une marine puissante à l'heure où les organisations ennemies sont prêtes.* » Mais contre toute attente, il respectera et même encouragera l'union nationale et renoncera à sa lutte systématique contre le régime républicain.

Première condamnation

Inculpé *de provocation au meurtre*, Maurras est interrogé le 15 février 1936 par un juge d'instruction à la suite de l'agression commise contre Léon Blum par des camelots du roi et ligueurs de l'Action française. Revenons brièvement sur les faits : le 13 février 1936, Léon Blum, accompagné de Georges Monnet et de son épouse, croise en voiture le cortège des funérailles de l'historien Jacques Bainville, boulevard Saint-Germain, à Paris. Reconnu par des individus du cortège, le dirigeant de la SFIO est immédiatement attaqué : il sera descendu de force de la voiture et roué de coups. L'enquête montrera que « *la plupart des agresseurs portaient des brassards et insignes d'Action française*», et le chapeau de Léon Blum sera retrouvé dans les locaux du mouvement royaliste. L'Action française ne revendiquera pas ce coup d'éclat. Mais n'oubliera pas de se moquer de l'événement et arguera que Blum est le seul responsable de ce qui lui est arrivé ; selon Maurras, il aurait provoqué les militants. Mais, aux yeux de l'opinion publique, l'agression commise contre Léon Blum est la conclusion logique des campagnes violentes menées par le journal *L'Action française* contre le député socialiste. Le 9 avril 1935, Maurras avait écrit à son propos : « *C'est un monstre de la République démocratique. C'est un hircocerf de la dialectique heimatlos. Détritus humain à traiter comme tel... L'heure est assez tragique pour comporter la réunion d'une cour martiale qui ne pourrait fléchir. M. Reibel demande la peine de mort contre les espions. Est-elle imméritée pour les traîtres ? Vous me direz qu'un traître doit être de notre pays : M. Blum en est-il ? Il suffit qu'il ait usurpé notre nationalité pour la décomposer et la démembrer. Cet acte de volonté, pire qu'un acte de naissance, aggrave son cas. C'est un homme à fusiller, mais dans le dos.* »

Le chef de l'Action française est emprisonné à la prison de la Santé du 29 octobre 1936 au 6 juillet 1937. L'agression de février 1936 contre le député Léon Blum pousse le gouvernement, dirigé par le radical Albert Sarraut, à dissoudre la Ligue d'Action française, les Camelots du rois et la Fédération nationale des étudiants d'Action française.

Le 18 février 1936, une instruction judiciaire est ouverte contre Maurras pour complicité de provocation au meurtre. Il est condamné le 21 mars 1936 à 4 mois de prison ferme, la peine sera d'ailleurs aggravée car il répètera ses menaces de mort contre Léon Blum : « *C'est en tant que Juif qu'il faut voir, concevoir, entendre, combattre et abattre le Blum. Ce dernier verbe paraîtra un peu fort de café : je me hâte d'ajouter qu'il ne faudra abattre physiquement Blum que le jour où sa politique nous aura amené la guerre impie qu'il rêve contre nos compagnons d'armes italiens. Ce jour-là, il est vrai, il ne faudra pas le manquer. Si, par chance, un État régulier a pu être substitué au démocratique Couteau de cuisine, il conviendra que M. Blum soit guillotiné dans le rite des parricides : un voile noir tendu sur ses traits de chameau.* »

De la haine gratuite, puissamment évocatrice de la personnalité de Maurras et de ses probables névroses psychologiques.

« *La paix ! La paix ! Les Français ne veulent se battre, ni pour les Juifs, ni pour les Russes, ni pour les francs-maçons de Prague.* »

28 septembre 1938, Action française

Pourtant, Maurras titrera un peu plus tard : « *La mort d'un peuple* », pour dénoncer l'invasion allemande dans les Sudètes. Maurras salue aussi la victoire militaire du dictateur Franco, « *gage de sécurité contre le communisme et les persécutions contre les catholiques* ». Il soutient le gouvernement républicain d'Édouard Daladier dans sa volonté d'interdire le Parti communiste. En 1940, un très gros titre ouvre le journal : « *Le chien enragé de l'Europe, les hordes allemandes envahissent la Hollande, la Belgique, le Luxembourg* ». Maurras écrit : « *Nous avons devant nous une horde bestiale et, menant cette horde, l'individu qui en est la plus complète expression. Nous avons affaire à ce que l'Allemagne a de plus sauvagement barbare, c'est-à-dire une cupidité sans mesure et des ambitions que rien ne peut modérer. Nul avenir ne nous est permis que dans le bonheur des armes.* »

La victoire allemande sur la France désespère Maurras. Il affirme que son *soutien au gouvernement Pétain est de même nature que celui apporté aux gouvernements républicains lors de la Première Guerre mondiale*. Il dira : « *Je soutiens Pétain comme j'ai soutenu tous les gouvernements pendant la guerre de 1914-1918.* » Présenté ainsi, pour et par sa défense, le soutien de Maurras et de « l'Action française » à Vichy ne serait donc pas un choix idéologique, mais un élément de réponse au problème français de l'occupation allemande et donc à la défaite. Bref, il avait la légalité dans le sang, le brave homme...

Ce qui n'est pas sans me renvoyer à une réplique écrite par Michel Audiard pour le film de Denys de la Patellière, *Un taxi pour Tobrouk*, et dite par l'excellent Maurice Biraud : « *C'est mon papa, moi, que je vais retrouver. Actuellement, il est à Vichy, mon cher père. Ah ! c'est un homme qui a la légalité dans le sang. Si les Chinois débarquaient, il se ferait mandarin. Si les nègres prenaient le pouvoir, il se mettrait un os dans le nez. Si les Grecs... oui enfin, passons !* »

Maurras est hostile aux alliés, à la résistance en général, aux communistes en particulier et il profite avec plaisir de la batterie de lois anti-juives qu'entérinent Pétain et sa bande de truands. De Londres, où il écrit dans *La France libre*, Raymond Aron porte, quelques mois après la mise en place du régime bananier de Pétain, le 15 décembre 1940, cette appréciation sur le chef de l'Action française : « *M. Maurras, promu doctrinaire officiel du nouveau régime, n'en écrit pas plus aujourd'hui sur la IIIe République qu'il n'en écrivait depuis trente ans. La seule différence est qu'il est désormais gouvernemental et conformiste, qu'il trouve une sorte de jouissance morose dans les malheurs qui accablent notre patrie, parce qu'ils ont liquidé le régime détesté et permis cette "merveille d'État national" que le maréchal Pétain est en train de construire.* »

Pour Maurras, sa conception de la Révolution nationale portée par le sénile maréchal, se compose *d'un bon corps d'officiers et un bon clergé*. Pour Maurras, on peut soutenir Vichy et non la politique de collaboration. Ici, il fait la démonstration de l'absurdité de la pensée antisémite dans toute sa splendeur.

Maurras se proclame « antigaulliste » et qualifie les résistants de « terroristes », il appelle à la répression la plus violente contre eux. Le sinistre dramaturge exige « *des otages et des exécutions* », il recommande « *la mise à mort des gaullistes faits prisonniers, sans autre forme de procès* », et il ajoute que si « *la peine de mort n'était pas suffisante pour mettre un terme aux activités des gaullistes, il fallait se saisir des membres de leur famille comme otages et exécuter ceux-ci* ». Maurras écrit en 1944 que « *si les Anglo-Américains devaient gagner, cela signifierait le retour des francs-maçons, des Juifs et de tout le personnel politique éliminé en 1940* », et que soutenir les Alliés serait prendre parti « *du mauvais côté* ». Il écrit également que la France libre de de Gaulle est sous la botte de Moscou.

Après la Seconde Guerre mondiale, comme beaucoup de ses gens, Charles Maurras retourne sa veste aux poches pleines et à la francisque accrochée, et nie avoir exercé une influence sur Philippe Pétain. Il plaidera en parlant de Pétain : « *Sa doctrine est sa doctrine. Elle reste républicaine. La mienne est restée royaliste. Elles ont des contacts parce qu'elles tendent à réformer les mêmes situations vicieuses et à remédier aux mêmes faiblesses de l'État.* »
Lors de son procès qui aura lieu en janvier 1945, les charges sont (entre autres) les suivantes : dénonciation (Roger Worms et sa famille), propagandisme et intelligence avec l'ennemi. Le 27 janvier 1945, la cour de justice de Lyon déclare Charles Maurras coupable de haute trahison et d'intelligence avec l'ennemi et le condamne à la réclusion criminelle à perpétuité et à la dégradation nationale. Maurras commenta sa condamnation par : « *C'est la revanche de Dreyfus !* »

Le 10 août 1951, Charles Maurras est transféré à l'hôtel-Dieu de Troyes. Le 21 mars 1952, bénéficiant d'une grâce médicale accordée par le président de la République Vincent Auriol, Charles Maurras est transféré à la clinique Saint-Grégoire de Saint-Symphorien-les-Tours. Il meurt le 16 novembre 1952.

Antisémitisme

Charles Maurras forge sa doctrine antisémite en s'inspirant notamment des écrits de René de La Tour du Pin, l'un des chefs de la droite catholique de l'époque. Dans son « programme social » de 1889, ce dernier souhaite « dénationaliser » les Juifs français, et précise en 1898, durant l'affaire Dreyfus : « *Les Juifs seraient mis sur le même pied que les indigènes de nos colonies.* » Si les Juifs étaient sous ce statut inférieur à celui d'un simple citoyen français (blanc), ils seraient ainsi sous la protection des autorités. Maurras va prôner pour les Juifs le vote d'un statut les excluant de la fonction publique et ainsi rejoindre son « mentor » dans son délire.

Entre 1904 et 1906, Maurras identifie les « *quatre États confédérés* », soi-disant constitutifs de « *l'anti-France* ». Il cible ainsi les Juifs, la franc-maçonnerie et les protestants, conformément à la théorie du complot judéo-maçonnique, et y ajoute les « métèques ». Le terme « métèque » désignait, à l'époque classique, une catégorie particulière d'étrangers qui, moyennant un certain nombre d'obligations, obtiennent le droit de résider sur le territoire de la cité, de s'y livrer à leurs activités professionnelles.

Maurras accuse ces quatre « *États confédérés* » de défendre leur intérêt et non celui de la nation, tout en soumettant l'État à leur influence : « *Contre l'hérédité de sang juif, il faut l'hérédité de naissance française, et ramassée, concentrée, signifiée dans une race, la plus vieille, la plus glorieuse et la plus active possible. Décentralisée contre le métèque, antiparlementaire contre le maçon, traditionnelle contre les influences protestantes, héréditaire enfin contre la race juive, la monarchie se définit, on le voit bien, par les besoins du pays. Nous nous sommes formés en carré parce qu'on attaquait la patrie de quatre côtés.* »

Lors de la création de la Ligue d'Action française en 1905, « *la lutte antijuive* » est le cœur du combat et le slogan fédérateur. Chaque adhérent de l'Action française doit prêter ce serment : « *Seule la Monarchie assure le salut public et, répondant de l'ordre, prévient les maux publics que l'antisémitisme et le nationalisme dénoncent.* »

La tendance actuelle, puisque nous voyons renaître, très malheureusement, la pensée maurrassienne, puisque nous voyons quelques quarterons d'intellectuels en faire la promotion aujourd'hui, est de « minimiser » l'antisémitisme de Maurras. Bien. De mettre sa haine du Juif au niveau de celle du protestant. Bien. Sa haine de la république et du socialisme au niveau de celle « du Juif ». Bien. Mais, ce n'est pas le cas, lisez donc et instruisez-vous sur les propos de Maurras le maudit, lisez donc les mots de sa haine antisémite et comparez-la au reste. Maurras, comme tant d'autres antisémites notoires, est obsédé par « le Juif ». Et c'est son fonds de commerce. Aurait-on autant parlé de lui en son époque, et en parlerait-on encore autant, si cette haine n'avait pas été aussi forte ?

« Tout paraît impossible, ou affreusement difficile, sans cette providence de l'antisémitisme. Par elle tout s'arrange, s'aplanit et se simplifie. »
Cette dernière citation de Maurras résume bien l'idée avancée, non ?

« Antisémitisme d'État » et « antisémitisme de peau »

Maurras et les membres de l'Action française adhèrent pleinement à une conception naturalisante de la judéité. Ils soutiennent que l'hérédité raciale rend le Juif inassimilable. Cette déclaration de Maurras au début de l'Occupation en témoigne : *« J'ai vu ce que devient un milieu juif, d'abord patriote et même nationaliste, quand la passion de ses intérêts proprement juifs y jaillit tout à coup : alors, à coup presque sûr, tout change, tout se transforme, et les habitudes de cœur et d'esprit acquises en une ou deux générations se trouvent bousculées par le réveil des facteurs naturels beaucoup plus profonds, ceux qui viennent de l'être juif. »*
Maurras ajoute : *« Le Juif d'Algérie, le Juif d'Alsace, le Juif de Roumanie sont des microbes sociaux. Le Juif de France est microbe d'État : ce n'est pas le crasseux individu à houppelande prêtant à la petite semaine, portant ses exactions sur les pauvres gens du village ; le Juif d'ici opère en grand et en secret. »*
Dans la thématique maurassienne, nous trouvons dans l'inventaire : *« Le danger juif allemand »* en 1916. En 1919, *« Le bolchevisme juif ».* *« La théorie du complot juif »* en 1921. Dans son quotidien *L'Action française*, Maurras publie ainsi une lettre ouverte à Abraham Schrameck, ministre de l'Intérieur, en 1925 :
« De vous, rien n'est connu. Mais vous êtes le Juif. Vous êtes l'Étranger. Vous êtes le produit du régime et de ses mystères. Vous venez des bas-fonds de la police, des loges et, votre nom semble l'indiquer, des ghettos rhénans. Vous nous apparaissez comme directeur des services pénitentiaires vers 1908 ou 1909. Là, vous faites martyriser Maxime Real del Sarte et ses compagnons coupables d'avoir milité pour la fête de Jeanne d'Arc. Vos premiers actes connus établissent votre fidélité à la consigne ethnique donnée par votre congénère Alfred Dreyfus le jour de sa dégradation : "Ma race se vengera sur la vôtre." Votre race, une race juive dégénérée, car il y a des Juifs bien nés qui en éprouvent de

la honte, la race des Trotsky et des Krassine, des Kurt Eisner et des Bela Kuhn, vous a chargé maintenant, d'organiser la révolution dans notre patrie. [...] C'est sans haine comme sans crainte que je donnerai l'ordre de verser votre sang de chien s'il vous arrive d'abuser de la force publique pour ouvrir les écluses de sang français sous les balles et les poignards de vos chers bandits de Moscou.»

En 1938, Maurras écrit : «*Le Juif veut votre peau. Vous ne la lui donnerez pas ! Mais nous l'engageons à prendre garde à la sienne, s'il lui arrive de nous faire accéder au massacre universel.*»

Maurras est donc un grand intellectuel... la preuve en est faite. Ce n'est ni un opportuniste de la pire espèce, ni un homme porté par la haine ! Comme l'ensemble de son œuvre est dédiée au bien de la nation française. Si bien qu'en 2018, à l'occasion du 150ᵉ anniversaire de la naissance de Charles Maurras, Olivier Dard rédige une notice de trois pages pour le livre des commémorations nationales 2018.

L'intention de Dard fait du bruit : de nombreuses associations antiracistes protestent. La ministre de la Culture se voit contrainte de retirer la référence à l'écrivain dans le livre. Les trois pages de Dard sont intégralement supprimées et les ouvrages déjà imprimés sont envoyés au pilon. Mais certains pensent, comme le « président » Macron, qu'il ne fallait «pas occulter la figure de Maurras», le 7 mars 2018. Le 21 mars 2018, dix membres sur douze du Haut comité des commémorations nationales démissionnent en adressant une lettre ouverte à la ministre de la Culture.

«*Le maréchal Pétain a été aussi, pendant la Première Guerre mondiale, un grand soldat*», déclarera Emmanuel Macron le mercredi 7 novembre 2018, lors des commémorations du centenaire du 11 novembre. Le président de la République a jugé «légitime» qu'un hommage soit rendu «aux maréchaux qui ont conduit l'armée à la victoire», dont Philippe Pétain faisait partie. Mais est-ce bien là la véritable raison ?

N'oublions pas que Pétain fut frappé d'indignité nationale. Macron remettrait donc en cause cette sentence ? Comme Mitterrand l'a fait ? Mitterrand qui fut ministre de Pétain. Ou alors, peut-être que la « réconciliation gaulliste» serait encore d'actualité de nos jours ?

Maurras hante la politique française depuis plus d'un siècle. Il reste une référence pour certains souverainistes et pour l'extrême droite. Les thèmes «maurrassiens», si fédérateurs, comme il l'avouait lui-même, reviennent aujourd'hui en force dans le débat public. Le nationalisme, la dictature étatique, l'infantilisation des masses, la pensée unique, la critique constante du parlementarisme, le christianisme fondateur, et bien évidemment « l'étranger » comme ennemi désigné et bouc émissaire. L'école « maurrassienne » vit de nouveau de beaux jours.

Le saviez-vous ?

Le livre des commémorations nationales. Chaque année, le Haut Comité des commémorations nationales sélectionne et propose à l'agrément du ministre de la Culture et de la Communication une centaine d'anniversaires susceptibles d'être célébrés au nom de la Nation. Cette sélection se matérialise par la publication d'un recueil.

« **Meg** », d'après documentation, dessin et palette graphique, 2023 copyright Cat's society.

XVIII

Sur la mort du président Félix Faure
et sur « Meg »

« Il se croyait César, il n'est mort que Pompée... »

Félix Faure meurt dans le salon bleu du palais de l'Élysée le 16 février 1899 au soir. Il est âgé de 58 ans. La cause de son décès aurait été un abus immodéré des charmes d'une jeune femme, Marguerite Steinheil, qui était sa maîtresse depuis un couple d'années.

C'est une soirée agréable qui s'annonce pour le président Felix Faure, ce mercredi 16 février 1898. En cette fin de journée, après l'habituel conseil des ministres, le président reçoit le prince de Monaco. C'est un dreyfusard notoire, et la discussion devient rapidement houleuse entre les deux hommes. Le prince veut le procès en révision de Dreyfus. Faure ne veut rien entendre. Il protège Mercier et l'état-major.

Peu après cette entrevue, il rejoint sa maîtresse, Marguerite Steinheil, qu'il avait convoquée dans le salon bleu de l'Élysée, en vue de quelques *« gracieuses et heureuses détentes masculines »*. Et monsieur le président avait tout prévu : cette pièce était munie d'une porte dérobée, aménagée sur sa demande, qui lui permettait de recevoir des femmes en toute discrétion et qui, inversement, permettait aussi à ces dames, généralement mariées, ou prostituées, de sortir en toute confidentialité du très surveillé palais de l'Élysée. D'autant que les appartements présidentiels, situés au rez-de-chaussée, abritaient madame Félix Faure et ses enfants. La discrétion était donc de mise.

La soirée est à peine avancée quand le président Faure se destine enfin à ses préoccupations personnelles. À noter que le chef de l'État n'est pas dans une grande forme et s'est plaint à plusieurs reprises dans la journée d'une certaine « mollesse » dans les jambes et d'une fatigue excessive. Mais, galanterie française oblige, il décide de se « requinquer », avec une forte dose de cantharide officinale, un puissant aphrodisiaque alors en vogue dans les salons parisiens. Le produit est efficace, c'est unanimement reconnu, mais il peut être aussi la cause d'effets secondaires graves. Félix Faure tient à sa réputation d'étalon, et d'ailleurs, du point de vue équestre, il passait pour être un excellent cavalier. C'est donc sans modération qu'il se « charge » avec le produit miraculeux.

Et c'est avec une certaine euphorie, d'après les témoignages des personnels de l'Élysée recueillis à la suite du drame, que Faure pénètre dans l'intimité du salon bleu, tout autant que dans celle de la jeune Marguerite, rapidement effeuillée. Selon les témoins, il aurait même commencé à se déshabiller lui-même dans le couloir...
Toujours selon les témoignages, peu de temps après que le couple se fut installé dans le salon bleu, le chef de cabinet Le Gall, alerté par des cris de femme, s'y précipita et découvrit le président vêtu d'aucun autre vêtement que de son gilet de flanelle, râlant, allongé sur un divan et la main crispée dans la chevelure de sa maîtresse pendant qu'elle tentait de remettre ses propres vêtements. Un huissier confia même qu'il « *aura fallu couper des mèches de cheveux de la jeune femme, car le président, semi-inconscient, ne parvenait pas à desserrer la main* ».

Après avoir agonisé pendant trois longues heures, Félix Faure meurt vers 22 heures, d'une « *congestion cérébrale* » pour la version officielle. On rapporta un peu plus tard que l'abbé Herzog, curé de la Madeleine, qui fut demandé par l'épouse du président, Berthe Faure, pour qu'il lui administrât les derniers sacrements, demanda à son arrivée au chef de cabinet :
— Le président a-t-il toujours sa connaissance ?
Il lui aurait répondu par cette fameuse réplique :
— Non, elle est sortie par l'escalier de service !

La maîtresse dut probablement, en effet, pour éviter le scandale, s'éclipser par la « sortie de secours ». Elle en oublia son corset, qui fut d'ailleurs revendu plus tard aux enchères...

Le fait que le président de la République française était mort en « action » et dans les bras de sa jeune maîtresse se répandit rapidement dans tout Paris. Si certains journaux affirmèrent, tel le *Journal du Peuple* du 18 février, qu'il était mort d'avoir « *trop sacrifié à Vénus* », d'autres se demandèrent s'il « *n'avait pas été victime des dangers inhérents à sa haute fonction* », et d'autres encore si « *le président Félix Faure était bien mort de mort naturelle* ». Les circonstances croustillantes du décès prirent rapidement le pas sur la possible circonstance d'une « mort subite ». C'est-à-dire par empoisonnement. Car, rappelons-le, le climat de cette fin de siècle était aux « assassinats en tous genres ».

La rumeur populaire colporta vite que c'était une fellation pratiquée par sa maîtresse qui avait provoqué la mort accidentelle du président, ce qui valut à Marguerite Steinheil le doux surnom de « *la pompe funèbre* ». Les indiscrétions des huissiers et autres valets de l'Élysée n'aidèrent pas à soigner sa réputation. Georges Clemenceau eut ce mot, ce qui est autant une allusion au goût du président Faure pour le faste républicain qu'à la cause prétendue de sa mort :
« *Il se croyait César, il n'est mort que Pompée...* »
Quoi qu'il en soit, Marguerite devint une célébrité du jour au lendemain et remit au goût du jour certaines pratiques sexuelles par son action passée. Et, pour le malchanceux Félix Faure, du moins d'un certain point de vue pour ce dernier qualificatif, les mésaventures ne s'arrêtèrent pas là : lors de ses obsèques nationales, célébrées le 23 février 1899, la solennité et le recueillement de ses compatriotes furent perturbés par une tentative de coup d'État de la part de la Ligue des patriotes, fomenté par Paul Déroulède, qui essaiera en vain de faire prendre d'assaut le palais présidentiel par ses militants. On écourta donc la cérémonie pour défendre le palais. Et pour défendre la république.

Marguerite Steinheil

Pour Marguerite Steinheil, la mort de Félix, provoquée par ses « talents » amoureux, lui vaudra une « certaine réputation » dans le monde politique. Ses capacités sexuelles s'auréolant de légende. En conséquence, peu après le drame, elle devint la maîtresse de diverses personnalités, dont celle du ministre Aristide Briand, puis du roi du Cambodge et enfin de l'industriel Maurice Borderel, pour ne citer que les plus connus. Mondaine un jour, mondaine toujours. Meg disparaît pourtant pour le grand public entre 1900 et 1908, mais refait brusquement surface dans la presse à l'occasion d'une triste et scabreuse affaire criminelle.
Voici le récit de ses aventures, comme paru dans la presse de l'époque :

Le 30 mai 1908, madame Émilie Japy, mère de Marguerite Steinheil, passe quelques jours chez sa fille, à Paris. Initialement prévu pour le soir même, son départ est en dernière minute reporté au lendemain matin. Le lendemain, le 31 mai, à 6 heures du matin, le domestique constate que toutes les portes du premier étage sont ouvertes, ce qui était inhabituel. Croyant à un cambriolage, il visite les chambres, et c'est là qu'il découvre les corps de madame Japy et d'Adolphe Steinheil (le mari « officiel » de Marguerite).

Madame Japy est décédée dans la nuit, probablement d'une crise cardiaque, d'après les premières constatations. Le peintre Adolphe Steinheil est retrouvé dans son cabinet de toilette, vêtu de sa chemise de nuit et étranglé par une cordelette encore nouée autour du cou. Quant à Marguerite, elle est bâillonnée et ligotée sur son lit.

Elle expliquera aux policiers avoir été saucissonnée dans son sommeil par trois individus vêtus de noir, « deux hommes et une femme rousse », précisera-t-elle.

Dans les premiers temps de l'investigation policière, on soupçonne Marguerite d'avoir organisé l'assassinat de son mari en le maquillant en crime crapuleux. Il était de notoriété publique que Marguerite voulait divorcer de son mari. Mais que ce dernier le lui refusait obstinément, malgré les nombreuses liaisons extraconjugales et frasques amoureuses de Marguerite.

Faute de preuves, et faute de pouvoir confondre l'infidèle épouse, les enquêteurs abandonnent l'accusation de crime passionnel. Ensuite, il est supposé que le mobile du crime de la maison Steinheil était de retrouver des documents secrets ayant appartenu au président Félix Faure. Le président considérait Marguerite beaucoup plus que comme une simple maîtresse. Il projetait de divorcer de sa femme pour l'épouser. Il était donc possible que de son vivant, il lui eût remis des documents qu'il voulait soustraire de ses bureaux sans éveiller l'attention de ses collaborateurs les plus proches. Des documents qui auraient été en rapport avec l'affaire Dreyfus. Les rumeurs vont bon train. Mais les enquêteurs se retrouvèrent dans une impasse là aussi.

Seulement, Marguerite Steinheil s'impatiente face à l'inertie de la police. Tant que la procédure n'est pas close, elle demeure dans l'impossibilité de faire évoluer son statut matrimonial, ce qui la condamne à une certaine sagesse. Et la procédure s'éternise. Aussi, elle fait relancer l'enquête en accusant ses domestiques des crimes de sa maison. Sans succès là aussi. Son personnel est irréprochable. Puis, durant l'instruction, elle change sa version des faits, accusant untel puis tel autre du crime, allant jusqu'à s'accuser elle-même avant de se rétracter quelques jours plus tard en plaidant la folie passagère. La pression est trop forte et Marguerite vacille.

Le 4 novembre 1908, le juge d'instruction la fait arrêter et incarcérer
à la prison Saint-Lazare. Elle y passera plus de 300 jours. Une détention provisoire qui avait peut-être aussi pour but de la mettre à
l'abri d'elle-même. Et aussi des véritables coupables.
Le 3 novembre 1909, le procès s'ouvre à la Cour d'assises de Paris.
L'événement est très médiatisé. L'opposition antidreyfusarde cherche
à transformer le sinistre et énigmatique fait divers en procès politique,
tout en accusant Marguerite d'avoir empoisonné Félix Faure pour le
compte du « syndicat juif », parce que Faure s'était déclaré hostile à la
révision du procès du Juif Dreyfus. Mais, contre toute attente, le 14 novembre, elle est acquittée par les jurés et sort libre du tribunal.

Les remous du procès passés, elle part vivre à Londres sous le nom
de Mme de Serignac. Cultivant là un anonymat salvateur. En 1917,
soit 9 ans après le drame, elle épouse un certain lord Robert Brooke
Campbell et devient donc lady. Sans plus jamais faire parler d'elle,
Marguerite Steinheil mourra paisiblement en 1954 dans une maison
de repos du comté du Sussex.

Le grand Pompé, dessin et palette graphique, 2023 copyright Cat's society.

XIX

Jaurès, les socialistes
et l'affaire Dreyfus en 1900

En deux discours et articles

À la fin de l'automne 1900, lors d'un meeting socialiste à Lille, Jaurès revient sur l'affaire Dreyfus. Dans les rangs socialistes, certains considèrent l'affaire Dreyfus comme un fait divers bourgeois qui ne les concerne pas et refusent de prendre faits et cause dans le débat social et politique du moment. Jaurès tente de motiver ses partenaires socialistes comme de justifier ses actions récentes, car depuis quelque temps, il est actif sur le sujet, notamment par voie de presse. Jaurès entend que le Parti socialiste défende les intérêts de la classe ouvrière dans la *société capitaliste*, mais aussi les intérêts sociaux, politiques et moraux républicains. D'après cette nouvelle ligne politique voulue, le prolétariat doit devenir le défenseur de tous les intérêts de la société. Pour Jaurès, le prolétariat ne doit pas vivre en dehors de la société, puisqu'il « est » la société. Il est conscient que le rôle politique qu'il joue et entend jouer ne concerne pas seulement son parti, mais l'ensemble de l'électorat français. Il déclare :

« Il y a des heures où il est de l'intérêt du prolétariat d'empêcher une trop violente dégradation intellectuelle et morale de la bourgeoisie elle-même et voilà pourquoi, lorsque, à propos d'un crime militaire, il s'est élevé entre les diverses fractions bourgeoises la lutte que vous savez, et lorsqu'une petite minorité bourgeoise, contre l'ensemble de toutes les forces de mensonges déchaînées, a essayé de crier justice et de faire entendre la vérité, c'était le devoir du prolétariat de ne pas rester neutre, d'aller du côté où la vérité souffrait, où l'humanité criait. Le jour où contre un homme un crime se commet ; le jour où il se commet par la main de la bourgeoisie, mais où le prolétariat en intervenant pourrait empêcher ce crime, ce n'est plus la bourgeoisie seule qui en est responsable, c'est le prolétariat lui-même ; c'est lui qui, en n'arrêtant pas la main du bourreau prêt à frapper, devient le complice du bourreau ; et alors ce n'est plus la tache qui voile, qui flétrit le soleil capitaliste déclinant, c'est la tache qui vient flétrir le soleil socialiste levant. Nous n'avons pas voulu de cette flétrissure de honte sur l'aurore du prolétariat.

Ce qu'il y a de singulier, ce qu'il faut que tout le parti socialiste en Europe et ici sache bien, c'est qu'au début même de ce grand drame, ce sont les socialistes révolutionnaires qui m'encourageaient le plus, qui m'engageaient le plus à entrer dans la bataille. Il faut que vous sachiez, camarades, comment, devant le groupe socialiste de la dernière législature, la question s'est posée. Quand elle vint pour la première fois, quand nous eûmes à nous demander quelle attitude nous prendrions, le groupe socialiste se trouva partagé à peu près en deux. D'un côté, il y avait ceux que vous me permettrez bien d'appeler les modérés du groupe. C'était Millerand, c'était Viviani, c'était Jourde, c'était Lavy, qui disaient : "Voilà une question dangereuse, et où nous ne devons pas intervenir." De l'autre côté, il y avait ceux qu'on pouvait appeler alors la gauche révolutionnaire du groupe socialiste. Il y avait Guesde, Vaillant et moi, qui disions : "Non, c'est une bataille qu'il faut livrer." Ah ! Je me rappelle les accents admirables de Guesde lorsque parut la lettre de Zola. Nos camarades modérés du groupe socialiste disaient : "Mais Zola n'est point un socialiste ; Zola est, après tout, un bourgeois. Va-t-on mettre le Parti socialiste à la remorque d'un écrivain bourgeois ?" Et Guesde, se levant comme s'il suffoquait d'entendre ce langage, alla ouvrir la fenêtre de la salle où le groupe délibérait, en disant : "La lettre de Zola, c'est le plus grand acte révolutionnaire du siècle !" Et puis, lorsque animé par ces paroles, en même temps que par ma propre conviction, lorsque j'allai témoigner au procès Zola ; lorsque devant la réunion des colonels, des généraux, dont on commençait alors à soupçonner les crimes, sans les avoir profondément explorés, lorsque j'eus commencé à témoigner, à déposer, et que je revins à la Chambre, Guesde me dit ces paroles, dont je me souviendrai tant que je vivrai : "Jaurès, je vous aime, parce que, chez vous, l'acte suit toujours la pensée." Et comme les cannibales de l'État-Major continuaient à s'acharner sur le vaincu, Guesde me disait : "Que ferons-nous un jour, que feront les socialistes d'une humanité ainsi abaissée et ainsi avilie ? Nous viendrons trop tard", disait-il, "avec une éloquente amertume, les matériaux humains seront pourris, lorsque ce sera notre tour de bâtir notre maison." Eh bien, pourquoi après ces paroles, pourquoi après ces déclarations, le Conseil national du Parti, quelques mois après, au mois de juillet, a-t-il essayé de faire sortir le prolétariat de cette bataille ? Peut-être, j'ai essayé de me l'expliquer bien des fois, les révolutionnaires ont-ils trouvé que nous tardions trop dans ce combat, que nous y dépensions trop de notre force et de la force du peuple ? Mais qu'ils me permettent de leur dire :

Où sera, dans les jours décisifs, l'énergie révolutionnaire des hommes si, lorsqu'une bataille comme celle-là est engagée contre toutes les puissances de mensonge, contre toutes les puissances d'oppression, nous n'allons pas jusqu'au bout ? Pour moi, j'ai voulu continuer, j'ai voulu persévérer jusqu'à ce que la bête venimeuse ait été obligée de dégorger son venin. Oui, il fallait poursuivre tous les faussaires, tous les menteurs, tous les bourreaux, tous les traîtres ; il fallait les poursuivre à la pointe de la vérité, comme à la pointe du glaive, jusqu'à ce qu'ils aient été obligés à la face du monde entier de confesser leurs crimes, l'ignominie de leurs crimes. Et, remarquez-le, le manifeste par lequel on nous signifiait d'avoir à abandonner cette bataille, paru en juillet, a précédé de quelques semaines l'aveu qu'en persévérant nous avons arraché au colonel Henry. Eh bien, laissez-moi me féliciter de n'avoir pas entendu la sonnerie de retraite qu'on faisait entendre à nos oreilles ; d'avoir mis la marque du prolétariat socialiste, la marque de la Révolution sur la découverte d'un des plus grands crimes que la caste militaire ait commis contre l'humanité. Ce n'était pas du temps perdu, car pendant que s'étalaient ses crimes, pendant que vous appreniez à connaître toutes ses hontes, tous ses mensonges, toutes ses machinations, le prestige du militarisme descendait tous les jours dans l'esprit des hommes et, sachez-le, le militarisme n'est pas dangereux seulement parce qu'il est le gardien armé du capital, il est dangereux aussi parce qu'il séduit le peuple par une fausse image de grandeur, par je ne sais quel mensonge de dévouement et de sacrifices. Lorsqu'on a vu que cette idole si glorieusement peinte et si superbe ; que cette idole qui exigeait pour le service de ses appétits monstrueux, des sacrifices de générations ; lorsqu'on a vu qu'elle était pourrie, qu'elle ne contenait que déshonneur, trahison, intrigues, mensonges, alors le militarisme a reçu un coup mortel, et la Révolution sociale n'y a rien perdu.

Je dis qu'ainsi le prolétariat a doublement rempli son devoir envers lui-même. Et c'est parce que dans cette bataille le prolétariat a rempli son devoir envers lui-même, envers la civilisation et l'humanité ; c'est parce qu'il a poussé si haut son action de classe qu'au lieu d'avoir, comme le disait Louis Blanc, la bourgeoisie pour tutrice, c'est lui qui est devenu dans cette crise le tuteur des libertés bourgeoises que la bourgeoisie était incapable de défendre ; c'est parce que le prolétariat a joué un rôle décisif dans ce grand drame social que la participation directe d'un socialiste à un ministère bourgeois a été rendue possible. »

L'engagement de Jaurès dans l'affaire Dreyfus

« Ce jour-là, nous aurons le droit de nous dresser, nous socialistes, contre tous les dirigeants qui depuis des années nous combattent au nom des principes de la Révolution française. » Qu'avez-vous fait, leur crierons-nous, de la Déclaration des droits de l'Homme et de la liberté individuelle ? Vous en avez fait mépris ; vous avez livré tout cela à l'insolence du pouvoir militaire. Vous êtes les renégats de la Révolution bourgeoise. »

Oh ! je sais bien ! Et j'entends le sophisme de nos ennemis : « Quoi ! nous dit doucereusement La Libre Parole, ce sont des socialistes, des révolutionnaires qui se préoccupent de légalité ! »

Je n'ai qu'un mot à répondre. Il y a deux parts dans la légalité capitaliste et bourgeoise. Il y a tout un ensemble de lois destinées à protéger l'iniquité fondamentale de notre société ; il y a des lois qui consacrent le privilège de la propriété capitaliste, l'exploitation du salarié par le possédant. Ces lois, nous voulons les rompre, et même par la Révolution, s'il le faut, abolir la légalité capitaliste pour faire surgir un ordre nouveau. Mais à côté de ces lois de privilège et de rapine, faites par une classe et pour elle, il en est d'autres qui résument les pauvres progrès de l'humanité, les modestes garanties qu'elle a peu à peu conquises par le long effort des siècles et la longue suite des Révolutions.

Or parmi ces lois, celle qui ne permet pas de condamner un homme, quel qu'il soit, sans discuter avec lui est la plus essentielle peut-être. Au contraire des nationalistes qui veulent garder de la légalité bourgeoise tout ce qui protège le Capital, et livrer aux généraux tout ce qui protège l'homme, nous, socialistes révolutionnaires, nous voulons, dans la légalité d'aujourd'hui, abolir la portion capitaliste et sauver la portion humaine. Nous défendons les garanties légales contre les juges galonnés qui les brisent, comme nous défendrions au besoin la légalité républicaine contre des généraux de coup d'État.

Oh ! je sais bien encore et ici ce sont des amis qui parlent : « Il ne s'agit pas, disent-ils, d'un prolétaire ; laissons les bourgeois s'occuper des bourgeois. » Et l'un d'eux ajoutait cette phrase qui, je l'avoue, m'a peiné : « S'il s'agissait d'un ouvrier, il y a longtemps qu'on ne s'en occuperait plus. »

Je pourrais répondre que si Dreyfus a été illégalement condamné et si, en effet, comme je le démontrerai bientôt, il est innocent, il n'est plus ni un officier ni un bourgeois : il est dépouillé, par l'excès même du malheur, de tout caractère de classe ; il n'est plus que l'humanité elle-même, au plus haut degré de misère et de désespoir qui se puisse imaginer.

Si on l'a condamné contre toute loi, si on l'a condamné à faux, quelle dérision de le compter encore parmi les privilégiés ! Non : il n'est plus de cette armée qui, par une erreur criminelle, l'a dégradé. Il n'est plus de ces classes dirigeantes qui par poltronnerie d'ambition hésitent à rétablir pour lui la légalité et la vérité. Il est seulement un exemplaire de l'humaine souffrance en ce qu'elle a de plus poignant. Il est le témoin vivant du mensonge militaire, de la lâcheté politique, des crimes de l'autorité.

Certes, nous pouvons, sans contredire nos principes et sans manquer à la lutte des classes, écouter le cri de notre pitié ; nous pouvons dans le combat révolutionnaire garder des entrailles humaines ; nous ne sommes pas tenus, pour rester dans le socialisme, de nous enfuir hors de l'humanité.

Et Dreyfus lui-même, condamné à faux et criminellement par la société que nous combattons, devient, quelles qu'aient été ses origines, et quel que doive être son destin, une protestation aiguë contre l'ordre social. Par la faute de la société qui s'obstine contre lui à la violence, au mensonge et au crime, il devient un élément de Révolution.

Voilà ce que je pourrais répondre ; mais j'ajoute que les socialistes qui veulent fouiller jusqu'au fond les secrets de honte et de crime contenus dans cette affaire, s'ils ne s'occupent pas d'un ouvrier, s'occupent de toute la classe ouvrière.

Qui donc est le plus menacé aujourd'hui par l'arbitraire des généraux, par la violence toujours glorifiée des répressions militaires ? Qui ? Le prolétariat. Il a donc un intérêt de premier ordre à châtier et à décourager les illégalités et les violences des conseils de guerre avant qu'elles deviennent une sorte d'habitude acceptée de tous. Il a un intérêt de premier ordre à précipiter le discrédit moral et la chute de cette haute armée réactionnaire qui est prête à le foudroyer demain.

Puisque, cette fois, c'est à un fils de la bourgeoisie que la haute armée, égarée par des luttes de clan, a appliqué son système d'arbitraire et de mensonge, la société bourgeoise est plus profondément remuée et ébranlée, et nous devons profiter de cet ébranlement pour diminuer la force morale et la puissance d'agression de ces États-Majors rétrogrades qui sont une menace directe pour le prolétariat.

Ce n'est donc pas servir seulement l'humanité, c'est servir directement la classe ouvrière que de protester, comme nous le faisons, contre l'illégalité, maintenant démontrée, du procès Dreyfus et contre la monstrueuse prétention d'Alphonse Humbert de sceller à jamais ce crime militaire dans l'impénétrabilité du huis clos. »

Jaurès, portrait, image d'archive, dessin et palette graphique. 2022 copyright Cat's society.

XX

Presse

« La France sous le juif », documentation image d'archive. Palette graphique.

L'article 11 de la Déclaration des droits de l'Homme et du citoyen de 1789 affirmait : « *Tout citoyen peut parler, écrire, imprimer librement.* » À l'exception de la période allant de 1789 à 1792, la presse n'a jamais été libre en France. C'est la IIIᵉ République qui officialise la liberté de la presse, telle que nous la connaissons, avec un spectre de possibilités plus large pour les éditeurs, ce qui était totalement en rupture avec les empires et les restaurations monarchiques qui se sont succédées depuis Napoléon Iᵉʳ dans notre pays.

Les républicains font donc voter la loi sur la liberté de la presse le 29 juillet 1881. Son article Iᵉʳ affirme ceci :

« L'imprimerie et la librairie sont libres. »

C'est l'acte de baptême de ce que moins d'un siècle plus tard, de Gaulle appellera le Ve pouvoir.

L'imprimerie et la librairie sont libres, mais elles ont l'obligation de désigner un directeur de la publication comme de déposer des exemplaires à l'office du dépôt légal. Mais sur le principe, n'importe quel citoyen peut créer un titre ou publier un livre sans accords préalables de l'État et de ses services. Venons-en maintenant à quelques points de détails de cette loi :

Hormis la diffamation publique, l'expression d'une idée politique ou sociale, quelle qu'elle soit, ne peut être poursuivie par la loi.

Hormis la diffamation publique… c'est de cet élément de la loi, en ses articles 30 et 31, qu'Émile Zola se servira pour « attaquer » le ministère de la Guerre et provoquer sa réaction en justice. Ces deux articles réprimant la diffamation sont nommément cités par Émile Zola à la fin de son article, le « J'accuse ».

La presse de la fin du XIXe siècle connaît une succession rapide de progrès technologiques qui fait basculer l'éditeur de presse du monde artisanal au principe industriel en une décennie. Profusion, diffusion, publicité, revenus, commercialisations multiples, le schéma est tracé…

La presse moderne est née, elle fera tomber des gouvernements, révèlera les grands scandales des siècles, rendra compte quotidiennement à l'homme de la rue de son époque, elle influencera l'opinion publique, révèlera de grands auteurs, et mettra le monde aux pieds de ses lecteurs en inventant « le correspondant » et le grand « reporter ». Si vous voulez tout savoir de la presse moderne, sur ses pouvoirs et sa naissance, prenez donc le temps de lire l'histoire fantastique de Horace Greeley, reporter du Grand Ouest américain et fondateur du *New York Tribune*. C'est ce type d'homme qui inspirera la presse européenne dans son ensemble et qui fera d'un simple journal, un empire.

Le saviez-vous ?

En 1870, les États-Unis comptaient environ 6 000 titres de journaux, tous genres confondus, pour 20,8 millions d'abonnés sur une population de 38,5 millions d'habitants ! À la même époque, le reste du monde a 7 642 journaux et publications périodiques ! L'Angleterre en dénombre 1 456, la France 1 700, la Prusse 809, l'Autriche 650, la Russie 337 et l'Italie 723. Le recensement de 1880 fait ensuite état de 11 314 journaux différents aux États-Unis, soit presque le double de titres parus en à peine une décennie !

Dans l'affaire Dreyfus, en 1898, la fameuse « une » de *L'Aurore* est tirée à 300 000 exemplaires et son succès, comme les conséquences de ce succès, témoigne du rôle déjà central joué par la presse dans le débat publique. L'affaire est le premier événement *surmédiatisé* en France. Des milliers de publications sur l'affaire Dreyfus suivront, et ce pendant plus d'une décennie. L'affaire fera les beaux jours des journaux des grandes villes française. Les journalistes, les directeurs de publication et autres rédacteurs en chef, éditorialistes, politiques et auteurs feront et déferont l'opinion publique. Ils parviendront à influencer la France de la belle époque jusque dans l'hémicycle républicain, comme ils génèreront nombre d'actes répréhensibles dans les rangs des ultras et de la jeunesse.

Violente et sans censure, la presse sera « le pré de papier » des duellistes dreyfusards et antidreyfusards. La France voit dans ces prodigieuses années fleurir une importante variété de titres de presse. Il en naît plusieurs centaines, rien qu'à Paris, en quotidiens du soir ou du matin, et hebdomadaires ou autres périodiques. On distingue de très nettes catégories :

La presse officielle, voix du gouvernement

➢ *Le Journal Officiel*, créé en 1868.
➢ *L'Agence Havas*.

La presse à grand tirage (plusieurs centaines de milliers d'exemplaires)

➢ *Le Petit Parisien*, fondé en 1876, quotidien indépendant (1 000 000 en 1898).
➢ *Le Petit Journal*, quotidien illustré, fondé en 1884 (800 000 exemplaires).
➢ *Le Journal*, quotidien républicain, fondé en 1892 (450 000 exemplaires).
➢ *Le Matin*, fondé en 1884, quotidien indépendant.
➢ *L'Éclair*, fondé en 1888, quotidien indépendant.
➢ *L'Intransigeant*, fondé en 1880, quotidien Républicain socialiste.
➢ *L'Aurore*, fondé en 1897 par Ernest Vaughan, géré par A. Perrenx, tirage moyen à 25 000 exemplaires, quotidien républicain socialiste.
➢ *Le Figaro*, fondé en 1866, quotidien indépendant (40 000 exemplaires).

- ➢ *Le Siècle*, fondé en 1836, quotidien républicain.
- ➢ *L'Autorité*, fondé en 1886, quotidien conservateur.
- ➢ *La Justice*, fondé en 1880, quotidien républicain radical.
- ➢ *Le Soleil*, en fondé 1873, quotidien indépendant.

La presse catholique

- ➢ *La Croix*, créé en 1883, quotidien indépendant (180 000).
- ➢ *Le Pèlerin*, hebdomadaire créé en 1873.
- ➢ *La France Catholique*, créé en 1890.

La presse nationaliste et antisémite

- ➢ *La Libre Parole*, créé par Drumont en 1892, quotidien antisémite et indépendant (300 000).
- ➢ *Action française*, créé par Maurras en 1908, quotidien royaliste et nationaliste du mouvement d'Action française
- ➢ *L'Antijuif, hebdomadaire*, fondé en 1898, organe de lutte antisémitique de France.
- ➢ *Le Gaulois*, créé en 1868 par Meyer, quotidien monarchiste et conservateur.
- ➢ *La Patrie*, créé en 1841, quotidien du soir, organe de la défense nationale (30 000).

La presse caricaturiste

- ➢ *Psst...!* créé en 1898, hebdomadaire satirique antidreyfusard.
- ➢ *Le Journal de Guignol*, créé en 1891, satirique.
- ➢ *Le Sifflet*, journal satirique dreyfusard, créé en 1898.

Le saviez-vous ?

L'invention de la rotative en 1845, par l'Américain Richard Hoe, et son perfectionnement en rotative offset par William Bullock en 1863, permet d'"imprimer le journal du jour jusqu'à plusieurs centaines de milliers d'exemplaires dans des délais de quelques heures. L'invention de la linotype par l'Allemand Ottmar Mergenthaler en 1885 permet la composition des pages, non plus caractère par caractère, mais par lignes entières, en frappant sur un clavier. À partir de 1883, la photogravure apparaît à des fins d'illustration. *Le Petit Journal* atteint le million d'exemplaires à partir de 1890 et dépasse 1,7 million d'exemplaires en 1914.

La presse dans l'affaire Dreyfus

En 1894-1895, aucun journal ne prend parti pour Alfred Dreyfus. Tous les journaux le considèrent comme coupable et certains franchissent allègrement la limite entre information et règlement de comptes, voire pratiquent sans scrupules la désinformation. Quelques autres journaux, toutefois, publient des articles qui appellent à respecter la présomption d'innocence. Arthur Meyer, dans le journal monarchiste *Le Gaulois*, critique l'interview donnée par le ministre Mercier, qui condamne Dreyfus avant la date du procès. Henry Fouquier, dans *L'Écho de Paris*, et Bernard Lazare, dans *La Justice*, dénoncent l'antisémitisme de certains de leurs collègues, et Jean Ajalbert, dans *L'Éclair*, s'insurge du « spectacle honteux » donné par l'armée et de la folie de la foule le jour de la dégradation du capitaine Dreyfus.

Le saviez-vous ?

Quelques titres de presse se créent même dans l'unique but de défendre Dreyfus : *La Libre Croyance*, *La Révision*, *La Revue du Matin*, *La Grande Bataille*, *La Volonté*, *Le Transigeant* (pour *L'Intransigeant*) et *C'est clair* (pour *L'Éclair*). En 1899, lors du procès de Rennes, quelques journaux changent de cap dans le traitement de l'affaire. On les appellera les « épongistes ».

Presse « épongiste »

- *Le Figaro* : 54 000 lecteurs
- *Le Matin* : 35 000 lecteurs
- *La Paix* : 7 900 lecteurs
- *Le Petit Bleu* : 30 000 lecteurs
- *Le Petit Parisien* : 775 000 lecteurs
- *Le Temps* : 44 000 lecteurs

Presse dreyfusarde

- *L'Aurore* : 93 000 lecteurs
- *Les Droits de l'Homme* : 19 000 lecteurs
- *La Fronde* : 14 500 lecteurs
- *Le Journal du peuple* : 37 400 lecteurs
- *La Lanterne* : 78 000 lecteurs
- *Paris* : 4 000 lecteurs

➢ *La Petite République* : 87 500 lecteurs
➢ *Le Radical* : 70 000 lecteurs
➢ *Le Rappel* : 30 700 lecteurs
➢ *Le Siècle* : 20 000 lecteurs
➢ *Le Signal* : 4 400 lecteurs
➢ *Voltaire* : 5 000 lecteurs

Presse antidreyfusarde

➢ *L'Antijuif* : 60 000 lecteurs
➢ *L'Autorité* : 58 000 lecteurs
➢ *Le Courrier du Soir* : 3 200 lecteurs
➢ *La Croix* : 190 000 lecteurs
➢ *L'Écho de Paris* : 125 000 lecteurs
➢ *L'Éclair* : 130 000 lecteurs
➢ *L'Estafette* : 10 000 lecteurs
➢ *L'Événement* : 9 104 lecteurs
➢ *La France* : 2 000 lecteurs
➢ *Le Gaulois* : 23 000 lecteurs
➢ *La Gazette de France* : 3 900 lecteurs
➢ *Gil Blas* : 9 000 lecteurs
➢ *L'Intransigeant* : 141 000 lecteurs
➢ *Le Jour* : 7 500 lecteurs
➢ *Le Journal* : 180 700 lecteurs
➢ *Le Journal des débats* : 16 800 lecteurs
➢ *La Liberté* : 8 600 lecteurs
➢ *La Libre Parole* : 102 000 lecteurs
➢ *Le Moniteur universel* : 1 400 lecteurs
➢ *La Nation* : 1 000 lecteurs
➢ *Le National* : 1 000 lecteurs
➢ *Le Parti national* : 1 000 lecteurs
➢ *La Patrie* : 120 000 lecteurs
➢ *Le Pays* : 1 000 lecteurs
➢ *Le Petit Caporal* : 6 900 lecteurs
➢ *Le Petit Journal* : 995 000 lecteurs
➢ *Le Petit Moniteur* : 7 000 lecteurs
➢ *Le Peuple français* : 10 000 lecteurs
➢ *La Presse* : 100 000 lecteurs
➢ *La République française* : 8 000 lecteurs
➢ *Le Soir* : 8 000 lecteurs
➢ *Le Soleil* : 50 000 lecteurs
➢ *L'Univers* : 7 800 lecteurs
➢ *La Vérité* : 370 010 lecteurs

Après la grâce et l'amnistie du capitaine Dreyfus, la grande majorité de la presse souhaitera en finir avec l'Affaire. Mais les journaux antisémites, comme *La Libre Parole*, *L'Éclair* ou encore *Le Gaulois*, continueront leur procès à charge.

1894

➢   Le 29 octobre 1894, alors que l'enquête n'est encore que préliminaire et normalement placée sous le sceau du secret militaire, *La Libre Parole* publie cette longue question à ses lecteurs :
« *Est-il vrai que récemment une arrestation fort importante ait été opérée par ordre de l'autorité militaire ? L'individu arrêté serait accusé d'espionnage. Si la nouvelle est vraie, pourquoi l'autorité militaire garde-t-elle un silence si absolu ? Une réponse s'impose !* »

C'est là le début de l'affaire Dreyfus pour la presse. De fin octobre à fin décembre 1894, une violente campagne de la presse nationaliste et antisémite pèse de tout son poids sur le ministère de la guerre et plus particulièrement sur le ministre de la Guerre, le général Mercier. Ces attaques contre le ministre permettent de mieux comprendre son empressement à faire condamner Dreyfus comme à enterrer l'histoire. L'option finale étant l'île du Diable et l'espoir du décès prématuré de l'officier Dreyfus.
Les quotidiens de Paris rivalisent d'annonces sensationnelles et infondées sur la personnalité de Dreyfus et surexposent sa vie privée. On invente même des comptes rendus de justice, on n'hésite pas à faire parler de faux juges, de faux avocats et, bien sûr, de faux témoins. On ira jusqu'à imprimer que Dreyfus a fait des aveux complets et qu'il affirme que le ministre Mercier est son complice. On tient un coupable vendu à l'ennemi prussien, sous l'uniforme français, ce qui est encore plus intolérable, et de surcroît, il est juif et riche : on a donc bien raison d'être antisémite ! Les mensonges et approximations sur l'affaire Dreyfus sont déjà tous à peu près écrits pendant cette période.
La presse cherche aussi à expliquer sa trahison, et pour cela fait preuve d'une imagination débordante : tout y passe. Maîtresses, emprises amoureuses, trafics, argent, mœurs, chantage, famille, vengeance…

➢   Le 22 novembre 1894, un mois avant le procès, *La Libre Parole* résume dans ses colonnes, sous la plume de Gaston Méry, les tenants de la future affaire Dreyfus : « *Ou le général Mercier a fait arrêter sans preuves le capitaine Dreyfus, et, dans ce cas, sa légèreté est un crime. Ou il s'est laissé voler les pièces établissant sa trahison, et, dans ce cas, son imprévoyance est une bêtise. Dans les deux cas, le général Mercier est indigne du poste qu'il occupe. Dans sa situation, on est aussi coupable d'être bête que d'être un criminel.* »

Le Figaro est l'un des rares journaux de droite à critiquer la politisation de l'affaire et l'emploi d'arguments antisémites par ses confrères. La cérémonie de dégradation du capitaine d'artillerie Alfred Dreyfus sera abondamment couverte, vous vous en doutez, de même que le procès, pourtant tenu à huis clos et donc hors de portée des journalistes, avec des juges militaires répondant à la demande du grand état-major de ne surtout faire aucun commentaire et de ne susciter aucune polémique, sera pourtant commenter plus que cela est possible de l'imaginer aujourd'hui. Dans ce climat de haine, l'officier Dreyfus est l'homme à abattre. Jaurès, qui pourtant sera un grand dreyfusard trois ans plus tard, déclarera ceci sur l'instant : « *D'un côté, tous ceux qui, depuis vingt ans, ont échappé à la peine de mort pour des raisons diverses. Le maréchal Bazaine, condamné à mort, mais n'a pas été fusillé. Le capitaine Dreyfus, convaincu de trahison par un jugement unanime, n'a pas été condamné à mort. Et, en face de ces jugements, le pays voit que l'on fusille de simples soldats coupables d'une minute d'égarement ou de violence.* »

1895

➢ Le journal *Le Temps* du 6 janvier 1895 publie sur les prétendus aveux faits par Dreyfus qui aurait donc avoué son crime au capitaine Lebrun-Renault, juste avant sa dégradation. L'information est reprise dans *Le Figaro* et *La Libre Parole* avec un tel retentissement que l'agence de presse gouvernementale Havas doit publier un démenti. Puis, Dreyfus expédié outre-Atlantique en Guyane française, peu à peu, la presse se désintéresse de son sort comme de son cas.

1896

➢ Le 16 mai 1896, Émile Zola publie au *Figaro* un article intitulé *Pour les Juifs*, dans lequel il dénonce les campagnes antisémites successives. Plusieurs voix commencent à s'élever contre ce que certains intellectuels et certains politiques commencent à définir comme un fléau républicain : l'antisémitisme.

➢   Le 2 septembre, un petit journal local publie la fausse nouvelle de l'évasion du capitaine Dreyfus qui aurait été orchestrée depuis Paris par son frère, Mathieu Dreyfus. Quelques autres journaux prendront le relais. Mais le journal *L'Autorité*, sous la plume de Paul de Cassagnac, pourtant un antisémite notoire, publie un article dreyfusard qui se termine ainsi : « *Par cela même que le châtiment encouru est plus effroyable, plus mérité et n'entraîne aucune compassion, il ne faudrait pas que, par poltronnerie insigne du Gouvernement à l'endroit de l'Allemagne, on eût permis qu'un doute subsistât, doute horrible, épouvantable, et qui autorise à se demander parfois, avec terreur, si réellement, si effectivement, et malgré toutes les précautions dont on s'est entouré, malgré l'honneur et le patriotisme des juges, il n'y a pas là-bas, à l'île du Diable, quelqu'un qui agonise dans un supplice moral surhumain et qui serait innocent ! Ce doute à lui seul est une chose effrayante.* »

➢   Le 1er novembre 1896, *Le Matin* publie « un fac-similé du bordereau écrit par Dreyfus ». « La » preuve irréfutable de sa culpabilité selon ses juges.

1897

➢   Le 30 octobre 1897, *Le Figaro* publie un article sur le vice-président du Sénat, Auguste Scheurer-Kestner, qui affirme l'innocence de Dreyfus. Mais Auguste Scheurer-Kestner ne pourra pas donner « les preuves » de l'innocence de Dreyfus sans mettre en péril plusieurs personnalité, dont le lieutenant-colonel Picquart et son avocat, sans parler des remous politiques que cela engendrerait. Ne voyant donc rien venir, la presse l'accuse de mystification, puis de mensonge.

➢   Le 16 novembre 1897, Mathieu Dreyfus dénonce Esterhazy dans *Le Figaro*. Le vrai traître est désormais connu du public. L'affaire Dreyfus est relancée, et la presse antisémite devient d'une violence permanente inouïe contre les dreyfusards. *L'Écho de Paris* publie une interview d'Esterhazy dans laquelle il se justifie et se défend d'être un espion. Et se déclare prêt à défendre son honneur par tous les moyens.

➢   Le 25 novembre, Émile Zola publie dans *Le Figaro* un article à la gloire du sénateur Scheureur-Kestner, qui vient de convaincre le romancier de l'innocence d'Alfred Dreyfus. Zola conclut par cette fameuse tirade : « *La vérité est en marche, rien ne l'arrêtera plus.* »

➤   Le 28 novembre, *Le Figaro* publie des lettres d'Esterhazy insultantes pour l'armée et la France. Le journal affirme agir pour le bien de l'armée. À partir de là, les journaux publient deux rubriques : une pour l'affaire Dreyfus, et l'autre pour l'affaire Esterhazy.

1898

➤   Le 13 janvier 1898, le surlendemain de l'acquittement d'Esterhazy, Émile Zola publie son « J'accuse », dans *L'Aurore*. Cette lettre ouverte a un retentissement considérable à la fois en France et dans le monde. Peu après, *La Revue blanche*, organe de l'intellectualisme d'avant-garde, se positionne définitivement dans le camp dreyfusard.

➤   Le 7 juillet, à l'issue du discours de Cavaignac à la Chambre, dans lequel il réaffirme la culpabilité de Dreyfus, une partie de la presse (*Le Soleil*, *L'Aurore* et *Le Siècle*) prend parti pour « l'inévitable révision» du procès Dreyfus.

➤   Le 10 juillet, *L'Aurore* publie une lettre du colonel Picquart, niant la véracité des pièces annoncées par Cavaignac.

➤   Le 31 août à minuit, l'agence Havas donne cette dépêche : « *On annonce en dernière heure que le lieutenant-colonel Henry s'est suicidé ce soir au Mont-Valérien. Il s'est coupé la gorge avec un rasoir qu'il avait apporté dans sa cellule.* »

➤   Le 25 septembre, *The Observer*, quotidien londonien, publie une interview du commandant Esterhazy, réfugié en Grande Bretagne : « *J'ai écrit le bordereau sur la demande du colonel Sandherr, mort aujourd'hui. Il est malheureux que le colonel Sandherr et le lieutenant-colonel Henry soient morts, car ils connaissaient le fait. Mais néanmoins, il m'est possible de prouver que c'est moi qui ai écrit le bordereau, en dépit de la disparition de ces deux témoins. Le bordereau devait servir à prouver matériellement la culpabilité de Dreyfus, le bureau de renseignement n'ayant pu recueillir contre Dreyfus que des preuves morales. On savait cependant, par le service d'espionnage français à Berlin, que l'état-major allemand était en possession de documents que seul Dreyfus pouvait lui communiquer. C'est la liste de ces documents, dont l'arrivée à Berlin avait été signalée à notre bureau de renseignements, qui constitue le bordereau…* »

Affiche antisémite, documentation image d'archive. Palette graphique.

XXI

Loi du 29 juillet 1881 sur la liberté de la presse

La loi est issue d'une proposition de loi rédigée par une commission de vingt-deux députés : **Émile de Girardin**, président, **Eugène Lisbonne**, vice-président et rapporteur, **Lelièvre**, secrétaire, **Léon Renault**, **Paul Maunoury**, **Versigny**, **Noirot**, **Hérisson**, **Le Vavasseur**, **Seignobos**, **Alexandre Papon**, **Germain Casse**, **Étienne Buyat**, **Émile Beaussire**, **Jean-Baptiste Ninard**, **Louis Agniel**, **Gaston Thomson**, **Louis Sallard**, **Noël Parfait**, **Tallon** et **Bouchet**.

Cette loi, enjeu révolutionnaire à la base, stipulée dans les constitutions de 1789 et 1791 et faisant partie des droits fondamentaux des citoyens, remodelée à diverses reprises par les régimes successifs qui gouverneront la France, semblait avoir trouvé son équilibre, même si grandement simplifiée, sous la présidence de Jules Grévy dans la IIIe République. Elle fut adoptée le 21 juillet 1881, et promulguée par le gouvernement Jules Ferry le 29 juillet 1881. La loi sur la liberté de la presse définit les libertés et responsabilités de la presse française, imposant un cadre légal à toute publication, ainsi qu'à l'affichage public, au colportage et à la vente sur la voie publique. Cette loi est considérée comme le texte juridique fondateur de la liberté de la presse en France et de la liberté d'expression, et elle s'inspire directement de l'article 11 de la Déclaration des droits de l'Homme et du citoyen du 26 août 1789. Elle est aussi le texte qui encadre la publication et les médias, en limite l'exercice et en condamne les abus comme l'offense à la personne du président de la République, l'injure ou encore la diffamation. Zola en sera d'ailleurs victime. Grâce à cette loi, la presse dispose du régime le plus libéral que la France ait jamais connu. La proposition sera adoptée par 444 voix contre 42. Le 29 juillet, le président de la République, Jules Grévy, la promulgue par décret contresigné par Jules Ferry, président du Conseil et ministre de l'Instruction publique et des Beaux-Arts, d'une part, et Ernest Constans, ministre de l'Intérieur et des Cultes, d'autre part. Le 30, elle est publiée au *Journal officiel de la République française.*

Abrogation

- art. 28 par le décret-loi du 29 juillet 1939
- art. 39 ter par la loi n° 2000-516 du 15 juin 2000
- art. 36 par la loi n° 2004-204 du 9 mars 2004
- art. 14 par le décret n° 2004-1044 du 4 octobre 2004
- art. 18 à 22 par la loi n° 2004-1343 du 9 décembre 2004
- art. 16 par la loi n° 2011-525 du 17 mai 2011
- art. 7 et 8 par la loi n° 2012-387 du 22 mars 2012
- art. 26 par la loi n° 2013-711 du 5 août 2013

Contrepoison

Détaillons maintenant quelques points de la loi qui expliquent pourquoi la presse antisémite, la dissidence politique et les propagandes de toutes sortes ont pu s'installer aussi facilement dans le paysage médiatique français à partir de la fin du XXe siècle.

« Tout journal ou écrit périodique peut être publié, sans autorisation au préalable, et sans dépôt de cautionnement. » Ce qui réduit les lourdes charges financières dont étaient victimes les journaux, favorise l'apparition de nouvelles publications et limite considérablement la dette en cas de faillite, de par le fait. Ce point de la loi a donné lieu à de nombreuses polémiques au Parlement, notamment de la part de la droite conservatrice et catholique.

La loi admet le principe d'un contrôle répressif a posteriori des publications par l'autorité judiciaire chargée de sanctionner et de réparer les dommages causés, ce qui impose certaines formalités préalables : déclarations préalables, inscriptions et enregistrements, mentions obligatoires et dépôts obligatoires. Ce qui constitue un moyen d'information préalable sur les natures des publications et suppose une action rapide en cas de problème. Mais dans les faits, ceci s'appliquera peu, sauf si l'organe de presse concerné s'en prend directement à des membres du gouvernement ou aux intérêts républicains du moment.

Garanties procédurales

La loi du 29 juillet 1881 protège la liberté d'expression en assortissant les procédures relatives aux infractions de presse de plusieurs garanties spéciales, notamment :

- Les délais de prescription applicables aux infractions de presse sont plus courts (trois mois ou un an, selon les infractions considérées).

➤ La citation en justice doit préciser rigoureusement le fait reproché et qualifier la nature de l'infraction. S'il y a erreur de qualification de la part du plaignant (par exemple, s'il allègue que le propos litigieux est injurieux alors qu'il relève en réalité de la diffamation), le juge ne peut pas requalifier et prononce un non-lieu.

➤ Dans plusieurs cas, notamment pour l'injure et la diffamation, la plainte de la victime est une condition préalable au déclenchement des poursuites par le parquet.

➤ La détention provisoire du prévenu est interdite.

➤ Les perquisitions sont limitées.

Délits de presse

La loi accorde des libertés mais définit aussi ses limites pour les garantir. Il existe des délits de presse (provocation aux crimes : meurtre, pillage, incendie, etc.) qui instaurent des responsabilités individuelles et collectives à la fois depuis le distributeur jusqu'à l'éditeur de publication.

➤ Les délits contre la chose publique : publication de fausses nouvelles.

➤ Les délits contre les personnes : atteinte à l'honneur ou à la considération d'un citoyen, etc.

Pour ces délits, la loi accorde le droit de rectification (qui deviendra le droit de réponse, défini à l'art. 13), qui protège tout citoyen mis en cause dans une publication et l'autorise à répondre.

La publication d'acte d'accusation et de procédure criminelle est interdite ainsi que le compte rendu des délibérations des juges. Les responsables, s'il y a un délit, sont les gérants et les éditeurs, sinon les auteurs et les imprimeurs, sinon les vendeurs et les distributeurs. Les auteurs peuvent être poursuivis comme complices. Les infractions pénales sont sanctionnées par la Cour d'assises, les tribunaux correctionnels ou par la simple police, tout dépend du degré de gravité : s'il s'agit d'une simple contravention (tribunal de police), d'un délit (tribunal correctionnel) ou d'un crime (Cour d'assises).

Provocation

La provocation est en droit français l'incitation à commettre un acte illégal. Elle est prévue à l'article 23 (chapitre IV, paragraphe Ier) de la Loi sur la liberté de la presse, intitulé : « *Provocation aux crimes et délits* ». La provocation est réprimée à l'article 24 de ladite loi. Il existe certaines circonstances aggravantes, notamment la provocation en raison :

➢ de l'appartenance ou de la non-appartenance, vraie ou supposée, de la victime à une ethnie, une nation, une race ou une religion déterminée (art. 48-1 de la loi de 1881).

➢ de l'orientation sexuelle de la victime (art. 48-4 de la loi de 1881).

➢ du handicap de la victime (art. 48-6 de la loi de 1881).

➢ Il existe également l'aggravation lorsque les faits sont commis par le conjoint, le concubin ou le partenaire lié à la victime par un pacte civil de solidarité (art. 48-5 de la loi de 1881).

Diffamation

La diffamation est définie à l'article 29 de la loi du 29 juillet 1881 : *« Constitue une diffamation toute allégation ou imputation d'un fait qui porte atteinte à l'honneur ou à la considération de la personne ou du corps auquel le fait est imputé. »*
Il existe deux moyens de défense lorsque la diffamation est établie : c'est d'une part l'exceptio veritatis et d'autre part la bonne foi.

La nature pénale de la loi sur la liberté de la presse du 29 juillet 1881 est protectrice de la liberté de la presse parce qu'elle offre les garanties de la procédure pénale :

➢ Prévisibilité et interprétation stricte de l'infraction de presse,

➢ Oralité des débats

➢ Audition des témoins

➢ Primauté des droits de la défense, qui permet à celle-ci de faire valoir sa bonne foi.

Racisme

« La diffamation raciste en raison de leur origine ou de leur appartenance à une ethnie, une nation, une race ou une religion déterminée constitue depuis 1881 un délit pénal passible « d'un emprisonnement de un mois à un an et d'une amende de 1 000 à 1 000 000 de francs. » Mais comme nous l'avons vu précédemment au chapitre de l'affaire Zola dans ce documentaire, il n'y avait guère qu'une décision gouvernementale qui pouvait mettre en branle l'appareil judiciaire.

Publications jugées antisémites publiées depuis 1945

Le négationnisme d'après la libération des camps d'extermination nazis s'associe avec l'antisémitisme pandémique et le racisme contaminant. Les quatre termes associés, racisme, antisémitisme, négationnisme et antisionisme, sont les ingrédients de la haine de ceux qui veulent réécrire l'histoire et jouer de propagande pour leurs intérêts politiques ou financiers. Ces écrits peuvent être jugés comme illégaux depuis la loi Gayssot du 13 juillet 1990 et la réforme du Code pénal de 1994. *Certains ouvrages écrits directement en français par des auteurs francophones mais imprimés à l'étranger peuvent être également interdits de diffusion sur le territoire national.*

- **René Binet**, *Contribution à une éthique raciste*, Montréal-Lausanne, Éditions Celtiques, 1975.
- **Albert Paraz**, *Le Gala des vaches*, Éditions de l'Élan, 1948.
- **Maurice Bardèche**, *Nuremberg II ou les Faux-Monnayeurs*, Paris, Les Sept Couleurs, 1950.
- **Paul Rassinier**, *Le Mensonge d'Ulysse*, La Librairie française, 1950.
- **Robert Faurisson**, *Mémoire en défense. Contre ceux qui m'accusent de falsifier l'Histoire. La question des chambres à gaz*, avant-propos de Noam Chomsky, La Vieille Taupe, 1980.
- **Roger Garaudy**, *Les Mythes fondateurs de la politique israélienne*, La Vieille Taupe, 1995, réédité par Samizdat/Roger Garaudy en 1996.
- **Hervé Ryssen**, *La Mafia juive. Les grands prédateurs internationaux*, Éditions Baskerville, 2008.
- **Paul-Eric Blanrue**, *Anthologie des propos contre les Juifs, le judaïsme et le sionisme*, Kontre Kulture, 2013.
- **L'hebdomadaire *Rivarol*.**

PARTIE II

L'antisémitisme, un mal français

Affiche antisémite, documentation image d'archive. Palette graphique.

XXII

L'antisémitisme, un genre littéraire français

Depuis l'affaire Dreyfus, qui correspond en date à l'avènement de la presse populaire, comme à la prolifération des ligues et partis politiques, clubs, cercles et autres associations, publier ses convictions, ses états d'âmes et sa haine était devenu chose courante. Et de la fin du siècle des Lumières jusqu'à la fin de la IIIe République française, en 1940, la pratique sportive durera. Il faudra attendre l'après-guerre pour observer une certaine « retenue » éditoriale. La fin du tumultueux XXe siècle et le début du froid et fade XXIe siècle verront aussi le législatif handicaper profondément ce type de publication.

Les fantasmes nihilistes et génocidaires des extrémistes de tous bords, les propos antisémites, antisionistes, racistes ou antireligieux sont normalement aujourd'hui sévèrement sanctionnés dès qu'ils sont émis à destination du grand public. Prenons par exemple le cas d'un grand éditeur comme Gallimard qui se verra en 2018 dans l'obligation de ne pas rééditer Céline et ses violentes odes pamphlétaires antisémites. Ou la censure récente sur les œuvres et titres d'Hergé, ou Agatha Christie, pour ne citer qu'eux. Pour ma part, en tant que directeur littéraire de la maison d'édition JDH, je censure, même si je déteste le mot à un point qu'il n'est pas possible d'imaginer, tous textes pouvant faire l'apologie du racisme, de la violence gratuite, de discriminations de tous types, et j'évite de cocher la case « religieuse », ne sachant jamais où cela pourrait nous conduire. Mais, à l'époque de Céline, crier sa haine du Juif, sa haine de la calotte, sa haine du gouvernement, de la gauche, de la droite, des royalistes, ou de tout autre communauté de pensées et d'individus, c'était « normal ». Et ça l'était d'autant plus 50 ans auparavant, à l'époque des Zola et autres Mirbeau. Victor Hugo, Daudet frères, Jules Verne et bien d'autres encore voyaient dans « La haine du Juif » ou de l'étranger la possible expiation de leurs propres péchés. Et c'était une pensée encore plus tenance quand elle était teintée de religiosité. Alors, ces grands penseurs, ces « stars » internationales de la littérature, pour certains, ont songé qu'il leur avait été confié une mission divine : être les gardiens de l'identité française. Propos nazi s'il en est, il suffit pour ça de remplacer le mot « français » par le mot « allemand ». Mais l'écrivain de *La Terre à la Lune*, ou celui de *La chèvre de monsieur Seguin*, ne verront pas où mènera cette idéologie. Quand les chemises brunes ou noires mettront le monde à feu et à sang, leurs tombeaux étaient scellés depuis longtemps.

Après la débâcle française de la guerre de Prusse, intellectuels comme agités de la politique pensaient qu'il fallaitD exacerber le nationalisme d'une part et justifier la défaite d'autre part. Alors, pour fédérer l'élan patriotique, quoi de mieux que de designer un coupable intérieur ? De désigner un ennemi commun à la dignité française ? Il faut dépeindre un horrible saboteur, français, mais sans l'être vraiment, un apatride qui se nourrit au sein de la belle Marianne, qui enlève les enfants dans leur berceau et ruine les travailleurs, qui infiltrent tous les rouages de l'État et domine la finance, pratique l'usure et s'en prend à la dignité des jeunes filles, complote avec l'ennemi et saborde le navire. Le Juif est tout désigné. D'autant que c'est, paraît-il, l'assassin du Christ.

La France juive, sous-titré *Essai d'histoire contemporaine*, le pamphlet antisémite d'Édouard Drumont publié à compte d'auteur en mai 1886 chez Flammarion, se vendra à plus de 60 000 exemplaires immédiatement après parution. Nous sommes pourtant 8 ans avant le début de l'affaire Dreyfus. Jusqu'à la parution des *Protocoles des Sages de Sion*, il est l'ouvrage de référence de l'antisémitisme sur le prétendu complot juif. L'auteur cocardier attaque sur trois thématiques : la laïcité qui tue les valeurs chrétiennes conservatrices, qui est voulue par les dirigeants de la IIIe République qui sont à la solde des banquiers juifs, puis enchaîne sur la juiverie financière internationale et enfin sur la race, donnant une définition aryenne au mot. Fort de son succès, Édouard Drumont lance, en 1892, le journal *La Libre Parole*, qui surfe aussitôt sur le scandale de Panama pour dénoncer la finance juive, véritable patronne, selon lui, des banques, de l'industrie et du commerce français.

En 1894, le capitaine Alfred Dreyfus deviendra le candidat idéal pour rendre les théories de Drumont et de beaucoup d'autres crédibles. Et à Edmond de Goncourt de renchérir en écrivant dans son journal :
« *Avez-vous remarqué qu'un vieux Juif n'est jamais beau ?* »
Ou encore ceci :
« *Chez les sémites, le cerveau ne se développerait que jusqu'à 25 ans. Chez les Aryens, ce développement continue plus longtemps.* »
Et d'y aller de théorie scientiste dans l'argumentaire…
Quoi qu'il en soit, le prix Goncourt demeurera…

Suite à l'affaire Dreyfus et à la parution du « J'accuse », Zola et les dreyfusards sont bannis des salons littéraires parisiens. Ces accoquinés laïcs et républicains rouges, disciples des Clémenceau, Ferry et autres subversifs politiques, sont à l'encontre du courant intellectuel à la mode, qui considère comme distinction le fait d'être antisémite. Les Juifs sont considérés comme une race déviante, caractérisés par des traits physiques et psychologiques. Les nazis y soustrairont la notion humaine. Maurice Barrès, auteur à la mode, justement, écrira : « *Les faits n'ont aucune importance. Dreyfus est coupable, je le déduis de sa race !* » Et malheureusement, cette phrase résumera majoritairement à elle seule l'opinion de la littérature française de l'époque. Et jusque de nos jours.

Voici une liste d'auteurs, compromis selon moi, qui ont accrédité ces théories raciales et antisémites. Qui ont conduit au régime de Vichy. Qui ont permis de renouveler l'adhèrent à la théorie du complot juif, qui ont nourri la bête immonde et qui continue de saper république et démocratie, bon sens et humanisme.

Alphonse Daudet, dessin et palette graphique, 2023 copyright Cat's society.

XXIII

Liste des principaux auteurs français antisémites avec titres des œuvres, éditeurs et date de publications 1847-2023

Alphonse Toussenel, *Les Juifs, rois de l'époque : histoire de la féodalité financière*, 1847. **Joseph de Maistre**, *Quatre chapitres inédits sur la Russie*, Paris, Librairie Vaton, 1859. **Roger Gougenot des Mousseaux**, *Le Juif, le judaïsme et la judaïsation des peuples chrétiens*, Paris, Henri Plon, 1869. **Victorien Vidal**, *L'Argent, voilà l'ennemi*, Lahure, 1879. **Emmanuel Chabauty**, *Les Francs-Maçons et les Juifs. Sixième Âge de l'Église d'après l'Apocalypse*, Société générale de librairie catholique, Victor Palmé, 1880. **Eugène Gellion-Danglar**, *Les sémites et le sémitisme. Aux points de vue ethnographique, religieux et politique*, Paris, Maisonneuve et Cie, 1882. **Auguste Chirac**, *Les Rois de la République, Histoire des juiveries*, P. Arnould, 1883. **Édouard Drumont**, *La France juive*, 2 vol., 1886. **Édouard Drumont**, *La France juive devant l'opinion*, 1886. **Guy de Charnacé**, *Le Baron Vampire*, 1886. **Jacques de Biez**, *La Question juive : la France ne peut pas être leur terre promise*, C. Marpon et E. Flammarion, 1886. **Sidney Vigneaux**, *Le Baron Jéhova*, Dentu, 1886. **Georges de Pascal**, *La Juiverie*, Gautier, 1887. **Édouard Drumont**, *La Fin d'un monde*, 1889. **Daniel Kimon**, *La politique israélite : politiciens, journalistes, banquiers, le judaïsme et la France*, étude psychologique, Savine, 1889. **Henri Desportes**, *Le mystère du sang chez les Juifs de tous les temps*, Albert Savine, 1889. **Augustin Hamon** et **Georges Bachot**, *L'agonie d'une société : Histoire d'aujourd'hui*, Savine, 1889. **Édouard Drumont**, *La Dernière Bataille*, 1890. **Henri Desportes**, *Le Juif franc-maçon*, roman contemporain, Delhomme et Briguet, 1890. **Henri Desportes**, *Tué par les Juifs*, Albert Savine, 1890. **Martinez**, *Le Juif, voilà l'ennemi*, Albert Savine, 1890. **Jean-François Debauge**, *La vermine. Franc Maçons, Révolutionnaires, Libres penseurs, Juifs, politiciens*, Paris, s.e., 1890. **Jacques de Biez**, *Les Rothschild et le péril juif*, Impression nouvelle, 1891. **Édouard Drumont**, *Le Testament d'un antisémite*, 1891. **Édouard Drumont**, *Le Secret de Fourmies*, 1892.

Léon Meurin, *La franc-maçonnerie, synagogue de Satan*, Victor Retaux & fils, 1893. **Anselme Tilloy**, *Le Péril judéo-maçonnique - le mal, le remède*, Librairie antisémite, 1897. **Baruteil-Puig**, *Solution de la question juive. La race de vipères et le rameau d'olivier*, Delhomme-Briguet, 1897. **Ernest Renault**, *L'Expulsion des Juifs*, Pierre, 1897. **Daniel Kimon**, *La Guerre antijuive*, chez l'auteur, 1898. **François Bournand**, *Les Juifs et nos contemporains. L'antisémitisme et la question juive*, introduction par **Edmond Picard**, Paris, Librairie A. Pierret, 1898. **Daniel Kimon**, *L'Influence juive produit l'automatisme général. Comparaison de quelques fortunes françaises contre de colossales fortunes juives*, Ducrot, 1898. **Paul Lapeyre**, *Juste Solution de la Question juive*, Bloud, 1898. **Raphaël Viau**, *Ces bons juifs !* Perret, 1898. **André de Boisandré**, *Petit catéchisme antijuif*, Librairie antisémite, 1899, republié par l'œuvre nationale de propagande antijuive en 1942, avec une préface de **Jean Drault**. **Georges Vacher de Lapouge**, *L'Aryen, son rôle social*, cours libre de science politique, professé à l'Université de Montpellier (1889-1890), Paris, A. Fontemoing, 1899.

Au XXᵉ siècle

Maurice Barrès, *Scènes et Doctrines du nationalisme*, Paris, Félix Juven, 1902. **Jean-Adolphe Alhaiza**, *Juifs et francs-maçons*, Montreuil-sous-Bois, La Rénovation, 1903. **Jules Delahaye**, *Les assassins et les vengeurs de Morès*, éditions Victor Retaux, 1905. **Urbain Gohier**, *Pétition du pouvoir judiciaire au pouvoir législatif : la terreur juive, après l'armée de Condé, la tribu de Lévi. L'ancien régime rétabli pour les millionnaires juifs. Le déserteur juif du « Figaro ». Le socialisme juif. Sera-t-il permis à un Français de n'être ni jésuite, ni juif ?* Paris, Éd. de l'auteur, 1905. **Urbain Gohier**, *Protocole des sages d'Israël*, Paris, Éditions nouvelles de la Vieille France, s.d. 1924. **Adrien de Boisandré**, *Petit catéchisme antijuif*, La Librairie antisémite, 1906. **Henri Dutrait-Crozon**, *Appel au pays*, Éditions de l'Action française, 1906-1907. **Pierre-Matthieu Fontaine**, *Le Juif et l'argent*, 1906. **Paul Copin-Albancelli**, *Le drame maçonnique. La conjuration juive contre le monde chrétien*, Paris, La Renaissance française, 1909. **Léon Daudet**, *L'Avant-Guerre. Études et documents sur l'espionnage juif-allemand en France depuis l'Affaire Dreyfus*, Nouvelle librairie nationale, 1912. **Louis Dasté**, *Les Sociétés secrètes et les Juifs*, Renaissance française, 1912. **Isaac Blümchen** (pseudonyme d'Urbain Gohier), *À nous la France*, 1913. **Isaac Blümchen**, *Le Droit de la Race supérieure*,

1914. **Camille Spiess**, *Impérialismes : la conception gobinienne de la race, sa valeur au point de vue bio-psychologique*, Paris, E. Figuière & Cie, 1917. **Camille Spiess**, *Nietzsche contre la barbarie allemande*, Paris, Édition de la Revue contemporaine de Paris, 1919. **Jean et Jérôme Tharaud**, *L'Ombre de la Croix*, Plon, 1920. **Jean et Jérôme Tharaud**, *Quand Israël est roi*, Plon, 1921. **Ernest Jouin**, *Le péril judéo-maçonnique*, Revue Internationale des Sociétés Secrètes, 1921. **Georges Batault**, *Le Problème juif*, Paris, Plon, 1921. **René Groos**, *Enquête sur le problème juif*, Nouvelle librairie nationale, 1923. **Roger Lambelin**, *Le Péril juif. L'impérialisme d'Israël*, Grasset, 1924. **Jean Roget**, *L'Affaire Dreyfus. Ce que tout Français doit en connaître*, Librairie d'Action Française, 1925. **Léon de Poncins**, *Les Forces secrètes de la Révolution*, Brossard, 1928. **Roger Lambelin**, *Le Péril juif. Les victoires d'Israël*, Grasset, 1928. **Georges Bernanos**, *La Grande Peur des bien-pensants*, Paris, Grasset, 1931. **Léon de Poncins**, *Les Juifs maîtres du monde*, Brossard, 1932. **Charles Droulers**, *Le Marquis de Morès 1858-1896*, Plon, 1932, rééd. Nouvelles Éditions nationales, 1933. **Jean et Jérôme Tharaud**, *Quand Israël n'est plus roi*, Plon, 1933. **Joseph Santo**, *Les méfaits d'Israël à travers les peuples et les siècles*, Paris, s.e., 1933. **Matvei Golovinski**, *Protocoles des Sages de Sion*, Éditions Grasset, Paris, 1934 - avec une reproduction de la couverture de l'édition russe de 1912, traduits du russe et précédés d'une introduction de **Roger Lambelin**. **Joseph Santo**, *La Judéomaçonnerie et les Massacres du 6 février 1934*, impr. G. Pauc, 1935. **Louis Massoutié**, *Judaïsme et hitlérisme*, Nouvelle revue critique, 1935. **Henri-Robert Petit**, *Les Juifs au pouvoir*, édité en 1936 par l'auteur, réédité en 1938. **Léon de Poncins**, *La Mystérieuse internationale juive*, Brossard, 1936. **Henri-Robert Petit**, *Le Règne des Juifs*, s.d. [1936], impr. à Bruxelles par le CDP. **Marcel Jouhandeau**, *Le Péril juif*, Sorlot, 1936. **Emmanuel Malynski**, **Léon de Poncins**, *La Guerre occulte : juifs et francs-maçons à la conquête du monde*, Beauchesne, 1936. **Joseph Santo**, *Les grands secrets actuels*, Paris, s.e., 1937. **Albert Blute**, *Face au Front populaire. Contre La Guerre, Rassemblement*, Éditions des Œuvres latines, 1937. **Hermann de Vries de Heekelingen**, *Israël. Son passé. Son avenir*, Perrin, 1937. **Louis-Ferdinand Céline**, *Bagatelles pour un massacre*, Denoël, 1937. **Louis-Ferdinand Céline**, *L'École des cadavres*, Denoël, 1938. **A.J. S.-M. de La Cambre-Mialet**, *Français, vous êtes trahis ! Le rôle des Juifs et de la franc-maçonnerie dans la politique contemporaine*, préface d'Henry Coston, O.P.N., 1938. **Fayolle-Lefort**, *Est-ce que je deviens antisémite ?* Les Éditions de France, 1938. **Laurent Viguier**,

Les Juifs à travers Léon Blum. Leur incapacité à diriger un État. La marque juive dans le christianisme, Baudinière, 1938. *Le Complot juif : Les Protocoles des sages de Sion*, Rassemblement Antijuif de France, 1938, avec une préface de **Louis Darquier de Pellepoix**. **Paul Ferdonnet**, *La Guerre juive*, Éditions Baudinière, 1938. **Pierre Gérard**, *Le Juif... Notre maître*, Rassemblement Antijuif de France, 1938. **Jean Giraudoux**, *Pleins pouvoirs*, Gallimard, 1939. **René Gontier**, *Vers un racisme français*, Denoël, 1939. **René Martial**, *Vie et constance des races*, Mercure de France, 1939. **Robert de Beauplan**, *Le Drame juif*, Sorlot, 1939. **Jean Roland**, *Les Auteurs de notre défaite*, Éditions nouvelles, 1940. **Paul Ganem**, *L'Étreinte mortelle de la judéo-maçonnerie*, Éditions de l'Anticipation, 1940. **René Saint-Serge**, *L'Invasion juive*, Rassemblement Antijuif de France, s.n., 1940. **Georges Montandon**, *Comment reconnaître le Juif ?* Collection « Les Juifs en France », Nouvelles Éditions françaises, Denoël, 1940. **André Chaumet et H.-R. Bellanger**, *Les Juifs et Nous*, préface de **Clément Serpeille de Gobineau**, Éditions Jean-Renard, 1941. **André Féjès-Flaubert**, *Où va la France ?* Baudinière, 1941. **Fayolle-Lefort**, *Le Juif, cet inconnu*, Les Éditions de France, coll. « Les Temps Nouveaux », 1941. **Jean Boissel**, *La crise, œuvre juive : manière de la conjurer*, suivi de *La charte anti-judéo-maçonnique*, Paris, Éditions du « Réveil du peuple », 1941. **Louis-Ferdinand Céline**, *Les Beaux Draps*, Nouvelles Éditions françaises, 1941. **Lucien Pemjean**, *La Presse et les Juifs depuis la Révolution jusqu'à nos jours*, Paris, Les Nouvelles éditions françaises, coll. Les Juifs en France, III, 1941. **Robert J. Courtine**, *Les Juifs en France*, écrit sous le nom de **Jean-Louis Vannier** avec **Henry Coston**, avant-propos de **Jean Drault**, collection Les Cahiers de la France nouvelle, Centre d'action et de documentation, 1941. **Armand de Puységur**, *Qu'était le Juif avant la guerre ? Tout ! Que doit-il être ? Rien !* coll. « La Vie documentée », Éditions Baudinière, 1942. **Gabriel Malglaive**, *Juif ou Français*, C.P.R.N., 1942, préfacé par **Xavier Vallat**. **Henri Labroue**, *Voltaire anti-juif*, 1942. **Henry Coston**, *La Finance juive et les trusts*, Éditions Jean-Renard, 1942. **Jean de La Herse**, *L'Église et les Juifs*, La Porte latine, 1942. **Jean Drault**, *Histoire de l'antisémitisme*, Éditions C.-L., 1942. **Léon de Poncins**, *Israël destructeur d'Empire. Un document prophétique de 1899*, Mercure de France, 1942. **Louis Thomas**, *Les Raisons de l'anti-judaïsme*, Les Documents contemporains, 1942. **Lucien Rebatet**, *Les Décombres*, Denoël, 1942. **Pierre-Antoine Cousteau**, *L'Amérique juive*, Les Éditions de France, 1942. **Xavier Vallat**, *Le Problème juif*, Secrétariat général à l'Information et à la Propagande, 1942. **Alphonse Séché**, *Histoire de la nation juive. Des origines à nos jours*, Mercure de France, 1943. **André Chaumet**, *Juifs et Américains, Rois de l'Afrique du Nord*, Paris, Éditions du CEA, 1943. *Anonymes, Français!... Il faut redevenir. Lisez le terrible diagnostic. Le virus c'est le juif. Vite! Car il y a des maux que l'on connaît trop tard tel le cancer*, Paris, Institut d'étude des questions juives, Éditions nouvelles, s.d. **Jean de La Herse**, *Judaïsme et bolchévisme*, La Porte latine, 1943. **Léon Brasat**, *Synthèse de la question juive*, Sorlot, 1943. **Pierre Gérard**, *Le Juif. Ce qu'il est... Ce qu'il veut... Ce qu'il a fait...* Éditions C.E.A., Union française pour la Défense de la Race, 1943. **Pierre Gérard**, *Les Juifs et la guerre*, Éditions C.E.A., s.d., vraisemblablement 1943. **Pierre Gérard**, *Je suis juif et j'en suis fier...* La Platinogravure, 1943. **Armand Bernardini**, *Le Juif Marat*, Éditions Études et documents, 1944.

Le saviez-vous ?

1940, Vichy. Dès juillet 1940, à la suite des lois sur le statut des Juifs promulguées par le gouvernement de Vichy, certaines maisons d'édition s'aryanisent. L'Institut d'étude des questions juives est créé. Il agit comme une préfecture et dispose de ses commissariats. Beaucoup d'ouvrages sont alors interdits de publication ou tout simplement retirés de la vente. La troisième édition de la liste des «ouvrages littéraires français non désirables» sera publiée en mai 1943, complétée par une liste de 739 «écrivains juifs de langue française» rigoureusement interdits.

Cimetière américain, dessin et palette graphique, extrait de *la Psychologie des foules illustrée*, édition Memoria Books, 2022 copyright Cat's society.

« **Un Juif vaut bien un Breton** », documentation image d'archive, palette graphique.

XXIV

Presse antisémite française

La loi du 29 juillet 1881 sur la liberté de la presse prévoit de réprimer la diffamation raciste, mais ne s'applique qu'aux cas particuliers. Autrement dit, une certaine omerta et un certain flou « artistique » régnait sur les médias...

> **L'Univers**, 1833, avec les articles de Louis Veuillot 1840-1850.
> **L'Intransigeant**, 1880, d'Eugène Mayer.
> **L'Anti-Sémitique**, 1883, Vrécourt avec le chanoine Chabauty et Auguste Chirac.
> **Le Lillois**, 1884-1893.
> **La Bibliothèque antisémitique d'Albert Savine**, 1887.
> **Le Pilori**, 1886-1900, fondé par Armand Mariotte.
> **La Cocarde**, 1888, de Marc Lapierre.
> **Le Pierrot**, 1888-1891, fondé par Willette.
> **La Croix**, entre 1890 et 1899.
> **L'Alliance anti-juive pour la défense sociale et religieuse**, 1890-1892.
> **Terre de France**, 1892-1896.
> **La Libre Parole**, 1892, d'Édouard Drumont et Henry Coston.
> **Le Combat socialiste antijuif**, Alger, Ernest Mallebay, 1895-1896.
> **L'Antijuif**, Jules Guérin, hebdomadaire du Grand Occident de France, 1898.
> **Psst... !** 1898, créé par Caran d'Ache et Forain, journal caricaturiste antidreyfusard.
> **Revue internationale des sociétés secrètes**, 1912, Ernest Jouin.
> **La Vieille France**, 1916-1924, Urbain Gohier.
> **Candide**, 1924, hebdomadaire maurrassien.
> **Les Cahiers de l'Ordre**, 1927, abbé Duperron.
> **Gringoire**, 1928, Horace de Carbuccia avec Georges Suarez et Joseph Kessel.
> **L'Ami du Peuple**, 1928, François Coty, « hebdomadaire d'action racique contre les forces occultes ».
> **Le Franciste**, 1933, organe du Mouvement franciste de Marcel Bucard.

> **L'Émancipation nationale**, 1934, de Jacques Doriot, hebdomadaire du PPF.
> **Le Réveil du peuple**, 1936, bimensuel fondé par Jean Boissel.
> **La France enchaînée**, 1938, dirigée par Louis Darquier de Pellepoix
> **L'Antijuif**, 1937.
> **Contre-Révolution**, où Georges Montandon publie en 1939 « La Solution ethno-raciale du problème juif ».
> **Le Bonnet jaune**, 1939, de Francis Myrtane.
> **National Populaire**, journal du Rassemblement national populaire (1941-1944) de Marcel Déat et Georges Albertini.

Presse antisémite française sous Vichy

L'antisémitisme est devenu l'un des principes politiques du régime de Vichy qui édictera le statut des Juifs, appliqué avec zèle par le gouvernement. Cette politique est largement soutenue par les principaux titres de la presse française, dont certains sont détenus en sous-main par les services nazis d'Otto Abetz, qui ont créé pour leur propagande les Éditions Le Pont.

> **Aujourd'hui**, quotidien.
> **Au Pilori**.
> **Devenir**, journal, organe de presse officiel de la Waffen-SS française.
> **France-Révolution**.
> **Je suis partout**, Charles Lesca, Robert Brasillach et Pierre-Antoine Cousteau.
> **La France au travail**, journal de Charles Dieudonné.
> **La Gerbe**, dirigé par Alphonse de Chateaubriant.
> **La Légion**.
> **La Nouvelle France**, « Organe nationaliste antijuif », directeurs politiques Henry Coston et Jacques Ploncard.
> **Le Cahier Jaune**, revue fanatiquement antisémite lancée par l'Institut d'étude des questions juives, officine de propagande antisémite parrainée par les nazis.
> **Revivre**, 1943, suite du précédent.
> **Le Cri du Peuple**, quotidien de Jacques Doriot, subventionné par les nazis.
> **Le Matin**, dirigé par Maurice Bunau-Varilla.
> **Le Petit Parisien**.

- ➤ **Les Nouveaux Temps**.
- ➤ **L'Action française**, journal du mouvement de ce nom.
- ➤ **L'Appel**, organe de La Ligue française, dirigé par Pierre Costantini.
- ➤ **L'Œuvre**, dirigée par Marcel Déat.
- ➤ **Paris-Soir**.
- ➤ **La Terre française**, dirigée par André Bettencourt, futur ministre de la IVᵉ et de la Vᵉ République.

Certaines publications, compromises durant l'Occupation, changeront de nom à la Libération pour pouvoir continuer à se diffuser, d'autres seront supprimées. Dès août 1944, prend place à Paris, puis dans tout le pays, l'épuration dans la presse et l'édition. L'écrivain Robert Brasillach est condamné à mort et fusillé entre autres « célébrités » collaborationnistes.

- ➤ **L'Auto** deviendra *L'Équipe*.
- ➤ **Le Journal de Rouen**, suspendu en 1944 et remplacé par *Paris-Normandie*.
- ➤ **Le Petit Marseillais**, suspendu en 1944.
- ➤ **Arvor**, revue bilingue dirigée par Roparz Hemon.
- ➤ **La Bretagne**, quotidien d'orientation vichyste.
- ➤ **La Dépêche**, quotidien brestois, remplacé par *Le Télégramme*.
- ➤ **Le Nouvelliste du Morbihan**, quotidien lorientais, remplacé par *La Liberté du Morbihan*.
- ➤ **Le Phare de la Loire**, quotidien nantais.
- ➤ **Ouest-Éclair**, quotidien rennais, remplacé par *Ouest-France*.
- ➤ **Stur**, revue fasciste d'Olier Mordrel.

Extrait d'un dessin réalisé pour *la Psychologie des foules illustrée*, édition Memoria Books, 2022 copyright Cat's society.

La Shoah, dessin au feutre et palette graphique. 2017, copyright Cat's society.

XXV

L'antisémitisme en France
de la IIIe République à 1939

(Liste de faits et dates non exhaustives)

Antisémitisme : hostilité aux Juifs d'un point de vue communautaire et culturel. Racisme.
Antijudaïsme : hostilité aux Juifs d'un point de vue religieux.

Deux dominantes, deux constantes.
 Je vous propose une incursion dans l'histoire de l'antisémitisme en France. Du Moyen Âge à nos jours, ce « panorama » montre bien l'étendue du prétendu « problème juif » à travers le temps.

« J'imagine que c'est une bête, un animal, la progéniture d'un Juif et d'une truie ; bref, quelque chose qui n'est pas chrétien et qui devrait être jeté dans l'eau ou dans le feu. »

Victor Hugo, *Notre-Dame de Paris*, 1831

Historique de l'antijudaïsme
avant la Révolution française

535 : L'Église interdit aux Juifs les repas en commun avec des chrétiens, le mariage mixte, et proscrit la célébration du shabbat.

633 : Dagobert Ier oblige les Juifs à se convertir ou à quitter la France.

1095 : Le Concile de Clermont génère des exactions vis-à-vis des Juifs : vols, pillages et conversions forcées partout sur le territoire.

1144 : Édit de Louis VII bannissant du royaume les Juifs sous peine de mutilation ou de mort.

1171 : Blois, accusation de meurtre rituel ; plusieurs dizaines de Juifs sont envoyés au bûcher.

1215 : Concile de Latran. Escalade de la persécution des Juifs.

1223 : Louis VIII dénonce l'usure des « prêts juifs ». Les sommes prêtées ne produiront plus d'intérêts et les créances antérieures à cinq ans seront annulées.

1242 : Condamnation du Talmud : des exemplaires sont brûlés publiquement en place de Grève à Paris.

1269 : Le port de la rouelle deviendra obligatoire en France. La rouelle est une petite pièce d'étoffe dont le port est imposé aux Juifs comme signe distinctif ; volonté du pape Innocent III respectée par les autorités à partir du XIIIe siècle.

1306 : Le roi Philippe le Bel expulse les Juifs de France et confisque leurs biens par des « opérations ponctuelles ».

1394 : Les Juifs sont définitivement expulsés du territoire sous Charles VI.

1685 : Le Code noir, ordonnance sur la « police des nègres » dans les îles, ordonne l'expulsion des Juifs des colonies françaises.

Révolution française

Deux courants de pensées très distincts s'affrontent déjà dans les milieux intellectuels et politiques. Deux tendances. Comme pour l'affaire Dreyfus. Voici deux citations pour illustrer mon propos.

« Vous êtes des animaux calculants ; tâchez d'être des animaux pensants. »

Voltaire, à propos des Juifs,
dans le *Dictionnaire philosophique*

« Rendre justice à l'importance de la destinée du peuple juif, à la richesse de sa pensée. »

Denis Diderot, *L'Encyclopédie*

➢ **1784** : Éditions de lettres de patentes contre les Juifs d'Alsace. Limitation du nombre de Juifs et des mariages, freins économiques multiples et discriminations sociales de tout type.

➢ **1787** : Concours de la Société Royale des arts et des sciences de Metz : « Est-il des moyens de rendre les Juifs plus heureux et plus utiles en France ? »

➢ **1788 :** L'abbé Grégoire publie son *Essai sur la régénération physique et morale des Juifs.*

➢ **1789 :** Synthèse des cahiers de doléances des communautés juives de l'Est de la France.

Pour les Juifs de l'Est : le libre exercice du culte, l'exemption des droits de protection et d'habitation, la soumission aux charges des citoyens, la faculté d'acquérir des immeubles, de cultiver des terres, d'exercer des métiers, de s'établir dans toutes les provinces sans être forcés de se réunir dans des quartiers séparés.

Pour les Juifs de Metz : l'abolition de la taxe de 20 000 livres annuels pour droit de protection, la participation à la jouissance des biens communaux.

Pour les Juifs de Lorraine : la conservation de leurs usages, lois civiles et religieuses, l'admission dans les collèges et universités, l'abolition de la haine religieuse.

Pour les Juifs d'Alsace : la liberté de mariage : l'autorisation d'avoir des domestiques chrétiens pour les travaux agricoles, la défense à tout homme public d'user dans les actes et les plaidoyers d'épithètes flétrissantes pour les Juifs.

Le saviez-vous ?

La taxe du duc de Brancas. Afin d'être protégés par les autorités locales, les Juifs devaient s'engager à payer 20 000 livres annuelles au marquis de Brancas, gendre du président du Parlement, et à la comtesse de Fontaine, fille du lieutenant du roi. Cet impôt ruina la communauté qui dut fortement s'endetter pour s'en acquitter Ce principe mafieux de protection serait aujourd'hui appelé « racket ».

Après le décès du président du Parlement et du lieutenant du roi, les Juifs de Metz cessèrent le paiement de la taxe. Leurs héritiers sollicitèrent Louis XIV pour qu'il pérennise cette rente, sous forme de taxe, mais heureusement reçurent une fin de non-recevoir de la part du monarque. La taxe Brancas fut payée par la communauté juive de 1715 à 1791.

➢ **1790 :** Le décret du 28 janvier limite la citoyenneté française aux Juifs du Sud de la France, ceux de Lorraine et d'Alsace sont exclus car considérés comme « non assimilés ».

➢ **1790 :** Pétition des Juifs de France :
« Toujours persécutés depuis la destruction de Jérusalem, poursuivis tantôt par le fanatisme et tantôt par la superstition, tour à tour chassés des royaumes qui leur donnaient un asile et rappelés ensuite dans ces mêmes royaumes ; exclus de toutes les professions et de tous les métiers, privés même de la faculté d'être entendus en témoignage contre un chrétien ; relégués dans des quartiers séparés, comme une autre espèce d'hommes avec qui il est à craindre d'avoir des communications ; repoussés de certaines villes qui ont le privilège de ne les point recevoir ; <u>obligés dans d'autres de payer l'air qu'ils y respirent</u>, comme à Augsbourg, où ils paient un florin par heure, et à Brème un ducat par jour ; astreints dans plusieurs endroits à de honteux péages »

➢ **1791 :** Décret d'émancipation, reconnaissance de la citoyenneté française à tous les Juifs de France.

➢ **1793-1794 :** Persécutions des communautés juives par les jacobins lors des mouvements anti-religieux de la Terreur.

➢ **1787 :** Publication et censure du livre « *Le cri du citoyen contre les Juifs* », de Jean-Baptiste Aubert Dubayet, officier du régiment du Bourbonnais, nommé ministre de la Guerre sous le Directoire en 1795.

Sous le Premier Empire

1808 : Décret de Napoléon surnommé le « décret infâme ». Les commerçants juifs doivent se faire délivrer par les préfets une patente annuelle et révocable. La conscription est obligatoire, et non échangeable, comme elle l'est pour le reste des citoyens. Les Juifs n'ont plus le droit d'immigrer en Alsace. Ce décret ne sera valable que pour 10 ans et ne sera pas renouvelé sous la Restauration.

Le décret infâme est le surnom donné au troisième des décrets institués par Napoléon en mars 1808. Il était destiné à la « *réforme sociale des Juifs* ». Le texte vise à réglementer l'usure (*révision des créances détenues par les Juifs*), le commerce (« *Nul juif ne pourra se livrer à aucun commerce, négoce ou trafic quelconque, sans avoir reçu, à cet effet, une patente du préfet du département, laquelle ne sera accordée qu'avec des informations précises, et que sur un certificat, 1.° du conseil municipal, constatant que ledit Juif ne s'est livré ni à l'usure ni à un trafic illicite ; 2.° du consistoire de la synagogue dans la circonscription de laquelle il habite, attestant sa bonne conduite et sa probité* ») et la conscription des Juifs français.

S'y ajoute une nouvelle réglementation concernant les Juifs étrangers. Le décret restreint leur entrée en France. Ces derniers ne peuvent désormais s'installer sur le territoire français qu'aux conditions d'acquérir une propriété rurale et de ne pas s'occuper de commerce. La migration dans les départements du Haut et Bas Rhin est drastiquement limitée.

Le texte ne concernera au final que les Juifs de l'Est de la France. « *Ceux établis à Bordeaux et dans les départements de la Gironde et des Landes, n'ayant donné lieu à aucune plainte et ne se livrant pas à un trafic illicite, n'y sont pas soumis.* » Les Juifs de Paris en furent exclus le 26 avril 1808.

Monarchie de Juillet

1846 : Alphonse Toussenel, publie le livre *Les Juifs, rois de l'époque*. Le texte appelle à revenir sur l'émancipation des Juifs et demande la réglementation de leur activité économique. « *Tous les liseurs de Bible, qu'on les appelle Juifs ou Genevois, Hollandais, Anglais, Américains, ont dû trouver écrit dans leur livre de prières que Dieu avait concédé aux serviteurs de sa loi le monopole de l'exploitation du globe, car tous ces peuples mercantiles apportent, dans l'art de rançonner le genre humain, la même ferveur de fanatisme religieux. C'est pourquoi je comprends les persécutions que les Romains, les Chrétiens et les Mahometans ont fait subir aux Juifs. La répulsion universelle que le Juif a inspirée si longtemps n'était que la juste punition de son implacable or-*

gueil, et nos mépris les représailles légitimes de la haine qu'il semblait porter au reste de l'humanité. » – Les Juifs, rois de l'époque, histoire de la féodalité financière.

Antisémitisme sous la IIIᵉ République

1882 : Forte popularisation des thèmes du « Juif errant » et du « cosmopolite sans racine » et de l'idée que « le capital est aux mains des Juifs suceurs de sang ».

1882 : Krach de l'Union Générale, banque catholique créée *« pour lutter contre les banques juives et protestantes »*. Les Rothschild en sont accusés.

1883 : Fondation du quotidien catholique *La Croix*, autoproclamé *« journal le plus anti-juif de France »*.

1884 : Théorisation et publications relatives aux thèses racialistes affirmant la supériorité de la « race blanche », qui serait fondée par la science (anthropométrie).

1885 à 1893 : *La Revue socialiste* publie plusieurs articles antisémites sur le thème des Juifs « exploiteurs ».

1886 : Publication du pamphlet d'Édouard Drumont, *La France juive* (1886, 1892) chez Flammarion.

1892 : Publication de *La Libre Parole*, journal politique antisémite français lancé à Paris par le journaliste et polémiste Édouard Drumont.

1894-1908 : L'affaire Dreyfus coupe la France en deux.

1897 : Fondation de *La Ligue antisémitique de France* (LAF). Elle fut rebaptisée *Grand Occident de France* (GOF) par antimaçonnisme en 1899. C'est une ligue antisémite française dirigée par le journaliste et militant antidreyfusard Jules Guérin.

1898 : Le « *J'accuse* » de Zola publié par *L'Aurore*.

1899 : Création de *La revue bimensuelle française de l'Action française*, fondée par Henri Vaugeois et Maurice Pujo.

1906 : Réhabilitation de Picquart et Dreyfus et réintégration dans l'armée française.

1908 : Tentative d'assassinat sur Alfred Dreyfus.

1908 : *L'Action française* devient un quotidien et est dirigé par Charles Maurras, chef du mouvement monarchiste *Action française*. Sa ligne éditoriale extrême droite est antiparlementaire, antirépublicaine et antisémite.

1913 : Fondation de la Ligue anti-judéo-maçonnique par Ernest Jouin, prêtre catholique, journaliste et auteur français.

1917 : Maurras écrit sur les « *Quatre États confédérés : Juif, Protestant, Maçon et Métèque* ».

1917 : La participation des Juifs à *l'Union sacrée* lors de la Première Guerre mondiale conduit Maurice Barrès à les inclure dans *Les Diverses familles spirituelles de la France*.

1927 : Fondation de La Ligue franc-catholique, association antimaçonnique fondée par le chanoine Schæffer et publication de la *Revue internationale des sociétés secrètes*.

1929 : Fondation des *Comités de défense paysanne* d'Henri Dorgères, qui penchèrent vers le fascisme puis l'antisémitisme dès le début des années 1930. Ce parti comptait 150 000 à 200 000 adhérents.

1928-1929 : Disparue en 1924, *La Libre Parole* est à nouveau publiée. Beaucoup de célèbres antisémites y écriront : Jacques Ploncard, Jean Drault, Henry-Robert Petit, Albert Monniot, Mathieu Degeilh, Louis Tournayre ou encore Jacques Ditte.

1930 -1936 : L'afflux des Juifs allemands fuyant le nazisme et l'accession au pouvoir du Front populaire, dirigé par « le Juif » Léon Blum, attise l'antisémitisme de la droite.

1933 : Fondation de *La Solidarité Française*, ligue fasciste dirigée par le commandant Renaud.

1933 : Fondation du *Francisme*, dirigé par Marcel Bucard.

1934 : *Le Grand Occident*, animé par les antidreyfusards Lucien Pemjean, Jean Drault et Albert Monniot, tiré à 6 000 exemplaires.

1935 : Eugène Deloncle fonde une organisation secrète d'extrême droite, l'Organisation secrète d'action révolutionnaire nationale (OSARN), surnommée « la Cagoule » par Maurice Pujo et financée notamment par le fondateur de L'Oréal, Eugène Schueller. On y retrouve dans ses rangs, entre autres, un certain François Mitterrand et André Bettencourt... *L'Ordre National* sera l'organe de presse dédié au mouvement.

1936 : Fondation du *Parti populaire français*, dirigé par Jacques Doriot. Ce parti compte à son apogée 100 000 adhérents.

1936 : Accompagné du député Georges Monnet, Léon Blum est agressé boulevard Saint-Germain par des membres de l'Action française et des Camelots du roi. Il sera grièvement blessé. La presse parlera de lynchage.

1936 : Victoire du Front populaire, Maurras dénonce un « *cabinet juif* », et l'Action française voit dans le Front populaire « *l'œuvre du complot juif* ».

1936 : Darquier de Pellepoix attaque verbalement et physiquement des élus juifs du Conseil municipal de Paris : Maurice Hirschovitz, Georges Hirsch et Raphaël Schneid.

1937 : Louis-Ferdinand Céline publie des écrits violemment antisémites : *Bagatelles pour un massacre* puis *L'École des cadavres*. Il réclame l'extermination des Juifs.

<h2 style="text-align:center">Le saviez-vous ?</h2>

La Cagoule est une organisation politique et militaire clandestine de nature terroriste, active dans les années 1930, nommée Organisation secrète d'action révolutionnaire nationale (OSARN) par ses fondateurs. Le groupe sera plus connu sous le surnom de « La Cagoule », sobriquet choisi par Maurice Pujo pour exprimer son dédain envers cette organisation fondée par des dissidents de l'Action française. D'extrême droite, anticommuniste, antisémite, antirépublicaine et proche du fascisme, La Cagoule revendique des assassinats, des attentat à la bombe, des sabotages et des trafics d'armes.

Une organisation paramilitaire

Après avoir été sélectionnés, les membres du groupe se soumettent à un rite d'initiation sur le modèle de la franc-maçonnerie, et adoptent un pseudonyme. Le recrutement des membres se fait dans la belle société de l'époque. Je lis : « *La direction est organisée sur le modèle de l'armée, dans un état-major comprenant 4 bureaux : discipline, recrutement, organisation (responsable : Deloncle), renseignements (docteur Martin), instruction-opérations (colonel Cachier), transports-munitions (colonel Benoit puis Moreau de la Meuse). À la tête se trouve le chef, Deloncle, assisté d'une sorte de conseil privé informel dont font partie Jean Filiol, Corrèze, Jeantet et Henry Deloncle : tous proviennent de l'Action française.*

Chaque brigade comprend deux régiments, chaque régiment deux ou trois bataillons, chaque bataillon est formé de 3 unités, et chaque unité comporte 3 cellules. Tous les hommes sont armés de pistolets ou de fusils de chasse pour les échelons les plus bas. Chaque unité est pourvue d'un fusil-mitrailleur. Le fichier des adhérents est codé à l'instar de celui des Croix-de-Feu, la technique de codage étant beaucoup plus sophistiquée. » L'organisation est démantelée par la police en 1937-1938.

Après la défaite de 1940, certains anciens *cagoulards* optent pour la Résistance ou la France libre (le colonel Groussard et Maurice Duclos). D'autres se rallient au régime de Vichy ou deviennent des collaborateurs zélés des troupes d'occupation allemandes. Ce sera le cas pour l'ex-dirigeant cagoulard Eugène Deloncle qui fondera le *Mouvement social révolutionnaire*. Les rapports avec d'anciens cagoulards par certains hommes d'affaires et hommes politiques français, tels le fondateur du groupe L'Oréal, Eugène Schueller, et le président de la République François Mitterrand (membre dans les années 30), ont maintenu l'attention sur l'organisation jusqu'à nos jours.

Affiche antisémite, documentation image d'archive. Palette graphique.

« *Mieux vaut mille fois, pour un peuple sain, la férule d'un Hitler que la verge d'un Léon Blum.* »

Salomon-Kœchlin

« *Nous devons résoudre de toute urgence le problème juif, soit par l'expulsion soit par le massacre !* »

Darquier de Pellepoix

« *Faut les renvoyer chez Hitler ! En Palestine ! En Pologne !* »

Louis Ferdinand Céline

Contrairement à ce que l'on pourrait croire, et je dois l'avouer, à ma grande surprise, l'admiration envers le nazisme et autres fascismes ne ferait pas l'unanimité dans les rangs de l'extrême-droite antisémite française. N'oublions pas que pour les tenants de la pensée cacophonique universelle, le Germain, même si c'était un bon aryen, restait l'ennemi héréditaire !

Ceci des points de vue nationaliste, militaire et cocardier.

La plupart des antisémites français, maurassiens, royalistes, conservateurs, catholiques et autres ultras de la gauche plurielle de l'époque ne souhaitaient pas que la France adhère totalement aux méthodes allemandes concernant *le traitement du problème juif*.

Puisque « le Juif » était un problème partagé, visiblement...

Dans les années 1930, on ne dénombre pourtant que 300 000 Juifs résidant en France pour plus de 40 millions d'habitants. Dont plus de 150 000 sont des réfugiés en transit.

Mais peu importe pour ces messieurs, le « Juif », restait un problème. Mais un problème français. Certains avançaient même l'idée qu'il fallait faire « *avec chacun ses Juifs* ». C'est-à-dire que « *les Juifs des nazis* » n'étaient pas « *les leurs* », donc de ceux qui peuplaient traditionnellement la France de l'époque. C'étaient des « *Juifs d'ailleurs* ». Et l'ailleurs concerne justement peu le nationaliste pur et dur. Ceci pour résumer le concept développé dans de nombreux textes d'auteurs de l'extrême droite de l'avant-guerre.

Notons tout de même que dans cette même presse française d'extrême droite des années 1930, Hitler et ses petits amis sont régulièrement couverts d'éloges pour leurs crimes antisémites. Ce qui est surprenant, en deuxième lecture, c'est que ces mêmes « intellectuels » d'extrême droite reprochaient aux Juifs français la défaite du second empire face à la Prusse, mais saluaient le comportement allemand, donc de l'ennemi héréditaire, face à cette « *autre juiverie* ». Des pensées « châteaux de cartes » et donc soumises aux courants d'air cérébraux.

La majorité des ligues antisémites voulaient fermer les frontières et expulser du territoire national les réfugiés juifs qui avaient fui le fascisme, le communisme ou le nazisme. D'autres voulaient dissocier la nationalité juive de la nationalité française. Les mesures légales envisagées consistaient à priver les Juifs de droits et à les proscrire de la fonction publique. D'autres aussi voulaient limiter les activités exercées par les Juifs dans la presse, la banque, l'industrie, le commerce, les professions libérales, la culture et le spectacle. Des groupes de théoriciens antisémites demandaient aussi la confiscation des biens des Juifs comme dédommagement « à la faute ». Bref, il n'y avait pas que l'Allemagne qui avait fait du nazisme une marque déposée…

1938-1939 : Le Parti communiste montre un certain antisémitisme, principalement dirigé contre le chef de la SFIO, Léon Blum, et généré autour de Paul Faure qui accuse Blum (sous couvert du pacifisme) *de vouloir engager la France dans une guerre contre l'Allemagne, par solidarité avec les Juifs qui y sont persécutés.*

1939 *:* Fondation de la revue *Le Réveil du peuple,* organe du Front Franc de Jean Boissel, Jean Drault et Urbain Gohier, diffusé à 3 000 exemplaires.

1939 : Georges Montandon, ethnologue racialiste, publie dans la revue *La Contre-Révolution* un article intitulé *« La Solution ethno-raciale du problème juif ».*

« Asservissement », extrait d'un dessin réalisé pour *la Psychologie des foules illustrée,* édition Memoria Books, 2022 copyright Cat's society.

Pétain, d'après document, dessin et palette graphique, 2023 copyright Cat's society.

XXVI

Ouvrages littéraires non désirables en France
Syndicat des éditeurs, 1943
Sous l'État français et Occupation allemande

La liste Bernhard

Avec cette première liste préparée par la Propaganda Abteilung répertoriant 143 ouvrages, un peu plus de 20 000 livres furent confisqués lors de raids effectués dans les librairies de Paris à partir du 27 août 1940. La liste comportait principalement des titres d'auteurs allemands antinazis, comme Thomas et Heinrich Mann, ou Otto Strasser, mais aussi des titres d'auteurs français jugés anti-allemands, comme Aragon et Malraux, André Chevrillon, Charles Andler, Wladimir d'Ormesson, Georges Duhamel et Georges Blondel. Trois livres des éditions Denoël y figurent : *Les dictateurs* de Jacques Bainville paru en 1935, *La croisade gammée* de Louis Roubaud paru en 1939 et *La victoire des vaincus* d'André Fribourg paru en 1938. Les livres saisis à la NRF Gallimard comprenaient entre autres : *L'Allemagne, essai d'explication* d'Edmond Vermeil, *Le temps du mépris* de Malraux, *La C.G.T. : ce qu'elle est, ce qu'elle veut* de Léon Jouhaux. Cinq titres d'auteurs américains figurent également sur la liste.

Le saviez-vous ?

En juillet 1949, le tribunal militaire de Paris condamne Otto Abetz à 20 ans de travaux forcés pour crimes de guerre, en particulier pour son rôle dans l'organisation de la déportation des Juifs de France vers les camps de la mort. Incarcéré à la prison de Fresnes, il est gracié par le président du Conseil René Coty en avril 1954 après trois remises de peine Il trouve la mort avec son épouse en 1958 dans un accident de voiture sur une autoroute d'Allemagne, accident causé par une soudaine panne de la direction qui a parue suspecte à l'époque.

Les Listes « Otto »

Publié le 28 septembre 1940, ce document de 12 pages, intitulé *Ouvrages retirés de la vente par les éditeurs ou interdits par les autorités allemandes* recense les livres dits « *verboten* » durant l'occupation allemande. Nommée ainsi en référence à l'ambassadeur du Reich en France, Otto Abetz, elle fut rédigée par Henri Filipacchi, chef du service des librairies de Hachette et établie en collaboration avec le Syndicat des éditeurs français. Comportant 1 060 titres, et composée au départ d'ouvrages français et allemands, son application dans la zone occupée est suivie quelques mois plus tard dans la zone libre, à l'initiative du régime de Vichy.

 La liste est complétée :

➢   en juin 1941, par des ouvrages marxistes
➢   en juillet 1941, par des ouvrages de langue anglaise
➢   Une deuxième version de la liste est publiée le 8 juillet 1942, contenant 1 170 ouvrages, classés par éditeurs.
➢   Une troisième liste, rajoutant en annexe 739 autres publications, est publiée le 10 mai 1943.

De son côté, le Régime de Vichy établit sa propre liste d'ouvrages censurés qui ne correspond pas tout à fait à la « liste Otto » et où l'on trouve des ouvrages contraires à l'ordre moral voulu par le régime et auxquels les nazis n'avaient pas été sensibles. La censure allemande et la censure du régime de Vichy s'additionnent et tous les professionnels du livre sont censés connaître ces listes d'ouvrages non autorisés ainsi que les nouvelles règles à appliquer pour les nouveaux livres à paraître. Mais malgré cette censure, de grandes œuvres littéraires sont publiées sous l'Occupation comme *L'Etranger* d'Albert Camus (1942), *L'Invitée* de Simone de Beauvoir (1942) ou encore *L'Être et le néant* de Jean-Paul Sartre (1943).

Les éditeurs pendant l'Occupation

Les grands éditeurs français de l'époque comme Grasset, Hachette, Gallimard, Flammarion ou d'autres « s'accommodent de cette situation », sur ordre de l'Occupant, les éditeurs font eux-mêmes le tri de leurs publications d'avant-guerre. Les éditeurs doivent également signer une « Convention de censure » qui les engage à l'autocensure et à une politique de publication sous leur propre responsabilité. Il faut dire qu'en plus de la pression militaire et politique, les Allemands ont un autre argument de poids pour obtenir ce qu'ils désirent : le contrôle de l'attribution du papier qui connaît une grosse pénurie à partir de 1942. Et sans papier, pas de publications. De même, les Éditions de Minuit sont créées en 1941 par Jean Bruller (connu sous le pseudonyme de Vercors) et Pierre de Lescure. Leur but : contourner la censure et la propagande de Vichy. En plus du fameux *Silence de la mer* de Vercors, premier titre des Éditions de Minuit paru en 1942, seront publiés des ouvrages de Mauriac, Steinbeck, Aragon ou encore Elsa Triolet.

Liste des auteurs interdits de vente ou de publication en France par les nazis sous l'Occupation

ABENSOUR, L.
ABRAHAM, P.
ABRAHAM
ABRAHAMSON
ABRAMSON
ADDA, M. (Dorgel)
ADLER, A.
AESCOLY-
WEINTRAUB, A. Z.
AFTALION, A.
AGHION
AHARONI, J.
ALPHANDERY, E.
ALPHANDERY, I.
ALFASSA
ALLENDY, Dr.
AMANN
ANDRE, J.
ANDRE-LEVY
ANNE, M.
ANCEL, J.
ANCHEL, R.
ANDLER, C.
ARENNES, Ad.
ARNYVELDE, A.
ARON, E.
ARON, M.
ARON, R.
ARON, R.
ARONSON
ASBECK
ASHKENAZI,
ASTRUC, H.
ATHIS, Alfred
AUDLER
AUSCHER
AZERAD
BABEL
BACH, V.

BARUCH
BARUK, H.
BASCH, G.
BASCH
BASCH, V.
BAUER, F.
BAUER, G.
BAUER, L.
BAUER, H.
BAUMANN, É.
BENDA, R.
BENDA, J.
BENHAMOU, Ed.
BENOIT-LEVY
BENRUBI
BENSAUDE, R.
BENSAUDE, R.
BENVENISTE, E.
BERGSON, H.
BERL, E.
BERMAN
BERNARD, Tristan
BERNARD, É.
BERNARD, J.
BERNARD, J.-J.
BERNARD, L.
BERNHEIM, H.
BERNHEIM
BERNSTEIN
BERR, G.
BERR, H.
BERR DE
TURIQUE, J.
BIENSTOCK, J. W.
BIKERMAN, E.
BILL
BLANCHE, J.
BLECHMANN, G.
BLOC O.

BLOCH, A.
BLOCH, E .
BLOCH, R.
BLOCH, J.R.
BLOCH, C.
BLOCH, R .
BLOCH, F.
BLOCH, H.
BLOCH, L.
BLOCH, F.
BLOCH, G.
BLOCH, L.
BLOCH, Marc
BLOCH, O.
BLOCH-SAVITZKY
BLUM, A.
BLUM, E.
BLUM, Léon
BLUMENFELD
BOES, L
BOHN, G.
BOLL, M.
BONNACK
BOPP, L.
BORSCHNECK, É.
BRAUNSCHWIG,
BRUHL, H. L.
BRUNSCHVICG, C.
BRUNSCHWICG, L
BRUNSCHWIG, R.
BRUNSCHWIG, H.
BRUNSCHWIGG
CAHEN, L.
CAHEN, P.
CAHEN, R.
CAHEN, R.
CAHEN
CAHEN, E.
CAHEN, A.

CAHEN, E.
CAHEN, Cl.
CAHEN
CAHEN-
SALVADOR, G.
CAHEN, T.
CAHUN, L.
CAILLAVET, A
CAIN
CARO-DELVAILLE

CARRUS
CASEVITZ, Mme H
CASSOU, J.
CATULLE-
MENDES, J.
CENDRARS, B.
CERP, L.
CHAGALL, M
CLIFFORD-
BARNEY, N.
COHEN, E.
COHEN, G.
COHEN
COHEN, Albert
COHEN, Robert
COHEN. M.
COHEN, L.
COHUN, Léon
COOLIN, Romain
COOLUS, Romain
(Weill)
CORCOS, F.
CREANGE, P.
CREMIEUX, B
CREMIEUX, A.
CREMIEU, L.
CREMIEU-ALCAN
CROISSET, F. de
CURIE, Mad. P.
CYRANE, J.
DALSAGE, A.
DALSACE, J.
DARMESTETER, J.

DARMESTETER, A
BLOC. A.
DAVID, A.
DAVIDSON, F.
DIETRICH, L.
DEBRÉ, R.
DELARUE-
MADRUS, J
DENNERY, É.
DENNERY, R.
DEUTSCH, L.
DREYFOUS
DREYFUS, A.
DREYFUS, C.
DREYFUS, E.
DREYFUS LE
FOYER
DREYFUS-SEE, G
DREYFUSS
DREYFUSS, A.
DREYFUSS, R.
DREYFUSS, G.
DURKHEIM
DUVERNOIS. H.
EHRENBOURG, I.
EHRENPREIS, M
EINSTEIN, A.
EISENMANN
ÉLIPHAS-LÉVI
EMSCHILLER, G.
ENNERY d', A.
EPHRUSSI, B.
EPSTEIN, I.
EPSTEIN, E.
ERLANGER, R, d'
ERRERA, J.
ENRIQUES, F.
EVEN, R.
FAITLOVITCH, C
FEDERN, K.
FELDMANN
FINBERT, J. E.
FINBERT, E.
FISCHEL

FISCHER, M. et A.
FISCHGOLD, H.
FLEG, E.
FLEISCHMANN, J.
FRANCFORT, G.
FRANCILLON
LOBRE
FRANCK
FRANCK, H.
FRANCK, L.
FRANK, B.
FRANK, P.
FREUD
FRIBURG, A.
FRIEDMANN, G.
GEIGER, R.
GEISTDOERFER
GERMAIN-LEVY
GERMAIN-LEVY,
GERSCHENSON
GEVEL, C.
WELL, G.
GINSBOURG, Dr.
GLASER, Dr.
GLAYMANN
GLOTZ, G.
GOERGER
GOLDSCHMIDT
GOLDSTEIN, L.
GOLDSZTAUB, S.
GONSETH
GOTTHEILL, R.
GREGH, F.
GREGH, L.
GROOS, R.
GROUVER, A.
GUASTALLE, P.
GUERON, J.
GUMBEL, E. J.
GURVITCH
GUTMANN, Dr.
GUTMANN, R.A.
GUTTMANN, H.
HADAMARD, J.

HAGANI, B.
HAHN, C.
HAHN, R.0
HAISSINSKI, M.
HALBRON
HALBWACHS
HALEVY, F.
HALEVY, L.
HALEVY, L.
HALEVY, D.
HALEVY, É.
HALEVY, J.
HALLER
HALLEVI
HALPHEN, L.
HAMBURGER, J.
HATZFELD, J.
HAUSER, H.
HAUSER, M.
HAUSSER, G.
HAYEM, H.
HEILBRONNER, A
HEINE, M.
HEINEMANN, F
HELLER, B.
HEMARDINQUER
HANRY-MARX
HEROLD, A.
HEROLD
HERR, L.
HERR
HERSCH
HERTZ, H.
HERZEN
HERZL, Th.
HESCHEL, A.
HESSE, M.
HESSE, R.
HEUYER
HIRSCH, M.
HIRSCH, S.
HIRSCH, C. H.
HIRSCHFELD, M.
HIRSCHBERG, A.

HIRTZ, G.
HIRZFELD, L.
HIRZFELD, A.
HITSCHMANN, É.
HOLPHEN, L.
HOMBERG, O.
HOROWITZ, A.
HUCH, R.
HUFNAGEL, L.
HUISMAN, G.
HUISMAN
HUMBLE, M.
HUMBLE, P.
0ILIOVICI, D.
ILIOVICI, G.
IMANN, G.
ISAAC, J.
ISAY, R.
ISCH-WALL
ISCHLONDSKY, N.
E.
ISTRATI, P.
JACK, A.
JACOB, M.
JACOBS, W. W.
JAELL
JAKUBISIAK
JANKELEVITCH
JASINSKI, M.
JEAN-JUVAL, L.
JEHOUDA, J.
JESUS-DENAH
JOB
JONG, I.
JOSIPOVICI
JUSTER, J.
KADMI, C.
KAFKA, F.
KAHAN, T.
KAHANE, E.
KAHN, G.
KAHN, R.
KAHN, M. E.
KAHN

KAHN, Z.
KAMINKA, A.
KAMINSKI, M.
KAPLAN, J.
KATZ, Dr.
KAUFFMANN, A.
KAUS, G.
KAYSER, J.
KAYSER, F.
KEIM, J.
KEIM A.
KELLERSOHN, M.
KEREN, O.
KESSEL, J.
KESSEL, G.
KIFFE, R.
KINDBERG, M. L
KLAUSNER, J.
KLEIN, M.
KLOTZ, H. P.
KLOTZ, L. L.
KOHN, H.
KOHN-ABREST, E.
KOPACZEWSKI
KOYRE
KRAEMER-BACH
KRAINIK, R.
KRAUS, P.
KUHN, M.
LACHIN, M.
LA JEUNESSE, E.
LAKHOWSKI
LAKHOVSKY, G.
LAMBERT, É.
LANG, A.
LAROQUE, P.
LATZARUS.
LATZARUS, L.
LAUTMANN, A.
LAYANI, F.
LAZARD
LAZARD, B.
LAZARE, B.
LAZAREFF, P.

LECACHE, B.
LEDERER, E.
LEHMANN, J.
LEIBOVICI, R.
LENG, A.
LEON, X.
LEON, P.
LESLAU, W.
LEVADITI
LEVEN, R.
LEVEN, F.
LEVEN, M.
LEVI, A.
LEVY, E.
LEVI, L.
LEVI, M.
LEVI, A. J.
LEVI, S.
LEVI, S.
LEVI, H.
LEVI DELLA
VIDA, G.
LEVI
PROVENÇAL, E.
LEVI-BRUHL, H.
LEVI-CIVITA
LEVIN, B.S.
LEVINAS
LEVINSON, A.
LEVINE, J.
LEWIN, Dr. L.
LEVY, H.
LEVY, R.
LEVY, G.
LEVY, G.
LEVY, M
LEVY, A. E.
LEVY, E.
LEVY, R, J.
LEVY, É.
LEVY-VALENSKI
LEVYSCHNEIDER
LEVY-FRANKEL
LEVY-BING, A.

LEVY-COBLENTZ
LEVY-LAMRERT
LEVY-SALVADOR
LEVY-VALENSI
LEVY-SOLAL de
LEVY-ULLMANN
LEVY-CAEN, J.
LEWISOHN, L.
LEWISOHN
LEWY, J.
LIBERSOHN
LICHTENSTEIN,
J.
LIEPMANN, H.
LIEVRE, J. A.
LIEVRE, P.
LION, J.
LISBONNE, M.
LISEMANN
LODS, A.
LOEWEL, R.
LONDON, G.
LONDON, F.
LONDRE, A.
LOP
LOURIE
LOEWENSTEIN
LOWENSTEIN, O.
LUNEL, A.
LYON, G.M.
LYON-CAEN
MADURO, Dr
MAIMONIDE
MANDELBROJT,
S.
MANDELSTAMM
MANNHEIM, Cl.
MANUEL, E.
MARCEL, G.
MARCH, L.
MARCH, F.
MARCU, V.
MARGOLIS, M. L.
MARITAIN, R.

MARX, A.
MARX, H
MARX, R.
MARTIER, A.
MARTIER, P.
MATER
MATVEEV, A. M.
MAUREY, M.
MAUROIS, A.
MAUS, R.
MAUSS
MAUSS, M.
MAYER, A.
MAYER, Lt Col.
MAWAS, J.
MAY, É.
MAYER, A.
MAYER, L. A.
MAYER-LAMBERT
MEILLAC
MELLER, J. L.
MENDES, C.
METCHNIKOFF, É
METZGER, H.
METZGER, M.
METZGER
MEYER, É.
MEYER, F.
MEYER, A.
MEYER, J.
MEYER, A.
MEYERMAY, J.
MEYERSOHN
MEYERSON
MICHEL, G.
MICHAELIS
MICHELSON, A.
MIKHAEL, E.
MIESES, M.
MIKHAEL, E.
MILBAUER, J.
MILHAUD, L.
MILHAUD, A.
MINKIN, J.S.

MINKOWSKI
MOCH, G.
MOLL-WEISS,
MONTEFIORE, J
MOREL-KAHN
MORGENSTERN
MORGENTHAU
MORHANGE, P.
MORTIER, A.
MOSSE, R.
MOSSE, A.
MUHLFELD, L.
MUNSTERBERG
NACHT
NACHT, Dr. S.
NAHMIAS, M. E.
NAHON, M.
NAQUET
NATAF, F.
NATANSON
NATHAN, M.
NATHAN
NATHAN-
LARRIER, L.
NAVON, A. H.
NAZIERE, F.
NEMIROWSKY, I.
NEMIROVSKI
NETTER, Y.
NETTER, A.
NETTER, S.
NETTRE, Mme J.
NEUBERGER, Dr.
NEUBURGER, A.
NEURATH
NEYRAC, P.
NIZAN, P.
NORDAN, Max
NORDMANN, C.
NORMAN, A.
NOZIERE, F.
OPPENHEIM, P.
OPPERT, J.
OUALID

OURY
PARAF, P.
PARAF, J.
PARAF, Mathieu P.
OPARAFF
PAZ
PERLES, Mme S.
PEREZ, C.
PIERRE-QUINT, L.
PINTO, R.
POLACK, Dr.
POLGE
PORTO-RICHE, G.
PORTMANN, G.
POSENER, G.
PROPPER, M.
QUINT, P.
RABBINOWICZ,
Dr. J. M.
RABINO, H. L.
RACHILDE
RAFFALOVITCH
RANDEN, R.
RAPHAEL, M.
RATISBONNE, L.
RAPKINE, L.
RAPPOPORT, Dr.
RAUH
REICH, S.
REICHENBACH, H
REINACH, J. A.
REINACH, J. P.
REINACH, S.
REINACH, J.
REIPACH, J.
REVUSKY, A.
REY
REYERSBACH, H.
RHIRSHMAN, R.
RHAIS, E.
RODENBACH, G.
RODOCANACHI E
ROGER-MARX, C.
ROSE, M. F.

ROSENBACH, H
ROSENTHAL, G.
ROSENTHAL, L.
ROSINTAL, J.

DE ROTHSCHILD
ROUBINOVITCH
ROUB-JENSKY, A.
ROUSSOU, M.
RUBENOVITCH
RUEFF
RUBIN, E.
RUBINSTEIN
RUEFF, J.
RUHL, O.
SACHS, M.
SAIDMAN, J.
SAINEAU, C.
SAISSEL, M.
SAISSET, P.
SALOMON, M.
SALOMON, Ch.
SALVADOR, J.
SAVOIR, A.
SCHAYE, P. A.
SCHAICKEVITCH
SCHEKTER, L.
SCHIFF-
WERTHEIMER
SCHNEIDER, L.
SCHNITZLE
SCHOEN, M.
SCHONFELD
SCHREIBER, É
SCHREIBER, G.
SCHREIBER, Dr.
SCHRUMF-PIER
SCHUHL
SCHULMANN, E.
SCHULTZ, Y.
SCHWAAB
SCHWAB, H.
SCHWAB, M.
SCHWAB, R.
SCHWOB, R.

SCHWOB, M.
SCIAMA, A.
SEE, H.
SEE, G.
SEE
SEMENOFF, E
SERONYA, H.
SEYMOUR DE RICCI
SHAPIRO, Dr.
SIDERSKY, Dr.
SIMANOVITCH, A.
SIMON, Jules
SIMON
SKARVAN
SOLOMON, J.
SOLOVEYTCHIZZ
SORSNYA H.
SPINOZA
SPIR
SPIRE, A.
STARDKY, J.
STEIN, E.
STEIN, M.
STEKEL, Dr. W.
STERLING, C.
STERN, D.
STERN, JEAN.
STERN, L.
STERN, J.
STERN, P.
STERN, A.
STRAUSS, P.
SUARES, A.
SUARES, G.
THEMANLYS, P.
THON, N.
RENE WALH
TORRES, H.
TOULOUSE
TREBITSCH, S.
TSANCK, Dr. A.
TSCHERNOFF
ULLMANN, S.

ULLMO, J.
UZAN, M.
VALENSI
VANDEREM
VEBER, S.
VANDERVELDE,
VEIL, S.
VOLTERRA, V.
VORONOFF, S.
WAHL, J.
WARL, A.
WAHL, A.
WAISMANN
WALLICH
WALTZ, J.-J.
WALTZ, P.
WEBER, A.
WEIL, AR.
WEIL, P.
WEIL, C. U. H.
WEIL, G.
WEIL, A.
WEIL, P. E.
WEILDENSTEIN
WEILL, Dr. A.
WEILL, A.
WEILL, R.
WEILL-MANTON
WEILL, M.P
WEILL, R.
WEILL, J.
WEILL, M.G
WEILL-HALLE
WEILLER
WEILLTOFF, E.
WEINBERG
WEINBERG
WEINSTOCK
WEISS
WEISSMANN
NETTER
WEISTER
WEITZEL
WERFEL

WERTH,
WESTFRIED
WIDAL
WITENBERG
WOLFF
WOLFF
WOLFF
WOLFROMM
WORMS
WORMS
WORMS, R.
WORMS, É.
WORMSER
WORMSER
WURMSER
YEIVIN
ZANGWILL
ZEITLUI
ZEVAES
ZIMMERN
ZIVY
ZOELLER
ZWEIG

Albert Camus, portrait ferroviaire, dessin et palette graphique, 2023 copyright Cat's society.

XXVII

1943
Consignes nazies aux éditeurs
et collaborations

En 1943, le syndicat de l'édition fait circuler parmi les éditeurs, affiliés ou non, les consignes suivantes :

Ouvrages en langues anglaise, polonaise et russe

La vente d'ouvrages en langues anglaise, polonaise et russe est absolument interdite. Exception est faite pour les classiques anglais, les ouvrages de la Tauchnitz-Edition, ainsi que pour les livres en usage dans les écoles pour l'étude de la langue.

Traductions de l'anglais

En principe, toutes les traductions de l'anglais, excepté les ouvrages des classiques anglais, sont retirées de la vente. Toutes les exceptions ultérieures devront chaque fois être autorisées particulièrement par le service de la Propaganda-Abteilung en France.

Ouvrages d'auteurs juifs et biographies consacrées à des Juifs

Tous les livres d'auteurs juifs, ainsi que les livres auxquels des Juifs ont collaboré, sont à retirer de la vente, à l'exception d'ouvrages d'un contenu scientifique au sujet desquels des mesures particulières sont réservées. Mais dès à présent, des biographies, même rédigées par des Français aryens, consacrées à des Juifs, comme par exemple les biographies relatives aux musiciens juifs Offenbach, Meyerbeer, Darius Milhaud, etc., sont à retirer de la vente.

La collaboration...

Parmi les éditeurs qui ont collaboré avec l'occupant allemand et appliqué avec zèle les lois et recommandations vichystes, il y aura de très célèbres maisons d'édition. Et donc de très célèbres éditeurs. Nous nous intéresserons ici au cas de trois d'entre eux, en raison de la célébrité et de l'importance de ces marques d'édition sur la littérature française du XXe et XXIe siècles. Bernard Grasset qui devra répondre de ses actes devant la justice. Il sera condamné en 1948 et interdit d'exercice de sa profession. Robert Denoël, lui, sera assassiné la veille de son procès en 1945. Et Gaston Gallimard qui passera devant un comité d'épuration, mais qui sera finalement blanchi. Notons que pendant la Seconde Guerre mondiale, la plupart des éditeurs français de l'époque ont été forcés de collaborer, sous peine de sanctions graves, mais les trois cas que j'évoque ci-dessous sont spécifiques et sont symboliques des liaisons dangereuses de l'époque.

Bernard Grasset

Bernard Grasset se distingue par son zèle en écrivant, dès 1940, trois lettres où il soutient la censure de l'occupant et déclare : « *Je suis un Français authentique sans nul alliage malsain que l'Allemagne condamne à juste titre.* » La même année, il ouvre une collection, « *À la recherche de la France* », où il publie cinq auteurs prisés des nazis, dont Pierre Drieu la Rochelle, auteur essentiellement publié par Gallimard et directeur de la NRF à la base, avec *Ne plus attendre*, en 1941...
Ami de l'écrivain allemand Friedrich Sieburg, Grasset publie son ouvrage *Dieu est-il français?* en 1930 et il invite l'écrivain à Paris en 1941. L'éditeur, selon les témoignages, fréquente des officiers de l'armée allemande, et déjeune régulièrement avec eux à la brasserie Lipp.

Robert Grasset publia donc, avant-guerre, des auteurs qui devinrent par la suite collaborationnistes comme Fernand de Brinon en 1934, Jacques Doriot avec *Refaire la France* en 1938 et *Je suis un homme du Maréchal* en 1941, Abel Bonnard en 1938 et 1939, et Jacques Chardonne, Georges Blond avec *L'Angleterre en guerre : récit d'un marin en guerre* en 1941 et en 1942, *L'épopée silencieuse : service à la mer, 1939-1940*. À sa décharge, il refusa aux Allemands, en 1942, de rééditer *Mein Kampf*, qui avait été précédemment publié par l'éditeur Sorlot. Il publie également le gaulliste François Mauriac. Fernand Sorlot restera célèbre pour avoir publié la version française de *Mein Kampf* en 1934 à la demande de Charles Maurras qui souhaitait une traduction fidèle de cet ouvrage. Hitler ne voulait diffuser que des traductions expurgées de ses intentions belliqueuses. L'affaire lui valut un procès avec Adolf Hitler en 1936, qu'il perdit, et à l'issue duquel la justice accorda au plaignant un franc symbolique de dommages et intérêts. L'ouvrage est publié avec cette injonction du maréchal Lyautey : « *Tout Français doit lire ce livre.* » Si c'est Maréchal qui le dit...

Après la Libération, Bernard Grasset est arrêté le 5 septembre 1944 et enfermé au camp de Drancy, puis libéré quelques semaines plus tard en raison de son état de santé. Le 9 septembre, le Syndicat des Éditeurs décide l'exclusion de Bernard Grasset, Gilbert Baudinière, Fernand Sorlot, Jacques Bernard des éditions du Mercure de France, Jean de la Hire et Henry Jamet. Le 20 mai 1948, il est condamné par contumace à la dégradation nationale à vie, à 5 ans d'interdiction de séjour et à la confiscation de ses biens.

« Je n'ai jamais cru le moindre mot de ce que j'écrivais. Je n'avais d'autre objectif que de réintégrer ma maison. J'ai écrit des blagues, parce que j'avais intérêt à écrire des blagues. »

Dans le journal *Combat*, B. Grasset

Mais des faits sérieux lui sont reprochés, notamment son passage à Vichy dans le but d'être nommé représentant de l'édition française par le régime. Difficile d'ignorer ceci... ou encore ses propos sur Hitler : « *uniquement tendu vers la grandeur et l'ordre allemand* » ou encore ces mots lors d'une interview accordée au journal antisémite et nationaliste *La Gerbe*, dans laquelle il souhaite l'arrivée d'un « *ordre nouveau* ». Beaucoup de témoignages, notamment de ses collaborateurs, l'incriminent, mais certains remarquent aussi que Grasset jouait sur les deux tableaux, sans pour autant réellement résister ni prendre de risques.

En 1949, sur décision du président de la République Vincent Auriol, Bernard Grasset retrouve ses droits et reprend sa maison d'édition. Le 23 octobre 1953, il est amnistié par le tribunal militaire qui a pris la suite de la cour de justice. C'est ce qui s'appelle tourner la page...

Robert Denoël

En 1940, Robert Denoël fonde la maison les Nouvelles Éditions Françaises (NEF) où il publie des ouvrages imposés par l'occupant nazi. En 1944, il liquide cette maison et il fonde les Éditions de la Tour. Sous l'occupation allemande, il compte parmi le lot d'éditeurs français impliqués dans la collaboration. À la défaite, il a ouvert sa maison d'édition à des capitaux allemands, comme l'a fait Fernand Sorlot. Il obtiendra d'un investisseur un prêt de deux millions de francs, en échange de quoi il lui cèdera 365 des 725 parts de sa société. Dans sa carrière, Denoël publia environ 700 titres et obtint un succès considérable avec les publications des œuvres de Céline dont *Voyage au bout de la nuit* en 1932, *Mort à crédit* en 1936 et ses pamphlets antisémites, ainsi que *Les Décombres* de Lucien Rebatet. Dans les années 30, il se fait connaître comme un éditeur publiant des textes de Louis Aragon, d'Elsa Triolet, d'Antonin Artaud, de Jean Genet, de Nathalie Sarraute et de Sigmund Freud. Il publie également des essais de tous bords politiques allant d'auteurs d'extrême droite ou fascistes comme Lucien Rebatet, Robert Brasillach ou Adolf Hitler, jusqu'à Franklin D. Roosevelt. Grand admirateur de Céline, il fait l'éloge, dans le journal antisémite *Le Cahier jaune*, en novembre 1941, *de la noblesse de la haine de l'auteur* (contre le Juif), dans le titre *Bagatelles pour un massacre*. Denoël est tué après la Libération, le 2 décembre 1945, dans des conditions troubles. Il est tué d'une balle de revolver, en sortant de sa voiture garée à l'angle du boulevard des Invalides et de la rue de Grenelle à Paris. Un dossier établissant le comportement collaborationniste de tous les éditeurs parisiens pendant la guerre, rédigé pour préparer sa défense dans un procès intenté à sa maison d'édition, et une valise contenant des valeurs disparaissent de sa voiture. Robert Denoël avait des ennemis, ce n'était un secret pour personne, surtout pas pour la police qui a conclu rapidement à un vol crapuleux qui aurait mal tourné. Denoël était inquiété par la justice, par ses concurrents mais aussi par des résistants qui ne lui pardonnaient pas d'avoir édité les textes antisémites de Céline sous l'Occupation et d'avoir collaboré.

À la mort de Robert Denoël, la maison d'édition devient la propriété de l'avocate Jeanne Loviton. En 1948, elle revend 90 % de ses parts à Gaston Gallimard, l'adversaire historique de Denoël.

Denoël assassiné, documentation image d'archive. Palette graphique.

Gaston Gallimard

Après l'Armistice de 1940, le 22 octobre, Gallimard cède la direction de la NRF à Drieu la Rochelle, afin de satisfaire les nazis, et accepte de s'autocensurer contre des livraisons de papier. L'attitude de l'éditeur est certes ambiguë, mais commune à l'époque. D'un côté, il accueille dans ses bureaux les réunions clandestines des *Lettres françaises* fondées par Jacques Decour et Paulhan, tout en publiant des traductions de classiques allemands, comme Goethe, ou des récentes comme pour Ernst Jünger, ceci *pour ne pas froisser l'Occupant*.

Le 5 novembre 1940, à la suite des lois anti-Juifs de Pétain, il licencie le fondateur et l'éditeur de la bibliothèque de la Pléiade, qui part se réfugier aux États-Unis. Cette décision provoque l'indignation d'André Gide en particulier et de nombreux auteurs en général. En 1943, il refuse de continuer à publier la NRF après la démission de Drieu la Rochelle. Peut-être pour en reprendre le contrôle ?

De même, il refuse de publier le pamphlet de Lucien Rebatet *Les Décombres,* que Denoël récupère, mais il n'hésite pas, dans sa proposition de rachat des Éditions Calmann-Lévy, à déclarer sa maison «*aryenne à capitaux aryens*». Bref, tout comme Denoël, Gallimard est opportuniste et joue sur les deux tableaux. À partir de 1943, cependant, tout observateur intelligent de l'époque aura compris que le Reich d'Hitler ne durera pas 1 000 ans, que la Résistance s'intensifie et s'organise, que la Russie tient bon face à la machine de guerre allemande, que l'Angleterre ne cède ni son ciel ni sa terre et que les colonies rejoignent une à une la France libre de de Gaulle. Sans parler des USA qui sont rentrés dans la danse... et l'année 1944 donnera raison à l'idée qu'un bon nombre d'acteurs de la «*collaboration à la française*» s'était faite quant au devenir des nazis dès 1943.

Après-guerre, le suicide de Drieu La Rochelle, le soutien d'écrivains résistants comme Camus et autres Malraux, font que la Librairie Gallimard évite les sanctions économiques et professionnelles promulguées lors de l'épuration entre 1944 et 1947. Cependant, *La Nouvelle Revue française,* qui avait pu continuer à paraître sous Vichy grâce au soutien d'Otto Abetz, est interdite de publication en novembre 1944, et ce jusqu'en 1953. Gaston Gallimard rachète en 1948 à Jeanne Loviton, maîtresse de Robert Denoël, 90 % des parts des éditions Denoël, dont elle venait d'hériter. Il procède également à une série d'acquisitions de fonds. Il meurt en 1975 à 94 ans.

Octave Mirbeau, montage, dessin et palette graphique, 2023 copyright Cat's society.

« Et en regardant l'élévation constante des Juifs, par le travail, la ténacité et la foi, je me suis senti au cœur un grand découragement et une sorte d'admiration colère pour ce peuple vagabond et sublime, qui a su se faire de toutes les patries sa patrie, et qui monte chaque jour plus haut à mesure que nous dégringolons plus bas. Je me suis dit qu'il fallait vivre avec lui, puisqu'il se mêle de plus en plus à notre race, et qu'il faut croire qu'il s'y fondra complètement, comme la vigne vit avec le phylloxéra, le malade avec la fièvre typhoïde et l'intelligence humaine avec le journalisme. »

Octave Mirbeau

Les accords de Montoir. Image archive, palette graphique.

XXVIII

Régime de Vichy
ou
la Shoah française

L'État français dirigé par Philippe Pétain va hisser l'antisémitisme au rang d'idéologie officielle avec :

- Les lois sur le statut des Juifs
- La création du Commissariat général aux questions juives
- Les arrestations arbitraires de Juifs
- L'internement des Juifs dans les camps de transit
- La saisie des biens juifs
- La confiscation de commerces ou d'entreprises
- L'organisation de la déportation de Juifs français vers l'Allemagne

1940 : le ministre de la Justice Raphaël Alibert crée une commission de révision des 500 000 naturalisations prononcées depuis 1927. Le retrait de la nationalité concernera 15 000 personnes dont 40 % de Juifs. L'abrogation du décret Crémieux privera 100 000 Juifs d'Algérie de la citoyenneté française.

1940 : le conseil des ministres promulguera le premier statut des Juifs : les citoyens juifs français sont exclus de la fonction publique, de l'armée, de l'enseignement, de la presse, de la radio et du cinéma. Les Juifs exerçants étant considérés « en surnombre », ils sont exclus des professions libérales. L'ordre des avocats et des médecins apporteront de solides contributions au fait.

1940 : les Allemands expulsent 20 000 Juifs d'Alsace et de Lorraine vers la zone non occupée.

1940 : les préfets français peuvent interner les étrangers « de race juive » dans des camps spéciaux ou les assigner à résidence.

1941 : Le deuxième statut des Juifs rallonge la liste des professions dont sont exclus les Juifs et établit un numerus clausus limitant la proportion de Juifs à 3 % dans l'Université et 2 % des professions libérales. Les Juifs doivent céder leurs droits sur les entreprises à des « Aryens ». Les Allemands avaient appliqué cette mesure en zone occupée depuis octobre 1940.

1941 : un Commissariat général aux questions juives est créé en mars, sous la direction de Xavier Vallat. Sa mission est de veiller à l'application de la législation anti-juive. Et il s'avéra beaucoup plus impliqué que ce que les Allemands demandaient.

1941 : 40 000 Juifs étrangers sont internés dans une série de camps battis sur le territoire (voir liste des camps français aux chapitres suivants).

1941 : le cardinal Pierre Gerlier, primat des Gaules, remet au chef de l'État, en septembre, une note exprimant des réserves sur la politique antisémite. Son homologue protestant, le pasteur Boegner, avait également adressé une lettre personnelle à l'amiral Darlan en mars 1941.

1942 : l'Église catholique s'émeut (enfin) des arrestations de Juifs français. Protestants et catholiques s'unissent sur le sujet.

1942 : conférence de Wannsee : politique de la « Solution finale ».

1942 : occupation allemande de la « zone libre ».

1942 : la collaboration entre les polices allemande et française est renforcée par les accords Bousquet-Oberg, du nom du chef de la police française et du représentant en France de la police allemande. Les conséquences seront funestes pour les Juifs comme pour les résistants et les communistes.

1942 : un convoi de déportés juifs quitte Compiègne, devenue la plaque tournante de la déportation vers les camps de concentration et d'extermination. Officiellement, il s'agit de regrouper les Juifs en Pologne. Parmi eux se trouvent des Français. Le gouvernement de Vichy ne proteste pas.

1942 : en zone occupée, les Juifs sont obligés de porter l'étoile jaune à partir du mois de mai. Cette mesure ne sera jamais imposée en zone sud, même après son occupation par les Allemands.

1942 : La Rafle du Vél'd'hiv, les 16 et 17 juillet : 12 884 Juifs apatrides (3 031 hommes, 5 802 femmes et 4 051 enfants) sont arrêtés par la police française, rassemblés au Vélodrome d'Hiver, puis à Drancy, d'où ils seront acheminés vers les camps d'extermination. Déshonneur de la police.

1942 : en zone libre, 7 000 Juifs étrangers sont raflés et livrés aux Allemands. Notamment dans la région niçoise alors sous occupation italienne.

1942 : le Höherer SS und Polizeiführer s'installe dans toutes les préfectures pour développer ses activités anti-juives. Les résultats ne se feront pas attendre.

Etc.

Le sordide inventaire pourrait continuer sur des pages et des pages pour cette période. Bien évidemment, les rafles, les camps, les tortures et autres exactions ne concernent pas seulement les israélites. Le propre du fascisme étant d'éradiquer toute dissidence et toute différence. Mais les victimes juives stigmatisent l'ensemble. Les 75 000 Juifs déportés vers les camps de la mort le furent avec la participation de la police du gouvernement de Vichy. Une partie des 225 000 Juifs qui échappèrent à la déportation bénéficièrent de la complicité et de l'aide d'un très grand nombre de Français. Les institutions religieuses catholiques, protestantes ou israélites jouèrent un rôle de premier plan pour l'accueil, la production de faux papiers et l'organisation de filières d'évasion. Les protestants, bien que très minoritaires en France en ces temps troubles, se sont montrés d'une grande efficacité dans ce sauvetage humanitaire.

Selon des chiffres établis par l'association des Fils et filles de déportés juifs de France présidée par Serge Klarsfeld :

➤ 75 721 Juifs, dont près de 11 000 enfants, ont été déportés de France de mars 1942 à août 1944, la plupart vers le camp d'Auschwitz.

➤ 74 convois sont partis vers des camps de concentration ou d'extermination. Le premier de Compiègne le 27 mars 1942 et le dernier de Clermont-Ferrand le 18 août 1944.

➤ 72 % des Juifs résidant en France ont survécu à la Shoah, soit une proportion très supérieure à la moyenne des autres pays européens qui est de 33 %.

➤ Il y a eu, pendant toute la guerre, 141 000 Français déportés par les Allemands, de toutes confessions confondues.

XXIX

Là où mènent l'antisémitisme et le racisme

Voici maintenant la liste des camps de détention qui ont existé en France, en zone libre, en zone occupée ou en zone annexée. Sous le régime de Vichy, ces camps s'appelleront : camps d'accueil, camps d'internement, camps de séjour, centres de séjour surveillés, camps de prisonniers ou encore, et c'est le plus malsain des titres, camps de transit.

Ce dernier terme signifiant généralement que les détenus devaient être déportés en Allemagne vers les camps de la mort.

À partir de 1942, plusieurs camps d'internement sont justement devenus les antichambres des camps d'extermination allemands en Europe de l'Est. En zone occupée, le camp de Drancy fut jusqu'en 1942 sous administration française. La gendarmerie et la police française furent réquisitionnées par la SS afin de les assister pour convoyer plusieurs trains de déportés à destination des camps d'extermination situés en Allemagne.

Vous ne lirez probablement pas entièrement cette liste, car elle est trop longue. Vous y chercherez peut-être votre région, puisque la liste est construite par région, dans l'ordre alphabétique. Tous ces camps existaient dans la France de l'Occupation. L'antisémitisme primaire et le racisme ont créé le nazisme. Le nazisme s'est allié au fascisme et ça donne ça : cette interminable liste de lieux de torture, rien que dans notre pays. Imaginez que cette liste devrait être complétée dans sa géographie pour l'ensemble de l'Europe, de l'Afrique et de l'Asie...

Liste des camps d'internement
France métropolitaine
1939 et 1944

(Ces camps ont été ouverts pour étrangers, Juifs, résistants, communistes, syndicalistes, femmes, enfants, vieillards, nomades, Tziganes, opposants, antifascistes, réfugiés et autres victimes.)

Angoulême : camp des Alliers, pour les nomades. **Mornac** : camp militaire de La Braconne, centre de rassemblement des étrangers. **Montendre** : pour les nomades et les étrangers. **Montguyon** : centre de rassemblement des étrangers. **Saint-Martin-de-Ré** : centre de séjour surveillé pour les politiques. **Altillac** : château du Doux, centre d'internement payant pour étrangers. **Le Change** : château du Roc. **Trélissac** : centre de rassemblement des étrangers. **Mauzac** : centre de rassemblement des étrangers puis CSS. **Sarlat** : centre pour femmes. **Bassens** : centre de rassemblement des étagers. **Libourne** : centre de rassemblement des étrangers. **Mérignac** : camp d'internement pour Juifs, apatrides, communistes. **Martignas-sur-Jalle** : camp de Souge. **Talence** : centre de rassemblement des étrangers. **Buzet-sur-Baïse** : centre de séjour surveillé pour communistes. **Casseneuil** : camp de Sauvaud, centre de rassemblement des étrangers. **Gurs** : camp de Gurs. **Prin-Deyrançon**. **Poitiers** : camp pour les Tziganes et les Juifs. **Rouillé** : camp mixte. **Limoges** : centre de rassemblement des étrangers. **Nexon** : Camp de Nexon, centre de séjour surveillé pour les internés politiques et pour les Juifs. **Oradour-sur-Glane** : camp d'internement d'exilés espagnols. **Saint-Germain-les-Belles** : centre de rassemblement des étrangers. **Saint-Paul-d'Eyjeaux** : camp pour les politiques. **Séreilhac** : camp d'hébergement n°14 bis. **La Meyze** : camp d'hébergement n°12 bis. **Ambérieu-en-Bugey** : groupement n°5 du 128e Groupement de travailleurs étrangers. **Domérat** : camp du Fé de la Genebière, centre de rassemblement des étrangers. **Huriel** : centre de rassemblement des étrangers. **Vallon-en-Sully** : château de Frémont, centre de rassemblement des étrangers, internement de familles. **Privas** : camp de Chabanet, centre de rassemblement des étrangers. **Le Cheylard** : centre de rassemblement des étrangers. **Vals-les-Bains** : centre d'internement pour les politiques. **Loriol-sur-Drôme** : Camp d'internement pour « étrangers indésirables » et internés âgés. **Arandon** : centre de rassemblement des étrangers. **Barraux** : Fort Barraux, centre de rassemblement des étrangers puis centre de séjour surveillé. **Bourgoin** : centre de rassemblement des étrangers. **Chambaran** : camp militaire de Chambaran, centre de rassemblement des étrangers allemands. **Roybon** : camp pour travailleurs militaires (politiques et syndicalistes). **Prémol** : camp pour travailleurs militaires (politiques et syndicalistes). **Luitel** : camp pour travailleurs militaires (politiques et syndicalistes). **Saint-Savin** : centre de rassemblement des étrangers ex-autrichiens. **Vienne** : centre de rassemblement des étrangers. **Vif** : centre de rassemblement des étrangers sarrois. **Chazelles-sur-Lyon** : centre de rassemblement des étrangers. **La Fouillouse** : centre de rassemblement des étrangers. **Saint-Jodard** : centre de rassemblement des étrangers. **Tence** : centre de rassemblement des étrangers. **Bourg-Lastic** : camp militaire, centre de rassemblement des étrangers, Juifs (ce camp « accueillit » des Harkis dans les années 1960 et des Kurdes réfugiés d'Irak dans les années 1980). **Le Mont-Dore** : centre de rassemblement des étrangers mixte. **Dardilly** : Fort du Paillet, camp mixte. **Vénissieux** : centre de rassemblement des étrangers. **Aussois** : camp d'internement de l'Esseillon, internement des réfractaires niçois. **Fourneaux** : camp du Replat, internement des réfractaires niçois. **Hauteville** : centre de rassemblement des étrangers. **Olliet-Savigny** : internement d'anciens combattants républicains espagnols, réfugiés juifs allemands, autrichiens et polonais. **Marmagne** : centre de rassemblement des étrangers. **Moloy dans la Côte-d'Or** : pour les nomades et étrangers. **Montbard dans la Côte-d'Or :** centre de rassemblement des étrangers. Frontstalag 155 de **Dijon**. **Arc-et-Senans** : Saline royale d'Arc-et-Senans, pour les Tziganes. Frontstalag 142 de **Besançon**. **Nevers** : centre de rassemblement des étrangers, nommé « Château de Vernuche » à Varennes-Vauzelles. Frontstalag 154 de **Fourchambault**, Nièvre. **Miellin** : camp d'internement pour les réfugiés républicains espagnols (essentiellement des femmes et des enfants). Frontstalag 141 de **Vesoul**, Haute-Saône. **La Guiche** : sanatorium surveillé de La Guiche, pour étrangers, Juifs, communistes, et patriotes tuberculeux. **Montceau-les-Mines**. Territoire de Belfort, Frontstalag 137 puis Ilag de **Giromagny**, Territoire de Belfort. Frontstalag 140 de **Belfort**, Territoire de Belfort. **Saint-Maurice-aux-Riches-Hommes**, pour les Tziganes. Frontstalag 150 à **Saint-Florentin**, Yonne. **Audierne** : centre de rassemblement des étrangers. **Quimper** : camp n°135, camp de prisonniers. **Rennes** : camp militaire dit « de Verdun » : mixte. **Vitré** : centre de rassemblement des étrangers. **Port-Louis**, dans la citadelle. **Pontivy** : camp de Toulboubou. **Avord** : centre de rassemblement des étrangers. **Bengy-sur-Craon** : centre de rassemblement des étrangers. **Meillant** : Groupement de Travailleurs Étrangers. **Neuvy-sur-Barangeon** : centre de rassemblement des étrangers. **Barantheaume** : pour Espagnols et Polonais. **Vierzon** : camp de Sourioux-les-Forges ; centre de rassemblement des étrangers. **Dreux** : centre de rassemblement des étrangers. **Voves** : pour les politiques. **Douadic** : camp de l'Étang du Blanc. Centre de séjour surveillé pour étrangers (réfugiés espagnols, polonais et allemands...). Centre de triage des Juifs arrêtés dans l'Indre. **Avrillé-les-Ponceaux** : camp de la Morellerie pour les Tziganes et internés politiques (communistes). **Avon-les-Roches** : Camp du

Ruchard, centre de rassemblement des étrangers. **Monts** : Camp de la Lande de Monts, internement de Juifs et de femmes communistes. **Blois** : Silo, centre de rassemblement des étrangers. **Grand Champ** : centre de rassemblement des étrangers. **Lamotte-Beuvron** : pour les nomades et les étrangers. **Marolles** : au hameau de Villemalard, centre de rassemblement des étrangers. **Saint-Julien-sur-Cher à Bourg-Saint-Julien** : centre de rassemblement des étrangers. **Villebarou** : camp de Francillon, centre de rassemblement des étrangers. **Villerbon** : centre de rassemblement des étrangers. **Beaune-la-Rolande** : camp de transit, internés juifs. **Cepoy** : centre de rassemblement des étrangers à la verrerie de Montenon. **Cerdon** : Grand-Val, centre pour réfugiés de la Guerre civile espagnole. **Gondreville** : centre de rassemblement des étrangers. **Jargeau** : Camp de Jargeau près d'Orléans, pour Tziganes. **Mignères et Gondreville** (Loiret) : centre de rassemblement des étrangers. **Montargis** : centre de rassemblement des étrangers. **Orléans** : aux Aydes, centres de rassemblement pour étrangers. **Pithiviers** : Camp de transit de Pithiviers, pour l'internement des Juifs. **Saint-Jean-de-la-Ruelle** : centre de rassemblement des étrangers, dans les locaux d'une institution de sourds-muets. **Véruches** : centre de rassemblement des étrangers. **Les Mazures** : pour Juifs. Judenlager (travaux forcés). **Troyes** : camp Jules-Ferry, mixte. **Mourmelon** : appelé également Bouzy. Saints-Geosmes : fort de La Bonnelle, centre de rassemblement des étrangers. **Peigney** : fort de Peigney, centre de rassemblement des étrangers et des nomades. **Briey** : centre de rassemblement des étrangers. **Écrouves** : Caserne Marceau pour les internés politiques. **Bar-le-Duc** : centre de rassemblement des étrangers. **Amnéville** : centre de rassemblement des étrangers. **Maizières-lès-Metz** : centre de rassemblement des étrangers. **Metz** : centre de rassemblement des étrangers. **Rombas** : centre de rassemblement des étrangers. **Woippy** : camp de Woippy. **Metz** : Stalag XII-E. **Forbach** : Stalag XII-F. **Natzwiller** : camp de concentration de Natzweiler-Struthof. **Schirmeck** : camp de redressement nazi pour Alsaciens et Mosellans réfractaires au nazisme, pour résistants, pour Juifs, pour prisonniers de droit commun, pour homosexuels. **Strasbourg** : Oflag 65. **Urbès** : camp de concentration annexe de Dachau et du Struthof. **Mulhouse** : Frontstalg 213 puis stalag V-E. **Bazoilles-sur-Meuse** : centre de rassemblement des étrangers. **Harchéchamp** : annexe de Neufchâteau. **Mattaincourt** : annexe de Mirecourt. **Mirecourt** : centre de rassemblement des étrangers. **Neufchâteau** : centre de rassemblement des étrangers. **Sionne** : annexe de Neufchâteau. **Villers** : annexe de Mirecourt. **Vittel** : camp d'internement qui « accueillait » des possesseurs de passeports américains ou britanniques, également de pays d'Amérique latine. **Compiègne** : Camp de Royallieu. Robert Desnos (1900-1945) et Jean Moulin (1899-1943) ont transité par ce camp. Compiègne : stalag 356. **Clermont** : Ilag Grandvilliers : centre de rassemblement des étrangers. **Plainval** : centre de rassemblement des étrangers. **Ambleteuse** : centre de rassemblement des étrangers. **Béthune** : centre de rassemblement des étrangers. **Etaples** : centre de rassemblement des étrangers. **Hesdin** : centre de rassemblement des étrangers. **Lens** : centre de rassemblement des étrangers. **Sallaumines** : centre de rassemblement des étrangers. **Doullens** : internés politiques et Juifs. **Rosières-en-Santerre** : centre de rassemblement des étrangers. **Linas-Montlhéry** : pour les Tziganes. **Palaiseau** : centre de rassemblement des étrangers. **Vélodrome d'Hiver** : centre de rassemblement des étrangers. **Les Invalides** : centre de rassemblement des étrangers. **Stade Buffalo** : centre de rassemblement des étrangers. **Stade Roland-Garros** : centre de rassemblement d'étrangers. **Caserne des Tourelles** : centre de séjour surveillé mixte. **Courty** : Fort de Vaujours : camp d'internement pour les repris de justice et les gens sans aveu mobilisables. **Chelles** : centre de rassemblement des étrangers. **Drancy** : Camp de Drancy, pour communistes et Juifs. Ses trois annexes parisiennes : **le camp Austerlitz, le camp Lévitan** et **le camp Bassano. Les Lilas** : Fort de Romainville. **Saint-Denis** : la caserne des Suisses, centre de rassemblement des étrangers. **Aincourt** : le Sanatorium d'Aincourt, camp d'internement pour politiques. **Baillet-en-France** : camp de syndicalistes et communistes. **Argenteuil** : centre de rassemblement des étrangers. Ferme des Rothschild, à **Saint-Benoît** (janvier à avril 1940), internement de communistes. **Dampierre** : centre de rassemblement des étrangers. **Falaise** : centre de rassemblement des étrangers. **Lisieux** : centre de rassemblement des étrangers. **Meuvaines** : camp de Bellevue, centre de rassemblement des étrangers. **Gaillon** : pour les internés politiques et de droit commun. **Barenton** : centre de rassemblement des étrangers, pour les nomades. **Argentan** : centre de rassemblement des étrangers. **Athis-de-l'Orne** : centre de rassemblement des étrangers. **Carrouges** : centre de rassemblement des étrangers. **Damigny** : centre de rassemblement des étrangers. **Domfront** : centre de rassemblement des étrangers. **L'Épinay-le-Comte** : centre de rassemblement des étrangers. **Les Essarts-Varimpré** : centre de rassemblement des étrangers. **Neufchâtel-en-Bray** : centre de rassemblement des étrangers. **Mazères** : centre de rassemblement des étrangers. **Le Vernet** : camp du Vernet, centre de rassemblement des étrangers. **Bram** : internement de Juifs. **Alès** : camp d'internement. **Cascaret** : centre de rassemblement des étrangers. **Nîmes** : camp des Garrigues, centre de rassemblement des étrangers. **Remoulins** : centre de rassemblement des étrangers. **Uzès** : centre de rassemblement des étrangers. **Le Vigan** : centre de rassemblement des étrangers. **Le Fauga** : centre de rassemblement des étrangers. **Noé** : camp pour les Juifs. **Portet-sur-Garonne** : Camp de **Clairfond**. **Récébédou** : pour l'internement de juifs. **Agde** : centre de rassemblement des étrangers. **Olargues** : centre de rassemblement des étrangers. **Saint-Pons-de-Thomières** : centre de rassemblement des étrangers. **Cruzy** : centre de rassemblement des étrangers. **Catus-Cavalier** : dans le Lot, centre de rassemblement des étrangers. **Catus-Villary** : centre de rassemblement des étrangers. **Le Malzieu-Ville** : centre de rassemblement des étrangers. **Mende** : Camp de Rieucros, camp pour les étrangers. **Argelès-sur-Mer** : camp de concentration. **Le Barcarès** : centre de rassemblement des étrangers. **Collioure** : Château Royal, camp disciplinaire destiné aux réfugiés d'Espagne. **Rivesaltes** : camp pour l'internement de Juifs. **Saint-Cyprien** : camp pour les réfugiés espagnols, puis centre de rassemblement des étrangers. **Albi** : centre de rassemblement des étrangers. Camp de la Viscose au **Plateau Saint-Antoine** dans la banlieue d'Albi : centre de rassemblement des étrangers. **Brens** : camp mixte de femmes. **Saint-Sulpice-la-Pointe** : camp de Saint-Sulpice-la-Pointe, centre de rassemblement des étrangers, pour les politiques. **Montauban** : centre de rassemblement des étrangers. **Septfonds** : Camp de Judes, centre de rassemblement des étrangers. **Châteaubriant** : Camp de Choisel, centre de séjour surveillé, internés politiques et nomades. **Le Croisic** : Maison Beaucorps, centre de séjour surveillé destiné aux militants communistes et extrémistes. **Gétigné** : Camp Du Grand-Saunier, centre de rassemblement des étrangers. **Gorges** : centre de rassemblement des étrangers. **Moisdon-la-Rivière** : pour les nomades. **Montreuil-Bellay** : camp de concentration, pour les Tziganes ou Roms. **Grez-en-Bouère** : pour les nomades. **Mayenne** : camp de Guelaintin, centre de rassemblement des étrangers. **Meslay-du-Maine** : centre de rassemblement des étrangers. **Montsûrs** : pour les nomades. **Fresnay-sur-Sarthe** : centre de rassemblement des étrangers.

Coudrecieux : pour les Tziganes. **Mulsanne** : camp de prisonniers pour les nomades et Juifs. **Chantonnay** : centre de rassemblement des étrangers. **Martinet** : centre de rassemblement des étrangers. **Monsireigne** : pour les nomades. **La Roche-sur-Yon** : centre de rassemblement des étrangers. **Les Sables-d'Olonne :** camp de la Chaume, centre de rassemblement des étrangers. **Oraison** : centre de séjour surveillé. **Le Chaffaut** : centre de rassemblement des étrangers. **Forcalquier** : centre de rassemblement des étrangers. **Manosque** : centre de rassemblement des étrangers. **Les Mées** : centre de rassemblement des étrangers. **Sisteron** : centre de rassemblement des étrangers, centre de séjour surveillé pour internés politiques et de droit commun. **Aspres-sur-Buëch** : Camp du Pont de la Dame. **Antibes** : le Fort Carré, centre de rassemblement des étrangers. **Aix-en-Provence** : Camp des Milles. De ce camp de transit furent déportés 2 500 Juifs en août 1942. **Arles** : camp de Saliers, camp de Nomades. **Carpiagne** : camp d'internement pour étranger. **La Ciotat Lambesc** : centre de rassemblement des étrangers. **Hôtel Bompard** : pour les femmes et enfants juifs. **Hôtel Terminus du Port**, pour les femmes et enfants juifs. **Hôtel du Levant**, pour les femmes et enfants juifs. Centre de criblage du **Brébant Marseillais** : républicains espagnols ; antifascistes, Italiens, Juifs. **Meyreuil** : camp de Meyreuil. Républicains espagnols. Travail dans la mine de charbon. **Miramas** : centre de rassemblement des étrangers. **Chibron** : centre de rassemblement des étrangers. Centre de séjour surveillé pour les politiques. **Toulon :** centre de rassemblement des étrangers. **Vedène :** centre de rassemblement des étrangers.

Le saviez-vous ?

Un camp de concentration fut établi en France, le camp du Struthof, ou Natzweiller-Struthof, créé par les nazis en Alsace, territoire alors annexé. Destiné à accueillir principalement les résistants des territoires occupés, il possédait une chambre à gaz qui fut notamment utilisée pour tuer 86 Juifs achetés à Auschwitz-Birkenau dans le but de constituer une collection de squelettes pour le professeur nazi August Hirt, directeur de l'institut d'anatomie à l'Université de Strasbourg. Ce camp était aussi équipé d'une prison où était pratiquée la torture, d'une chambre de vivisection destinée aux recherches des médecins de l'université de Strasbourg et disposait d'un four crématoire.

Le combat. Le premier civil à rejoindre le général de Gaulle est un Juif, nommé René Cassin. Beaucoup d'autres suivent, dont François Jacob, Maurice Schumann, Pierre Mendès France, Pierre Dac, Pierre Laroque ou Jean-Pierre Lévy, chef national du mouvement Franc-Tireur, dont fait aussi partie l'historien Marc Bloch. On peut également citer le cas de Michel Debré, haut fonctionnaire de Vichy entré dans le réseau en février 1943, et dont le grand-père paternel était rabbin. Les premiers réseaux clandestins se sont formés autour des Éclaireurs israélites de France dès 1941 avec Robert Gamzon et de l'Œuvre de secours aux enfants (OSE) avec le docteur Joseph Weill et Georges Loinger. Une résistance militaire s'organise aussi avec Jacques Lazarus autour de l'Armée juive (qui devient à la Libération l'Organisation juive de combat ou OJC) qui prend le maquis dans la Montagne Noire, près de Castres.

Deux futures victimes, image d'archive, palette graphique. Documentation.

XXX

L'antisémitisme en France
après la Seconde Guerre mondiale

Quelque temps après la Seconde Guerre mondiale, postérieurement au procès de Nuremberg qui fut le révélateur de conscience du monde entier, après que les organisations humanitaires et que le gouvernement provisoire laissèrent place à la IVe République, il était certainement difficile d'être ouvertement antisémite, même si les horreurs de la Seconde Guerre mondiale avait été globalement partagées par tous, épuration comprise. Mais si les antisémites se sont faits plus discrets pendant un temps, dans les milieux d'extrême droite, ainsi que dans certains groupes d'extrême gauche, on ne désarme pas. La presse avait pourtant changé son fusil d'épaule. La consigne générale était de ne pas « épiloguer » sur la question juive... Pierre Poujade, en 1954, des années avant Jean-Marie Le Pen, reprendra le flambeau en s'en prenant *au Juif Mendès France*, alors président du conseil. Le Pen, jeune député, en 1958, prendra la suite de Poujade en écrivant à ce même Pierre Mendès France : « *Vous n'ignorez pas que vous cristallisez sur votre personne un certain nombre de répulsions patriotiques et presque physiques.* »

Le Pen cristallisera pendant des décennies la haine du Juif, du Noir, de l'Arabe et, de manière plus large, de l'étranger. Aidé par une gauche mitterrandienne qui verra dans l'émergence du front national l'occasion de « cisailler » l'union de la droite d'un point de vue électoral. Et cela fonctionnera malheureusement au-delà de leurs espérances.

1980 : attentat de la rue Copernic contre la synagogue de l'Union libérale israélite de France dans le XVIe arrondissement de Paris, soir du shabbat et jour de la fête juive de Sim'hat Torah. C'est le premier attentat contre les Juifs en France depuis la fin de la Seconde Guerre mondiale.

L'antisémitisme, jusqu'au début des années 2000, resurgira occasionnellement, au gré d'actions profanatoires, ou d'agressions sur des personnes juives. Citons l'affaire du cimetière de Carpentras par exemple. Mais « les papiers » antisémites de journalistes d'extrême droite, ou gauche, peu importe, resteront en mal de diffusion. L'époque sera alors plutôt à fustiger l'antisémitisme.

La déclaration négationniste de Jean-Marie Le Pen faite en 1991, selon laquelle *les chambres à gaz seraient un point de détail de l'histoire de la Seconde Guerre mondiale*, nuira assez fortement à l'image déjà écornée de son parti. Les actes considérés comme antisémites, dès qu'ils sont connus, provoquent souvent l'indignation publique des hommes politiques. Cependant, contre toute attente, l'antisémitisme connaîtra une certaine recrudescence vers la fin du XXe siècle, sous l'influence du conflit israélo-arabe.

Antisémitisme français au XXIe siècle

C'est le grand retour du comportement anti-juif qui s'annonce pour le deuxième millénaire. Injures, menaces, dégradations de biens ou actions violentes allant jusqu'à l'homicide à l'égard des Juifs, se multiplient. Entre 2000 et 2020, pas loin de 10 000 plaintes relevant du pénal sont enregistrées. La progression des violences antisémites a provoqué un mouvement d'émigration vers Israël, avec en 2002, 2 566 départs de Français juifs vers ce pays.

Le saviez-vous ?

D'après la fondation pour la mémoire de la Shoah, en 2017, alors que les Français juifs représentent moins de 1 % de la population totale, ils subissent 33 % des actes racistes. Les villes les plus touchées par les actes antisémites cette année-là sont Paris, Marseille, Strasbourg, Sarcelles et Les Lilas.

2004 : Le ministère de la Justice a recensé, sur le premier semestre, 180 cas d'antisémitisme : 104 d'atteintes aux biens, 46 d'atteintes aux personnes, 30 infractions de presse.

2006 : Le groupuscule Tribu Ka, dirigé par Kémi Séba, a été dissout par le gouvernement pour antisémitisme et « actions menaçantes à l'égard de personnes de confession juive ».

2006 : Enlèvement et meurtre d'Ilan Halimi. Un jeune homme juif, Ilan Halimi, est enlevé « par le gang des barbares », puis torturé pendant trois semaines avant de succomber à ses blessures.

2007 : La CNCDH attribue, pour l'année 2006, 28 % des violences antisémites aux milieux arabo-musulmans et 10 % à ceux de l'extrême droite. La grande majorité, 62 %, des auteurs d'actions violentes antisémites sont non identifiés.

2009 : l'humoriste Dieudonné conduit une « Liste antisioniste », aux côtés de l'essayiste Alain Soral, président d'Égalité et Réconciliation, et de Yahia Gouasmi, créateur du Parti anti sioniste.

2011 : Le SPCJ a recensé 389 actes antisémites.

2012 : Durant la tuerie de Toulouse, à l'école juive Ozar Hatorah le 19 mars 2012, 3 enfants, Myriam Monsenego (8 ans), Gabriel (3 ans) et Aryeh Sandler (6 ans) et un professeur, leur père Jonathan Sandler (30 ans), sont assassinés ; un adolescent (15 ans) est également grièvement blessé par balle.

2012 : Le président François Hollande, à la commémoration du 70e anniversaire de la Rafle du Vél' d'Hiv le 22 juillet, déclare : « *L'antisémitisme n'est pas une opinion, c'est une abjection. Pour cela, il doit d'abord être regardé en face. Il doit être nommé et reconnu pour ce qu'il est. Partout où il se déploie, il sera démasqué et puni.* »

Le Monde, éditorial relatif aux événements

« Quand, pour la première fois depuis la fin de la guerre, des enfants sont tués en France parce qu'ils sont juifs, avec les crimes perpétrés à Toulouse par Mohamed Merah il y a plus de six mois. Quand une grenade est lancée en pleine journée dans une supérette casher de Sarcelles, dans la région parisienne, comme il y a deux semaines. Quand la police démantèle un réseau islamiste et le trouve en possession d'une liste de projets d'attaques contre des associations juives de France, comme ce samedi 6 octobre. Cette violence n'est pas indiscriminée ; elle est bel et bien ciblée. Elle est commise au nom de l'islam, censé inspirer un combat islamiste, djihadiste, al-qaïdiste. […] Elle réhabilite théories du complot et archétypes les plus ignobles. C'est au nom de cet antisémitisme qu'Ilan Halimi a été enlevé puis torturé à mort par le "gang des barbares" en 2006. […] La prise de conscience doit être nationale : cette affaire-là nous concerne tous. »

2012 : Le SPCJ a recensé 614 actes antisémites dont l'attentat de Toulouse qui a fait quatre morts et un blessé grave.

2012 : L'enquête sur l'attentat le 19 septembre contre une épicerie juive de Sarcelles débouche sur le démantèlement d'une cellule islamiste radicale.

2014 : En réaction à la guerre de Gaza, plusieurs manifestations propalestiniennes ont lieu à Paris, où des heurts éclatent entre militants propalestiniens, la Ligue de défense juive, le Betar et les forces de l'ordre.

2014 : En juillet se déroule une manifestation, pourtant interdite par les autorités, dans le quartier de Barbès à Paris où des magasins juifs de la Goutte d'or sont saccagés aux cris de « À mort Israël ». Le 20 juillet, un nouveau rassemblement, interdit par les autorités, dégénère à Garges-Sarcelles devant la synagogue, l'accès à la synagogue de Garges est bloqué. Des commerces sont attaqués et pillés. Une épicerie casher est entièrement brûlée.

2014 : Un jeune couple juif est séquestré et violenté à Créteil à son domicile. Le président de la République, François Hollande, et le ministre de l'Intérieur, Bernard Cazeneuve, appellent à « faire de la lutte contre l'antisémitisme une cause nationale ».

2014 : Selon le Conseil représentatif des institutions juives de France (Crif), le nombre d'actes antisémites recensés sur les sept premiers mois de l'année a augmenté de 91 %.

2014 : Les représentations du spectacle de Dieudonné, *Le Mur*, sont interdites car il « contient des propos de caractère antisémite, qui incitent à la haine raciale, et font, en méconnaissance de la dignité de la personne humaine, l'apologie des discriminations, persécutions et exterminations perpétrées au cours de la Seconde Guerre mondiale ».

2015 : Le 9 janvier 2015, 2 jours après l'attentat contre Charlie Hebdo, quatre hommes sont assassinés durant une prise d'otages dans un supermarché cachère, Porte de Vincennes à Paris. Il s'agit de Philippe Braham (45 ans), Yohan Cohen (20 ans), Yoav Hattab (21 ans) et François-Michel Saada (64 ans). Le terroriste islamiste Amedy Coulibaly, qui n'avait pas caché ses motivations antisémites, est tué lors de l'assaut de la police.

2016 : Après plusieurs agressions au couteau à Marseille, dont une revendiquée au nom de l'État islamique contre des Juifs portant la kippa, le président du Consistoire de Marseille conseille aux Juifs de ne plus porter de kippa dans la rue.

2016 : IPSOS publie une étude d'opinion où il apparaît que « les préjugés antisémites sont fortement répandus au sein de la population française et transcendent tous les critères sociodémographiques et politiques ». Le rapport précise que « les préjugés antisémites sont largement répandus au sein de la population musulmane, plus que chez l'ensemble des Français ».

2017 : À Belleville, assassinat d'une femme juive de 65 ans, Sarah Halimi, torturée et défenestrée par un jeune voisin musulman d'origine malienne, Kobili Traoré.

2017 : Gallimard projette de publier un volume regroupant les pamphlets antisémites de Louis-Ferdinand Céline, *Bagatelles pour un massacre*, *L'École des cadavres* et *Les Beaux draps*, à paraître en 2018 sous le titre *Écrits polémiques*. Une vive controverse s'ensuit, qui conduit Gallimard à suspendre ce projet.

2017 : Le premier ministre, Édouard Philippe, annonce un nouveau plan de lutte contre l'antisémitisme pour 2018-2020 dont l'objectif principal est de le combattre sur Internet.

2017 : Le magazine *Les Inrockuptibles* publie un article sur le « bal des quenelles », une représentation de Dieudonné à laquelle les organisateurs ont voulu donner une « dimension festive ». Parmi les stands se trouve celui d'Alain Soral où sont proposés divers ouvrages et au centre duquel figure *Mein Kampf,* « un livre qui plaît beaucoup pour la nostalgie ».

2018 : Un jeune garçon juif de 8 ans, portant la kippa, est roué de coups dans une rue de Sarcelles.

2018 : 250 personnalités du monde intellectuel, politique ou religieux signent un Manifeste contre le nouvel antisémitisme dans lequel les signataires dénoncent une « épuration ethnique à bas bruit ».

2018 : Une trentaine d'imams de France, comprenant notamment le recteur de la grande mosquée de Bordeaux Tareq Oubrou, signent une tribune publiée le journal *Le Monde* pour faire part de leur compassion à l'égard des victimes de l'antisémitisme. En s'alliant au combat contre l'antisémitisme, ces trente imams appellent « les intellectuels et les politiques à faire preuve de plus de discernement » dans leur critique de l'islam.

2018 : Près d'un an après le meurtre de Sarah Halimi, meurtre de Mireille Knoll, une octogénaire juive assassinée dans son appartement ensuite incendié.

2018 : Selon l'enquête de la FRA publiée en décembre, plus de 90 % des Juifs d'Europe (et 93 % des Juifs en France) estiment que le sentiment antisémite devient de plus en plus fort dans leurs pays – contre 85 % en 2012. Presque 30 % des Juifs déclarent avoir été harcelés du fait de leur origine religieuse mais 80 % d'entre eux ne l'ont pas rapporté à la police. « Par ailleurs, plus d'un tiers des personnes interrogées essayent de ne pas fréquenter d'événements juifs et 38 % considèrent la possibilité de quitter l'Union Européenne. »

2019 : Le mouvement des Gilets jaunes inquiète la communauté juive par ses dérives antisémites et l'atmosphère antisémite délétère qui l'accompagne : tags antisémites sur des devantures de magasins, sur des banderoles (« Macron pute à Juifs »), injures antisémites devant une synagogue (« Rendez l'argent, sales Juifs ! ») ou sur les réseaux sociaux.

2019 : Le 19 février, quatre-vingt-seize tombes sont profanées dans le cimetière juif de Quatzenheim, dans le Bas-Rhin.

2019 : Le Cercle Édouard Drumont se constitue *pour honorer ce grand homme et ce militant nationaliste*. Membres ou invités : Elie Hatem, Yvan Benedetti, Jérôme Bourbon (du journal négationniste *Rivarol*), Alain Escada (chef des nationaux-catholiques de Civitas), la soralienne Marion Sigaut, Pierre-Antoine Plaquevent, Stéphanie Bignon (de Terre et Famille, proche de Civitas), ou encore le prince Sixte-Henri de Bourbon-Parme.

2019 : Le député LREM Sylvain Maillard propose une résolution reprenant une définition de l'antisémitisme énoncée par l'Alliance internationale pour la mémoire de l'Holocauste. Cette résolution déjà adoptée par vingt pays dont seize de l'Union européenne l'est à son tour par l'Assemblée nationale française le 3 novembre 2019 avec un nombre record d'oppositions au sein même de la majorité. *« L'antisémitisme est une certaine perception des Juifs qui peut se manifester par une haine à leur égard. Les manifestations rhétoriques et physiques de l'antisémitisme visent des individus juifs ou non et/ou leurs biens, des institutions communautaires et des lieux de culte. »* Les opposants reprochent essentiellement à cette définition son côté « hautement problématique » et l'assimilation de l'antisémitisme et de l'antisionisme.

2019 : Au cimetière juif de Westhoffen (Bas-Rhin), 107 tombes ont été taguées de croix gammées.

2020 : Hervé Ryssen, spécialiste de la rhétorique antijuive multirécidiviste, est cette fois condamné à une peine de prison ferme.

2021 : La décision de la Cour de cassation déclarant le 14 avril irresponsable le meurtrier de Sarah Halimi, tout en reconnaissant le côté antisémite de son crime, suscite l'incompréhension de nombreux responsables de la communauté juive française.

2021 : Assassinat d'Yvan Eyal Haddad le 19 août. Le député français, Meyer Habib, déclarera : « Après le DJ Sellam, Ilan Halimi, Sarah Halimi, Mireille Knoll, René Hadjaj, Myriam Monsonego, Jonathan, Arié et Gabriel Sandler, Philippe Braham, Yohan Cohen, Yoav Hattab, Francois-Michel Saada, encore un meurtre, encore un Juif tué par un musulman, c'est le triste destin d'une France du XXIᵉ siècle où l'antisémitisme et son nouveau visage, l'antisionisme, est plus vivant que jamais. »

2022 : Une enquête montre que l'antisémitisme est très ancré en France avec une prédominance dans les électeurs du Rassemblement National et de la France Insoumise. Bien qu'en baisse en 2022, les actes antisémites représentent 62 % des actes anti-religieux en France alors que la population de confession juive constitue moins de 1 % de la population totale.

2023 : Le gouvernement français présente un plan de lutte contre le racisme et l'antisémitisme pour les quatre prochaines années.

ANNEXE

Les membres de la Ligue
de la patrie française

La liste Otto de 1943

Train de la mort, image d'archive, dessin et palette graphique. 2023 copyright Cat's society.

Les membres de la Ligue de la patrie française

C'est une organisation politique française, d'orientation nationaliste, fondée le 31 décembre 1898 dans le cadre de l'affaire Dreyfus, rassemblant les antidreyfusards intellectuels et mondains comme des membres de l'Institut de France, des artistes et des écrivains en vue à cette époque. Certains d'ailleurs sont restés fort célèbres tels François Coppée, Jules Lemaître et Paul Bourget, membres de l'Institut de France, Maurice Barrès, les peintres Edgar Degas et Auguste Renoir, le romancier Jules Verne, les poètes José-Maria de Heredia et Pierre Louÿs, le musicien Vincent d'Indy, le peintre et dessinateur Jean-Louis Forain, Caran d'Ache, le caricaturiste Job, Frédéric Mistral, Théodore Botrel, etc. Voici la liste des inscrits (liste non exhaustive) :

- ✓ Adolphe Brisson
- ✓ Adolphe Guillot
- ✓ Albert Aublet
- ✓ Albert Bartholomé
- ✓ Albert Carré
- ✓ Albert de Broglie
- ✓ Albert de Mun
- ✓ Albert Sorel
- ✓ Albert Vandal
- ✓ Alexandre Hepp
- ✓ Alfred Giard
- ✓ Alfred Grandidier
- ✓ Alfred Mézières
- ✓ Alfred Nicolas Rambaud
- ✓ Anatole Chauffard
- ✓ Anatole de Barthélemy
- ✓ André Bellessort
- ✓ André Theuriet
- ✓ Ardouin-Dumazet
- ✓ Armand Silvestre
- ✓ Arthur Chuquet
- ✓ Arvède Barine
- ✓ Audiffret-Pasquier
- ✓ Auguste Audollent
- ✓ Auguste Dorchain
- ✓ Auguste Longnon
- ✓ Auguste Renoir
- ✓ Augustin Gazier
- ✓ Barbier de Meynard
- ✓ Caix de Saint-Aymour
- ✓ Camille Debans
- ✓ Camille Jordan
- ✓ Caran d'Ache
- ✓ Carolus-Duran
- ✓ Charles Champigneulle
- ✓ Charles de Vogüé
- ✓ Charles Hermite
- ✓ Charles Jules Brongniart
- ✓ Charles Maurras
- ✓ Charles Ponsonailhe
- ✓ Claude Léouzon-le-Duc
- ✓ Clunet
- ✓ Cochon de Lapparent
- ✓ Costa de Beauregard
- ✓ Dagnan-Bouveret
- ✓ Edgar Degas
- ✓ Edmond Perrier
- ✓ Edmond Rousse
- ✓ Edmond Thiaudière
- ✓ Édouard Collignon
- ✓ Édouard Detaille
- ✓ Émile Charles Huet
- ✓ Émile Faguet
- ✓ Émile Gebhart
- ✓ Émile Hilaire Amagat
- ✓ Émile Lemoine
- ✓ Émile Picard
- ✓ Emmanuel des Essarts
- ✓ Ernest Babelon
- ✓ Ernest de Jonquières
- ✓ Ernest Legouvé
- ✓ Ernest Rouart
- ✓ Eugène de Vogüé
- ✓ Eugène Rouart
- ✓ Eugène Rouché
- ✓ Félix Jeantet
- ✓ Ferdinand Brunetière
- ✓ Ferdinand Humbert
- ✓ Fernand Engerand
- ✓ Fery de Ludre
- ✓ Francis Kirmisson
- ✓ Francisque Sarcey
- ✓ François Coppée
- ✓ François de Mahy
- ✓ François Fabié
- ✓ François Lafon
- ✓ Frédéric Masson
- ✓ Frédéric Mistral
- ✓ Frédéric Plessis
- ✓ Gabriel Syveton
- ✓ Gaston Boissier
- ✓ Gaston de Latenay
- ✓ George Fonsegrive
- ✓ Georges Goyau
- ✓ Georges Montorgueil
- ✓ Georges Thiébaud
- ✓ Germain Bapst

- ✓ Godefroy Cavaignac
- ✓ Guillaume Dubufe
- ✓ Gustave Courtois
- ✓ Gustave Fagniez
- ✓ Gustave Guiches
- ✓ Henri Allouard
- ✓ Henri Boutet
- ✓ Henri de Bornier
- ✓ Henri Froidevaux
- ✓ Henri Huchard
- ✓ Henri Lavedan
- ✓ Henri Lorin
- ✓ Henri Rouart
- ✓ Henri Vaugeois
- ✓ Henry Gauthier-Villars
- ✓ Henry Houssaye
- ✓ Henry Le Chatelier
- ✓ Héron de Villefosse
- ✓ Honoré Champion
- ✓ Jacques Normand
- ✓ Jacques-Émile Blanche
- ✓ Jean Béraud
- ✓ Jean-Antoine Injalbert
- ✓ Jean-François Raffaëlli
- ✓ Jean-Léon Gérôme
- ✓ Jean-Louis Forain
- ✓ José-Maria de Heredia
- ✓ Joseph Boussinesq
- ✓ Joseph Denais
- ✓ Jules Adrien Blanchet
- ✓ Jules Brisson
- ✓ Jules Case
- ✓ Jules Domergue
- ✓ Jules Lemaître
- ✓ Jules Verne
- ✓ Jules-Albert de Dion
- ✓ Juliette Adam
- ✓ Laurent Prache
- ✓ Le Corbeiller
- ✓ Lecomte du Nouÿ
- ✓ Léo Claretie
- ✓ Léon Crouslé
- ✓ Léon Daudet
- ✓ Léon Deschamps
- ✓ Léon Dierx
- ✓ Louis Dausset
- ✓ Louis Delsol
- ✓ Louis Léger
- ✓ Louis Petit de Julleville
- ✓ Marcel Dubois
- ✓ Marquet Vasselot
- ✓ Maurice Barrès
- ✓ Maurice d'Ocagne
- ✓ Maurice Hauriou
- ✓ Maurice Pujo
- ✓ Maurice Spronck
- ✓ Maurice Talmeyr
- ✓ Octave Callandreau
- ✓ Octave Pradels
- ✓ Onésime Reclus
- ✓ Parfait-Louis Monteil
- ✓ Paul Allard
- ✓ Paul Bourget
- ✓ Paul Foucart
- ✓ Paul Janet
- ✓ Paul Perret
- ✓ Paul Thureau-Dangin
- ✓ Paul-Gabriel d'Haussonville
- ✓ Pierre de Bréville
- ✓ Pierre de Ségur
- ✓ Pierre Duhem
- ✓ Pierre Laffitte
- ✓ Pierre Louÿs
- ✓ René de Saint-Marceaux
- ✓ René Doumic
- ✓ René Maizeroy
- ✓ Robert de Bonnières
- ✓ Robert de Lasteyrie
- ✓ Sibylle de Mirabeau
- ✓ Stanislas Meunier
- ✓ Suzanne Valadon
- ✓ Théodore Botrel
- ✓ Thierry de Martel
- ✓ Victor Cherbuliez
- ✓ Vincent d'Indy

Voici un large extrait de la liste Otto concernant les thématiques et auteurs interdits de vente et de publication sous l'occupation allemande en France et avec la collaboration du régime de Vichy. À noter que certains acteurs de la politique collaborationniste sont portés sur cette liste, probablement par choix de leur part, l'opportunisme l'ayant emporté sur leur raison et sur leur devoir envers le pays. Évidemment, et c'est sans surprise, on retrouve les goûts nazis et leur antisémitisme obsessionnel tout au long de la liste, ainsi que des ressortissants des pays alliés, politiques pour la plupart, et quelques allemands antinazis, comme quelques homosexuels notoires ou encore des textes donnant une description concrète de la politique du IIIe Reich et de ses alliés. Trois listes Otto se succèderont, plus larges à chaque fois. Nous vous renvoyons aux chapitres 28 et 29 de ce livre pour plus d'informations.

Liste Otto

ABDER RAHMANE FITRAWE. Le racisme et l'Islam (1939).

ABEGG L. Yamato.

ABRAHAMS I. Valeurs permanentes du Judaïsme (Judaïsme).

ACHARD Paul. IA !

ADENIS Édouard. Gestapo (Guerre secrète) (1937).

ADERER Adolphe. Les Allemands de toujours.

ADORJAN André. La Finlande, rempart de l'Europe (1940).

ALDROVANDI MARESCOTTI. Guerre diplomatique 1914-1919 (1939).

ALEM Gilbert d'. Pour le roi de Prusse (Guerre secrète). (1936)

ALLARD Paul. Le guide du mobilisé. Quand Hitler espionne la France (1939). La guerre des espions (1936).

ALMERAS d', Pourquoi il faut haïr l'Allemagne (1918).

ALPARI J, Die Masken sind gefallen.

ALPERT Paul. Demain la démocratie (1939).

AMBLER Éric. Épitaphe pour un espion (1938).

AMIGUET Philippe. Otto de Habsbourg, espoir de l'Autriche (1937).

ANDLER Charles. Les origines du Pangermanisme (1915). Les minorités raciales, religieuses et politiques. Le socialisme impérialiste dans l'Allemagne contemporaine.

ANDRAUD. Quand on fusillait les innocents (1935).

ANDRE C.H.A. Au-dessus des batailles.

ANIANTE Antonio. L'Italie fasciste devant la guerre. Mustapha Kémal.

ANQUETIL Georges. Hitler conduit le bal (1939). L'anti-Nostradamus ou vrais et faux prophètes (1940).

AN SKI. Le Dibbouk (Judaïsme).

APFEL. Les dessous de la justice allemande (1934).

APPUHN Chr. Hitler, Mein Kampf par lui-même.

AQUILAR DE LOUISADE, Hitler, wie er wirklich ist, Pr (1933).

ARAGON Louis. Les cloches de Bâle. Pour un réalisme socialiste (1935).

ARC Olivier d'. Mon histoire de la Grande Guerre.

ARGUEYROLLES. Le coup de dés de Tanneberg (1924).

ARNOUX A. Le cabaret.

ARON. La fin de l'après-guerre (1938).

ARON R. La sociologie allemande contemporaine.

ARON, VAUCHER, etc. Inventaire II. L'économique et le politique.

ATHOLL (Duchesse d'). Projecteurs sur l'Espagne (1938).

AUDIN A. La légende des origines de l'humanité précédée des deux chapitres de la Genèse (Judaïsme).

AYNARD Joseph. La France veut-elle vivre ? (1939).

AZANA Manuel. Azana spricht. La veillée à Bénicarlo (1939).

BAINVILLE Jacques. Les dictateurs (1935). Histoire de deux peuples continuée jusqu'à Hitler.

BALK T. Races, Mythe et vérité (1935).

BARBUSSE. Lettres de Lénine à sa famille.

BARDANNE J. L'Allemagne et la guerre, la ligne Siegfried (1938). Œuvres Françaises.

L'Allemagne attaquera le... Les Ardennais sous la botte. (1936).

BARDANNE Joan. Bruits de bottes à l'Est (1939). Clowns en uniforme (1933). Documents secrets et faux passeports (1939). Mademoiselle Doktor contre la France (1933). Pourquoi la guerre est impossible (1939). La presse et l'espionnage (1935).

Stavisky, espion allemand. (1940).

BAROT-FORLIÈRE M. et L. Notre sœur, la Pologne.

BARRÈS Philippe. Sous la vague hitlérienne.

BARTH Karl. Œuvres complètes.

BARTH Peter. Toutes ses œuvres.

BARUCH. Aron, Friedmann et Cie.

BASCH. Les doctrines politiques des philosophes classiques de l'Allemagne.

BASSECHES. Staline et la guerre

BASTIER Paul. Civilisation et Kultur BAUDRILLART. Pourquoi la France aime et aide la Pologne.

BAUER Ludwig. L'agonie d'un monde. La guerre est pour demain

BAUM Vicki. Toutes ses œuvres.

BAZIN René. Les nouveaux Oberlé.

BEAU DE LOMÉNIE E. Naissance de la nation roumaine.

BEAUPLAN Robert de. Le drame Juif (1939).

BECK Maximilian. indépendance de la culture à l'égard de la race

BEDEL Maurice. Monsieur Hitler (1937).

BEER Max. L'Allemagne devant le monde (La politique extérieure du 3e Reich).

BEHREND Hans. Die wahren Herren Deutschlands (1939).

BENDA J.Appositions (1930). Discours à la nation européenne (1933).

BENES Édouard. Toutes ses œuvres.

BERARD V. L'Éternelle Allemagne. Armand Collin. 0

BÉRAUD Henri. Trois ans de colère. Vienne clef du monde (1934).

BERGER Marcel. La bande des « Gros Sabots » Les dieux tremblent (1933).

BERKELEY Anthony. Une erreur judiciaire (1937). Contes du Talmud (Judaïsme).

BERNAR Louis. Auf zum Kampf gegen die Kriegs-Hetzer ! (1934).

BERNARD Marc. La conquête de la Méditerranée (1939).

BERNHARD Georg Toutes ses œuvres.

BERNSTEIN H. L'Élévation.

BERNUS Pierre. Le dossier de l'agression allemande

REROUS S. Enfant de Locarno

BERR Henri. Les Allemagnes (1939) Le Germanisme contre l'esprit français (1919). Machiavel et l'Allemagne pour la vérité (1939).

BERTIE P. Le poème de Job, traduction nouvelle, (Judaïsme).

BERTNAY P. L'Espionne du Bourget. Les millions de l'oncle Fritz. Orphelins d'Alsace

BETTAUER Hugo. Toutes ses œuvres.

BETZ Maurice. Portrait de l'Allemagne.

BEUCLER A. L'Ascension d'Hitler. Du village autrichien au coup d'État de Munich

BEUVE-MÉRY. Vers la plus grande Allemagne (1939).

BIALIK. Toutes ses œuvres.

BILLINGER Karl. Schufzhaefting Nr. 880

BILLINGER Karl. All quiet in Germany (1935).

BILS. Petite Garnison.

BINET-VALMER. Les Métèques (Coll. Modern-Bibliothèque, 120).

BISE P. Le cauchemar allemand (1934).

BISO Jean. Le caïd rouge (Col. Le livre populaire). Le danseur rouge

BITES PALEVITCH. L'Esthétique allemande contemporaine.

BLACHE Robert. Der Zusammenstoss zweier Welten in Spanien... (1935).

BLANCHE Jacob. Un schadchen.

BLANK R. Adolf Hitler, ses aspirations, sa politique, sa propagande et les Protocoles des sages de de Sion (1938).

BLASCO S. Peuple d'Espagne.

BLOCH Camille. Toutes ses œuvres.

BLOCH GI et TILHO Pierre. La politique raciste et les colonies

BLOCH J.-R. Destin du siècle. Naissance d'une culture. Offrande à la politique.

BLOCH Maurice. — Trois éducateurs alsaciens.

BLOCH Pierre et MERAN Didier. L'affaire Frankfurter (1937).

BLONDEL Georges. La désagrégation de la Tchécoslovaquie (1938). Le triomphe du germanisme (1934).

BLOY Léon. Sueur de sang.

BLUM Léon. Toutes ses œuvres.

BOAS Franz. Race et milieu

BONAYGUE et REBER. Vienne porte de la guerre (1934).

BOUCARD Robert. Dessous des archives secrètes (1929). La guerre des renseignements (1939). Les dessous de l'espionnage allemand (1931). Les dessous de l'espionnage français (1934). Les femmes et l'espionnage. Les dessous de l'expédition de Russie.

BONHEUR G., ANJOU H. d', REYER G. et BRINGUIER P. La cavalcade héroïque.

BONNEFOU Charles. Histoire d'Allemagne.

BONNIER Joseph Ch. Spanien (1937).

BOPP Léon. Liaisons du monde (1938).

BORDEAUX Henry. Sur le Rhin (1919). Les étapes allemandes (1940).

BOURDIN A. Poste 85 (1937).

BOURGEOIS L. Le traité de Versailles (28 juin 1919).

BOURSIER Emmanuel. L'attaque de la ligne Maginot (1940).

BOYLESVE René. Tu n'es plus rien.

BRAIBANT Charles. Le soleil de Mars. Lumière bleue.

BREDEL Willi. Epreuve.

BREITBACH Josef. Rival et rivale (1935).

BRENTANO Bernard de. Une famille allemande.

BRES H. S. Mon histoire de France.

BRESSOLES L. Racisme et Christianisme (1939).

BRIÈRE, Yves de la. Nationalisme et Objection de Conscience.

BROD Max. Œuvres complètes.

BROOKER E. Les yeux tatoués.

BROWN Levis. La vie des Juifs (1939).

BRUANT Aristide. L'Alsacienne. Captive. Les étapes du bonheur. La fiancée de Lethringer. La loupiote. Cœur cassé.

BRUERE et VOULOIR. Face au péril aéro-chimique (1930).

BRUHAT Yvonne. Les femmes et la Révolution française (1939). Comité Mondial des femmes contre la guerre et le fascisme.

BRUTZKUS Jules. Les groupes sanguins parmi les populations juives

BUCHLOE Herbert. Griff über die Grenze.

BUEHLER Klaus. Englands schatten über Europa (1938).

BUK. La tragédie tchécoslovaque.

CANBO F. Les dictatures.

CAMPAGNOLO. Nations et droit.

CAPEK Karel. L'année du jardinier (1939). L'époque où nous vivons (1939).

CARCO Francis. Blümelein 85. Confidences du Lieutenant S. de Barrière, officier de renseignements (1937).

CARDONA Antoine. Le péril extérieur ou Tous contre un.

CARET Jean. Les Chamberlain (1940). L'éternelle Allemagne (1940). La Finlande

CARL Ernst. Seul contre l'Angleterre (1938).

CARRIAS (Cdt E). L'armée allemande. Histoire, organisation, tactique. Mise à jour à février 1939.

CARTIER Raymond. En l'an III de la croix gammée.

CASSON Stanley. Enterré vivant (1938).

CAZAL Cdt. L'Afrique en flammes. Batailles pour la mer. La guerre ! La guerre !
La fin par le pétrole (1939). Maginot-Siegfried.

CERGY Jacques. Défense de la démocratie par un homme de la rue (1937).

CHAILLET Pierre.»Autriche souffrante (1939).

CHANCEL J. Dix ans après : 1 mark = 6 fr.

CHANLAINE Pierre. Paul Doumer parle.

CHANTEROY Alain. Halte-là (1933).

CHARLES-JOSE. Le crépuscule des Habsbourg.

CHARLETY S. Les nations martyres : Tchécoslovaquie.

CHASSIN Serge de. Les sourires du Danemark.

CHATELION. Maldagne.

CHAUMONT Magd. Les autres martyrs (1931).

CHAZOFF Jacques. Peuples, voici tes traîtres (1940).

CHÉRADAME André. Le grand état-major allemand à la conquête de l'univers.

CHESTERTON. La barbarie de Berlin (1938).

CHEVRILLON André. La menace allemande. Près des combattants.

CHURCHILL Winston. Les grands contemporains.

CILIGA A. Au pays du grand mensonge.

CLAUDEL Paul. Ainsi donc encore une fois (1940). Contacts et circonstances (1940).

COFFIN Robert. Chère espionne. Éditions de France.

COIN Henry. Quatre espions parlent.

COMBRES DE PATRIS B. Que veut Hitler ?

COMTE DE PARIS Henri. — Le prolétariat.

CONSTANTINESCO J. — Hitler secret (1937).

CONTRERAS Francisco. Louis Dumur.

COOPER Alfred Duff. La seconde guerre mondiale (1940).

CORAM. Guerre ou paix ? (1939).

COSTO Georges. Hitler ? Non, les Prussiens

COUDENHOVE-KALERGI Cte Richard. L'homme et l'État totalitaire (1938).

COUILLARD H. Le danger allemand (1935).

COURTAVEL Jean. Et la Russie ? (1939).

COUTURAUD P. Munitionnaires.

CRÉMIEUX Albert. Cellule 93. Forçats. Fosse 15. Le grand soir. Fours sans pain.

CROUZET Paul. La vraie révolution nationale dans l'instruction publique.

CURIE Ève. Toutes ses œuvres.

DA COSTA Uriel. Une vie humaine (Judaïsme).

DAHL André. Le sleeping en folie.

DALADIER Edouard. Défense du pays (1939).

DANJOU Henri. L'héroïque Finlande. Visions de guerre (1940).

DARCY Paul. L'Allemagne toujours armée. Qui gouverne l'Allemagne ? (1935).

DARMESTETER J. Les prophètes d'Israël, préface de Salomon Reinach (Judaïsme).

DAUDET Léon. Le Drame franco-allemand (1940).

DAVID André. Mon père, répondez-moi.

DAVIDSON Frédéric. Du vieux vin dans des bouteilles neuves.

DEBRE H. L'humour judéo-alsacien (Judaïsme).

DECOUR Jacques. Philisterburg.

DECOURCELLE P. Fille d'Alsace

DEHILOTTE Pierre. Gestapo. L'organisation. Les chefs, les agents. L'action de la Gestapo à l'étranger.

DEKOBRA Maurice. Fusillé à l'aube.

DELABACHE. Alsace-Lorraine. L'Exode.

DELAVIGNETTE. Les vrais chefs de l'Empire.

DELFOUR L.-C. Le mythe du sang et de la race (1939).

DELMAS André. Combats pour la paix.

DELORME J. et SIMON J. Soldat.

DENVIGNES Gl. Ce que j'ai vu et entendu en Allemagne. La guerre ou la paix ?.

DESCAMPS Paul. La formation sociale du Prussien moderne.

DESCAVES Pierre. Hitler (Célébrités d'hier et d'aujourd'hui). (1936).

DESTHIEUX F.-J. Einstein.

DES VALLIERES Jean. Tendre Allemagne : Kavalier Scharnhost (1939). Tendre Allemagne : Spartakus Parade.

DIAZ José. Die Lehren Spaniens für Europa und Amerika (1939).

ROBERT-DUMAS et DIDELOT R.-F. Le monde tremblera.

DIMITROV G. Lettres, notes et documents datant de ma détention et du procès de Leipzig (1936).

DMOWSKI R. La question polonaise.

DOBLIN Alfred. Berlin Alexanderplatz (1933). Voyage Babylonien (1937). Wang-Loun.

DODD Martha. L'Ambassade regarde (1940).

DOMELA. Doméla par lui-même.

DOMINIQUE Pierre. Les poux du lion. Sa Majesté. Vous vous réveillerez Allemands. Sa majesté. La Marne.

DONNADIEU. La lutte des aigles aux Marches orientales. La liquidation de la victoire de la Sarre.

DOREBLES Roland. Vive la Liberté (1937). Retour au front (1940). Frontières (1938). (1921).

DOUBNOV Simon. Histoire moderne du peuple Juif. Tome 1 : 1789-1848. Tome II : 1848-1914.

DRIAULT Édouard. La question d'Orient 1918-1937, la paix de la Méditerranée. La Paix du Rhin.

DROUOT P. Poèmes choisis.

DUBERGE. Politique fiscale de l'Italie.

DUBOIN Jacques. La grande révolution qui vient.

DUHAMEL Georges. Civilisation. Mémorial de la guerre blanche. Positions françaises. Chronique de l'année 1939.

DULLES John Foster. Conditions de la paix (1940).

DUMAINE A. Choses d'Allemagne.

DUMONT-WILDEN et SOUGENET. La victoire des vaincus.

DUMUR Louis. Le boucher de Verdun (1921). Nach Paris! (1919). Les défaitistes.

DUPRAZ J. Regards sur le fascisme.

DUTCH O. Les 12 apôtres d'Hitler (1940).

DZELEPY. La nouvelle Triplice. Le complot espagnol.

DZELEPY E.-N. Le vrai « Combat » d'Hitler (1936). Lucien Vogel.

EBERLIN F. Les Juifs d'aujourd'hui (Judaïsme).

ECCARD Frédéric. L'Alsace sous la domination allemande.

EDEN. Position de l'Angleterre.

EFFEL Jean. Ritournelle, (1938). Ritournelle, II (1938).

EHM Albert. Friedrich Wilhelm Foerster, sa pédagogie morale. Alsatia.

EHRENPREIS M. Le pays entre Orient et Occident (Judaïsme).

EICHEN Klaus. Toutes ses œuvres.

EINSTEIN Albert. Comment je vois le monde (1939).

EINSTEIN Albert et INFELD Léopold. Évolution des idées en physique (1938).

EMMRICH Louis. — Alte und neue Prophezeiungen über den Weltkrieg der Zukunft (1938). Das grosse Los im Spiegel der Statistik und Zahlen-Analyse (1937).

ENDRES Franz Carl. La guerre des gaz.

ENGELS F. évolution et contre-révolution en Allemagne (1935).

ENGERAND Louis. L'opinion publique dans les provinces rhénanes et en Belgique

ERCKNER S. Die grosse Lüge, Hitlers Verschwoerung gegen den Frieden (1936). L'Allemagne, champ de manœuvre. — Le fascisme et la guerre (1934).

ERCOLI. Ueber die Besonderheiten der spanischen Revolution (1936).

ERHARD Émile. Assassins ! Une documentation sur l'avènement de Hitler.

ERZBERGER. Souvenirs de guerre de Erzberger.

ESAGUY G. d'. Grandeur et misère d'Israël.

ESCHULEN Fritz. Ma double vie d'officier français et d'espion allemand (1939).

ESME Jean d'. Les dieux rouges.

Éditions de France.

FAERBER Marcell. Auf der Flucht erschossen (1934).

FEILER Arthur. L'expérience du bolchevisme (1934).

FELICI Noël. Terres permises (1940). FERRERO G. Les deux vérités. La fin des aventures. Libération. Le prisonnier des Abyssins. La révolte du fils.

FEUCHTWANGER. — Toutes ses œuvres.

FINK Georges. — J'ai faim (1935).

FINOT Ernest. Civilisés contre Allemands.

FINOT J. Le préjugé des races.

FISCHER. Mémoires secrets de Frau Bertha Krupp. Der Krieg in Spanien.

FLANDIN Pierre-Étienne. La révolution est inutile.

FLEG Edmond. L'Éternel est notre Dieu. Israël et moi.

Nouvelle Revue Française (Gallimard).

FOERSTER Friedrich-W. — Toutes ses œuvres.

FOLDES Yolande. Pile ou Face (1939).

FOLEY Thorman. Je suis un prisonnier de l'Altmark (1940). Coopération.

FOREST Louis. France arme-toi (1933).

FOUCAULT André. Germanie.

FOURNET Charles. Beauté et tragique de l'Allemagne (1937).

FOURNIER. La conception nationale-socialiste du droit des gens.

FOWLER-WRIGHT S. La guerre en 1938. Prélude à Prague. Quatre jours de guerre. L'Angleterre et la guerre.

FRANCE Hector. Crime de boche.

FRANCIA. Joseph Reinach.

FRANCK R.-L. Démocraties en crise.

FRANÇOIS J. L'affaire Roehm-Hitler (1939).

FRANK B. En plongée.

FRANK Léonard. La bande de brigands. Le bourgeois. Kart et Anna. Monsieur Mager assassiné.

FREI Bruno. Hanussen (1934).

FREUD Sigmund. Toutes ses œuvres.

FRIBOURG André. La victoire des vaincus (1938).

FRIEDMANN Georges. La crise du progrès (1936). De la Sainte-Russie à l'URSS. Jacques Aron : tome II L'Adieu. (1932). Ville qui n'a pas de fin (1932). Votre tour viendra (1930).

FUCHS Martin. Un pacte avec Hitler : le drame autrichien (1938).

FUNCK-BRENTANO Frantz. Le moyen âge (1922).

GAILHARD G. Crèvetout, hussard de la Grande.

GALLUS Henry. L'amour sous les balles.

GADOPIN Arnould. Les poilus de la 9e (Coll. Les maîtres du roman populaire).

GARNIER Jean-Paul. La tragédie de Dantzig (1935).

GARRETTO. Sicile, terre de douleur.

GAUCHEZ M. Ce que j'ai vu.

GAULLE Charles de. Vers l'armée de métier.

GAULLE (Charles de). La France et son armée.

GAULTIER Paul. La barbarie allemande.

GAUTHIER-LATHUILLE. Allemagne, Tchécoslovaquie, Autriche. Impressions 1936 (

GAUVIN A. Les origines de la guerre européenne.

GAXOTTE P. La France en face de l'Allemagne.

GENIAUX C. Le choc des races.

GERMAIN H. La fille du boche (Coll. Les maîtres du roman populaire).

GIBBS Ph. L'âme de la guerre.

GIDE André. Retour de l'U.R.S.S. Retouches à mon retour de l'U.R.S.S.

GIGNOUX La France en guerre (1940).

GILLET Louis. Rayons et ombres d'Allemagne. Pourquoi te bats-tu ?

GLAESER Ernst. Ce qui demeure. Le dernier civil.

GOREL Michel. Hitler sans masque (1933).

GORKI Maxime. — Tempête sur la ville.

GOYAU Georges. — *L'Église et la guerre (L'Église dans la Cité).

GRAF Oscar-Maria. — Nous sommes prisonniers (1930).

GRAHAM Stéphen. — Sarajévo (1933).

GRELLING R. — Documents belges. J'accuse. Le crime.

GRIAULE Maurice. La peau de l'ours.

GROS. Ferons-nous la Révolution ? (1938).

GROSCLAUDE P. Menaces allemandes sur l'Afrique (1938).

GRZESINSKI. La tragi-comédie de la République allemande.

GUERIN Danlet. Fascisme et grand capital (1936).

GUERIN Paul. Le problème français (1939).

GUERNIER E. Pour une politique d'Empire.

GUICHARD L. et NOVIK Dmitri. Sous la croix de Saint-André.

GUMBEL E.-J. Toutes ses œuvres.

GUNTHER John. Les pilotes de l'Europe (1936).

GUTTMANN Henri. Hebraica, documents d'art juif.

HABERT et BOUILLOT. Lectures choisies d'auteurs contemporains. — Cours moyen, certificat d'études. Id. Livre du maître. Classe de 7e. Id. Livre du maître.

HAGANI B. L'émancipation des juifs (Judaïsme).

HAHUSSEAU Albert. À l'Est rien de changé.

HALECKI O. Pologne (Coll. Descartes pour la vérité. Série des nations martyres)

HALEVY M.-A. Moïse dans la légende et dans l'histoire (Judaïsme).

HALLEVI J. Le livre de Kuzari (Judaïsme).

HANSI. L'Alsace. Assimil.

HANSI et TONNELAT. À travers les lignes ennemies.

HARCOURT Robert d'. Catholiques d'Allemagne (1938). L'Évangile de la force (1938). Ambitions et méthodes allemandes (1939).

HARRY Myriam. Les amants de Sion. La petite fille de Jérusalem. Siona à Berlin Siona à Paris. Siona chez les barbares. Le tendre cantique de Siona.

HAUTECLOQUE Xavier. À l'ombre de la croix gammée. Police politique hitlérienne (1935). La tragédie brune (1934).

HAY Julius. Haben. Schauspiel (1938).

HEE Louis d'. Le cœur de Liette.

HEGEMANN Werner. Le Grand Frédéric (1934).

HEIDEN Konrad. Toutes ses œuvres.

HEINE Henri. Toutes ses œuvres.

HELSEY Édouard. Notre Alsace.

HEMME Ch. du. Français garde à vous.

HENDERSON Sir Nevile. Deux ans avec Hitler (1940).

HENNEGUIES Pierre. Tourelles de mai, patrouilles de juin.

HERB Max. Süd-Ost-Europa (1938).

HERMANT Max. Les paradoxes économiques de l'Allemagne moderne. Origines économiques de la révolution hitlérienne. Hitlérisme et humanisme. Idoles allemandes (1935).

HERZL Th. Terre ancienne, terre nouvelle (Judaïsme).

HESSE Max-René. Partenau (1930).

HIRSCHFELD Magnus. — Toutes ses œuvres.

HIRTH Friedrich. Streseman.

HITLER Adolf. — Mein Kampf (Mon Combat). Traduction refusée.

HITLER Adolf. Mon combat (Extraits comm. par C. Louis Vignon). La traduction posa problème à Hitler.

HOCHE J. — En Alsace reconquise (1917).

HOLLARD A. — Le dieu d'Israël (Judaïsme).

HOMBOURGER René. Goebbels chef de publicité du IIIe Reich (1939).

HOMET Marcel. — Méditerranée, mer impériale.

HOOVER Calvin-B. L'Allemagne IIIe Empire (1934).

HORNLE Edwin. Deutsche Bauern unterm Hakenkreuz (1939).

HORVATH Odon de. Jeunesse sans Dieu (1939). Soldat du Reich

HURBERT-JACQUES. La guerre aéro-chimique que prépare l'Allemagne.

HUMBERT Manuel. Adolf Hitler Mein Kampf (1939).

IGNATIEFF. Ma mission en France (Mémoires de guerre secrète).

IGNOTISSIMUS. Une voix d'"Alsace.

IMANN G. Les nocturnes. Le tourmenteur. Les nocturnes.

ISAAC J. Paradoxe sur la science homicide et autres hérésies. Le problème des origines de la guerre.

ISRAËL. — La liberté de la presse.

ISTRATI Panaït. Le bureau de placement. La maison Thüringer. La vie d'Adrien Zograffi.

IVAN Lajos. La vérité sur l'armée allemande (1939).

JACOBY J. La guerre rouge est déclarée.

JADFARD René. La France et les revendications coloniales allemandes (1938).

JANNASCH Lilli. Les atrocités allemandes de la Grande

JARAY C.-L. Offensive allemande en Europe. Trois années d'histoire contemporaine,

JEHOUDA J. La terre promise (Judaïsme)

JERRY Jeun ? Weill u. Co. Roman. (1935).

JESSE ASCHER J.-W. Apocalypse.

JOLIDON. Un Alsacien avec les corsaires du Kaiser.

JOSSE P. La décadence de la France.

JOUVENEL H. Rajeunissement de la politique.

JOVE et NOCHER. Révolutionnaires, où allez-vous ?

JUGANARU P. L'apologie de la guerre dans la philosophie contemporaine.

JUNG C. C. Essais de psychologie analytique.

KADMI-COHEN. Nomades.

KAMINSKI H.-E. Ceux de Barcelone (1937).

KAPLAN. Racisme et judaïsme (1939).

KARLGREN A. Henlein, Hitler (1939).

KAUS. Demain neuf heures. Les Sœurs Kleh.

KELLER G. Sept légendes.

KELTON Gérald. L'espionne des chemises brunes.

KERILLIS Henri de. Français, voici la guerre.

KERILLIS Henri de et CARTIER Raymond. Laisserons-nous démembrer la France ?

KESSEL J. Bas-fonds de Berlin. Les rois aveugles.

KESSLER Comte Harry. Souvenirs d'un Européen : de Bismarck à Nietzsche (1936).

KESTEN H. Gens heureux.

KEUN Irmgard. Après minuit. Gilgi découvre la vie. La jeune fille en soie artificielle (1933).

KISCH E.-E. Toutes ses œuvres.

KLATZKIN Jacob. Die Judenfrage der Gegenwart (1936).

KLUGMANN et DUMESNIL DE GRAMONT. Le prophète rouge.

KNICKERBOCKER H. R. Allemagne, fascisme ou communisme ?

KŒSTLER Arthur .Menschenopfer, unerhoert (1937). Un testament espagnol (1938).

KHOHN H. L'humanisme juif, quinze essais sur le juif, le monde et Dieu (Judaïsme).

KOHNIS J. L'homme d'État.

KOLB Annetie. Mozart.

KRACAUER. Genêt (1933).

KRAKOWSKI Édouard. Dantzig, ville libre, bastion des libertés européennes Histoire de la Pologne (1939).

KRIWITSKY. Agent de Staline (1940).

LABARTHE André. — La France devant la guerre.

LA BRIERE Yves de. Église et Paix (B. B. d'études catholiques et sociales).

LACHIN Maurice. L'Éthiopie et son destin (1935).

LADOUX. Les chasseurs d'espions. L'espionne de l'Empereur. La guerre secrète en Alsace. Marthe Richard.

LADOUCETTE E. L'Orpheline de Bazeilles.

LA FONTAINE Jean de. Les Fables de La Fontaine et Hitler (1939).

LAGOTELLERIE J, de. Redistribuer les colonies ?

LAKOVSKY G. La civilisation et la folie raciste (1929). Les crocodiles ennemis de la civilisation (1940).

LAKHOVSKY Georges. Le racisme.

LAMBERT J. Les nations contre la paix

LANESSAN J.-L. de. Histoire de l'entente cordiale franco-anglaise.

LANGHOFF W. Les soldats du Marois sous la schlague des nazis (1935).

LANOIR Paul. ? L'espionnage allemand en France

LAPAQUELLERIE. Édouard Daladier.

LAPIE P.-O. Certitudes anglaises.

LA PORTE Maurice. Sous le casque d'acier.

LAST Jef. Zuyderzée. Lettres d'Espagne (1938).

LA TOUR M. Mariée le 1er août 1940.

LATZKO Andréas. Les hommes s'accusent...

LAUMANN F-M. et BOUVIER Jean. Amour et larmes La rançon.

LAUNAY L. de. France-Allemagne.

LAURENS A. Le blocus et la guerre sous-marine.

LAURENT. National-Socialisme.

LAVEDAN Henri. Dialogues de guerre.

LAVERGNE B. Le gouvernement des démocraties modernes.

LAZARE Bernard. Le fumier de Job (Judaïsme).

LEAUD Alexis. Spectacles de guerre.

LEBLANC. L'éclat d'obus.

LEBRUN M. Mes treize missions.

LECA Victor. À bas les boches

LECLERE Philippe. Ennemie héréditaire ? (1940).

LECOQ L. et HAGEL Ch. — L'empire du monde.

LEFEBVRE H. — Hitler au pouvoir. — Les enseignements de cinq années de fascisme en Allemagne (1938). Le matéria-lisme dialectique.

LEFORT Robert. La Révolution organisée (Pangallie).

LEGRAND H. André. Prisons nazies (1940).

LEGRAND Ignace. Le disciple du feu.

LE GRIX François. Vingt jours chez Hitler.

LEMOINE. Histoire illustrée de la Grande Guerre.

LEMONON Ernest. L'Allemagne vaincue.

LÉNINE. Cahiers sur la dialectique de Hegel.

LEONHARD Rudolf. Toutes ses œuvres.

LEROUX G. La colonne infernale

LE SIDANER Louis. La condition de l'écrivain.

LEVY Elisabeth-Esther. Tagebuch einer Colmarerin waehrend des Weltkrieges 1914-1918 (1932-1939).

LEVY Paul. Le germanisme à l'étranger.

LEWANDOWSKI. — Comment l'Allemagne a su se faire payer.

LEWINSOHN Richard. L'argent dans la politique (1931).

LEWISOHN L. Les derniers jours de Shylock (Judaïsme).

LIEB P. Christ und Antichrist in dritten Reich(1996).

LILL Jean de. Le fléau de l'Europe.

LIOCOURT F. de. La défense de la France du Nord-Est.

LITWINOW Maksim Maksimovic. Die Sowjetunion für die Rettung der Tchechoslowakei (1938).

LLOYD GEORGE David. Les heures décisives. La Victoire.

LŒWEL Robert. À la recherche de Torquemada (1938).

LŒVENBRUCK Pierre. Bouches inutiles. Ceux de la réserve.

LOISEAU Hippolyte. Le pangermanisme.

LOISY A. La consolation d'Israël (le second Isaïe), Traduction nouvelle. (Judaïsme).

LOISY Alfred. La crise morale du temps présent et l'éducation humaine (1937).

LOMBARD P. Le chemin de Munich.

LONDON G. — Elle a dix ans, la Russie rouge.

LORANT Stephan. Prisonnier d'Hitler.

LOTE R. L'Allemagne d'après-guerre.

LOTI Pierre. L'horreur allemande. La hyène enragée.

LUCIERES René. Les aveux d'un espion nazi (1940). Entente cordiale.

LUDWIG Emil. Toutes ses œuvres.

LUNEAU Heinz. Die geistige Situation der Deutschen (1936).

LUSSU Emilio. La marche sur Rome (1935).

LUXEMBOURG Rosa. Toutes ses œuvres.

MACHARD A. Espionne du ciel.

MAGALI. L'enveloppe aux cachets bleus.

MAGOG H.-J. L'avion sans pilote.

MAGRE Maurice. Le poison de Goa.

MAIMONIDE. Le guide des égarés (Judaïsme).

MALDAGUE G. Pour le roi de Prusse !

MALRAUX André. L'espoir (1937). Le temps du mépris (1935).

MANDEL. Un moyen de salut… gouverner.

MANDELSTAMM Valentin. Laminoir 17

MANN Heinrich. Toutes ses œuvres.

MANN Thomas. Toutes ses œuvres.

MARCE Victor de. Les conditions du travail et le régime communiste en Russie.

MARCEL Jean. Le germanisme et la défense de la paix.

MABLIO Louis. Dictature ou liberté (1940). Le sort du capitalisme.

MARTIN G. Manuel d'histoire de la franc-maçonnerie française.

MARTIN J. Je suis un légionnaire.

MARTIN Peter. — Là-bas dans les geôles.

MARTIN-BLAZQUES J. Guerre civile totale (1938).

MARTIN DU GARD M. Retour de Prague.

MARX Henry. G. de Porto-Riche.

MARX Karl. Toutes ses œuvres.

MASSIS Henri. La guerre de Trente ans 1909-1939 (1940).

MASSOUTIE Louis. Judaïsme et hitlérisme (1935).

MAURER. Vie et mort de Dollfuss.

MAUROIS André Toutes ses œuvres.

MAURRRAS Charles. Devant l'Allemagne éternelle (1937).

NAZELINE Guy. Scènes de la vie hitlérienne (1938).

MBHEDINTI S. Le pays et le peuple roumain.

MELOT Henry. La guerre.

MEMMI Armand. Juifs 1938... Tortures 1938.

MENDEL Arnold (traducteur). L'Église catholique et la question juive (1938).

MERCIER Ernest. La France devant son destin (1939).

METENIER O. Vertus et vices allemands (1932). Le scandale allemand.

MEZERETTE J. Les amours d'Hitler.

MICHAELIS Cassie, MICHAELIS Heinz et SOMIN, W. O. La brune haine — Der braune Hass (1934).

MICHAELIS Dr E. Freud, son visage et son masque.

MICHEL Henri. France, prends garde ! (1937).

MIGEON Madeleine. Sous la terreur brune (1933).

MIGOT Robert. Elsa, fille de Prusse. (1934). La fin du Breslau. (1939).

Baudinière. **ECCLESIAE. Hitler gegen Christus (1936).**

MILLE Pierre. Sous leur dictée.

MILLERAND A. La guerre libératrice.

MIRMAN L. La route nationale.

MODENE Léon de. Cérémonies et coutumes qui s'observent parmi les Juifs (Judaïsme).

MOHR E. Wir im fernen Vaterland geboren (1938).

MONTFORT. Dantzig, port de Pologne dans le passé et dans le présent.

MONTFORT Henri de. Terres de liberté : Finlande (1940).

MOREAU C. Contes d'un brigadier aux enfants de France.

MOREAU Jacques. Clemenceau en bloc. Intelligences avec l'ennemi (1898-1934).

MORVILLIERS Roger. Face à Hitler et à Mein Kampf (1939).

MOSSE G. Assises du Monde. L'histoire inconnue du peuple hébreu.

MOUNIER Emmanuel. Pacifistes ou bellicistes (1939).

MOUSSAT. L'âme des camps de prisonniers.

MUELLER Albert. Hitlers motorisierte Stossarmee (1938). L'armée motorisée allemande (1936).

MUHLSTEIN. Le Maréchal Pilsudski.

MULLER H.-J. Hors de la nuit.

MUNZENBERG W. Toutes ses œuvres.

MURET Maurice. L'orgueil allemand. La littérature allemande. Pas d'illusions sur l'Allemagne. L'évolution belliqueuse de Guillaume II. Guillaume II.

NAVARRE Claude. L'âme volée.

NERUDA Pablo. L'Espagne au cœur (1938).

NEWMAN Bernard. Espion (1936).

NICOLAS M.-P. De Nietzsche à Hitler (1936).

NICOLAS Peter. Acht Werktaetige vor Militaergericht (1934).

NIZAN Paul. Chronique de Septembre (1939).

NOCHER Jean. Témoignages de la jeunesse qui vient.

NOEL Maurice. La guerre des avant-postes. (1940).

NOLLET (Général). Une expérience du désarmement (1932).

NORD Pierre. Double crime sur la ligne Maginot. Peloton d'exécution. Terre d'angoisse.

NORMAND S. Sous le masque du racisme (1939). Prédictions sensationnelles de Nostradamus avec explications et commentaires de Félix Bichat.

NOTH Ernst-Erich. Toutes ses œuvres.

NOURY. Nos drapeaux.

NOYES C. Le génie d'Israël

ODILE Claude. L'Alsace.

OLDEN Rudolf. Stresemann (1932).

OMBREDANE André et SAUVAGEOT A. Mensonge du racisme (1939).

ORDON (Gl Stanislas). Le siège de Varsovie (1940).

**ORMESSON Wladimir d'. La révolution allemande (1933).
La Pologne notre sœur (1939). La confiance en Allemagne ?
(1938).**
OUDARD. Croix gammées sur l'Europe Centrale.
OUDARD et HERMANN. Amours viennoises.
OULIE Marthe. Finlande terre de courage.
PANGE Jean de. Comment se fait un roi.
**PATHIS B. Combes de. Que veut Hitler ? (Coll. Documents
sur l'Allemagne).**
PELLETIER Roger. Captivité.
**PERNOT. L'Allemagne d'aujourd'hui. L'Allemagne d'Hitler.
Les Balkans nouveaux. L'inquiétude de l'Orient I et II.**
PERO R. Les dessous des procès de Moscou.
**PERROUX François. Des mythes hitlériens à l'Europe alle-
mande (1940).**
PEYNON Lt-Cl E. Hitler veut des colonies.
**PFIFFIG A.-J. Dieu ou Race. Réflexions au sujet du Sylla-
bus contre le racisme, du 13 avril 1938.**
**PIATNISTKI O. La dictature fasciste en Allemagne (1935).
La situation actuelle en Allemagne (1935).**
PIERREDON. Esprit de Clemenceau
PIERRE-JEAN. La dernière révolution.
PILANT P. L'état actuel des armements allemands. Querelle.
PILLARD Albert. Classe 15.
PLIVIER Theodor. — Les galériens du Kaiser (1930).
POIZAT Alfred. Le miracle juif.
POLLES Henri. L'Opéra politique (1937).
PONT-JEST R. de. Le fils de Jacques.
POURICHKEVITCH M. de. Le loup colonel.
PRADELS Octave. Les amours de Pinsonnet.
PREVOST Marcel. Monsieur et Madame Moloc.
PRICE G. WARD. Je connais ces dictateurs (1938).
PRIACEL Stefan. Au nom de la loi (1936).
PRIEL Jarl. Sous la faucille et le marteau.
PRIVAT Ed. Les Anglais, des pirates aux prophètes. Le choc des
patriotismes. Les sentiments collectifs et la morale entre les na-
tions.
**PROCOS J. S. Fascisme et hitlérisme au point de vue socio-
logique (1937).**
PUCCINI M. Cola s'en va-t-en guerre (Coll. Univers).
PUJO M. Comment Rome est trompée.

RABASSEIRE Henri. Espagne, creuset politique.

RATHENEAU Walther. Toutes ses œuvres.

RAUSCHNING. Toutes ses œuvres.

RAWSON Wyatt. À la recherche de la liberté.

REAU Louis. Autriche.

REBER. Vienne porte de la guerre.

RECOULY Raymond. La barrière du Rhin et les droits de la France (1940). De Bismarck à Poincaré.

REDIER. Les Allemands dans nos maisons.

REDIER Antoine. La guerre des femmes (1938).

REED Douglas. La foire aux folles (1939).

REGAMEY. L'Allemagne ennemie. L'Alsace qui rit.

REIBEL Ch. Pourquoi nous avons été à deux doigts de la guerre.

REMARQUE E.-M. — Toutes ses œuvres.

RENARD Albert. Sécurité d'abord (1936).

RENN. Toutes ses œuvres.

REYNAUD L. Français et Allemands.

REYNAUD Paul. — Courage de la France (1939). Finances de guerre (1940). Le problème militaire français (1937) Jeunesse, quelle France veux-tu ? (1938).

REYNOLD Gonzague de. D'où vient l'Allemagne ?

RHAIS Elissa. L'Andalouse.

RHODES F. Lettre courtoise à M. Hitler (1939).

RICARD Jean et FONTIS Henri. L'Écluse 13 (Coll. Le livre populaire).

RIEGER Max. Espionnage en Espagne (1938).

RIVAUD. — Relèvement de l'Allemagne.

RIVAUD Albert. Les crises allemandes (1919-1931).

RIVIERE Jacques. L'Allemand (1938).

ROBERT Paul-A. Toutes ses œuvres.

RODERT-DUMAS C. Agent double. Amour sacré. Deuxième bureau. L'embardée. Face au destin. L'homme à abattre. L'idole de plomb. Les loups entre eux. La marque du triangle. Le masque du vitriol. L'usine fatale.

ROBERT-DUMAS et DIDELOT R.-F. Le monde tremblera.

ROELS E. Vers la guerre.

ROLLAND Romain. Par la Révolution, la Paix. Quinze ans de combat.

ROLLIN Henri. Apocalypse de notre temps (1939).

ROSAZ Paul de. Rien à signaler.

ROSE Pascal. La vie de famille (1935).

ROSSI A. La naissance du fascisme.

ROSSI Carlo. Civitavecchia, ein Friedhof der Lebenden (1995).

ROSTAND Jean. Hérédité et racisme (1939).

ROTH Joseph. La fuite sans fin (1929). La crypte des Capucins (1940).

ROUBAUD Louis. La croisade gammée (1939).

ROUGEMONT Denis de. Journal d'Allemagne (1938).

ROUSSEAU. Le conflit italo-éthiopien et le droit international. La non-intervention en Espagne.

ROUSTAN M. Hitler éducateur. — Racisme ou démocratie ? Dressage ou liberté ? (1935).

ROUVIER Martin. Franco et la France.

ROWAN Richard. L'évolution de l'espionnage moderne. Nouvelle Revue Critique.

ROYER L.-Ch. L'amour chez les Soviets.

ROYET CI. La guerre est déclarée (1931).

RUIR Ed. L'écroulement de l'Europe (1939).

RUPPIN Arthur. — Les juifs dans le monde moderne.

SAAGER Adolf. Mussolini (1939).

SABY Édouard. Hitler et les forces occultes. La magie noire en Allemagne. La vie occulte du Führer (1939).

SACHSE. Ernst. Deutsche Sozialversicherung (1933-36) (1937).

SAGNAC Ph. Le Rhin français pendant la Révolution et l'Empire.

SAINT-ALBAN Louis. Pie XI (1939).

SAINT-CERE. L'Allemagne telle qu'elle est.

SAINT-CYR Charles de. — L'inguérissable Allemagne (1940). Garibaldi contre Mussolini (1939).

SAINT-DENIS André. Pie XI contre les idoles. Bolchevisme, racisme, étatisme (1939).

SAINT-GERMAIN Jacques. La grande invasion.

SAINT MARCET. La zone dangereuse (1924).

SAISSET P. Heures juives au Maroc (Judaïsme).

SALLUSTE Origines secrètes du bolchevisme.

SALOMON H. L'incident Hohenzollern.

SALOMON-KCŒCHLIN. Le temps de la raison (1938).

SALVEMINI. — La terreur fasciste (1930). Mussolini diplomate (Les cahiers verts)

SAMES V. de. Ueber all's.

SANDRE Thierry. Le purgatoire.

SAROLEA. Ce que j'ai vu en Russie

SAUVAGE Marcel. La Corrida (1938).

SAVIGNON André. — Occupation.

SAUZAY I.-A. — La Pologne par l'image (1932).
SCHARRER Adam. Les sans Patrie (1931).
SCHEER Maximilian. Blut und Ehre (1937).
SCHEID O. Les mémoires de Hitler (1933).
SCHEIDEMANN. L'effondrement.
SCHERMANN Raphaël. L'écriture ne ment pas (1935).
SCHICKELE René. Toutes ses œuvres.
SCHNITZLER A. Toutes ses œuvres.
SCHUSCHNIGG. Autriche ma patrie (1938).
SCHWARZBUCH. Lage der Juden in Deutschland.
SCHWARZ-ROTBUCH. — Dokumente über den Hitlerimperialis-
mus (1937).
SEEGHERS A. — La révolte des pêcheurs.
SEIDEWITZ. — Les rayons de la mort.
SEM. La ronde de nuit.
SELINKO A.-M. Demain tout ira mieux. J'étais une jeune fille
laide.
SERGE Victor (traducteur). — Trotsky, leur morale et la nôtre
(1939).
SERGE Victor. L'an I de la Révolution russe.
SERRIGNY GI. L'Allemagne face à la guerre totale.
SERVICE R.-W. La piste de 98 (Livre pour la jeunesse).
SETON-WATSON. Histoire des Roumains.
SFORZA. Les bâtisseurs de l'Europe moderne (1931). Dictateurs et
dictatures (1931). Les frères ennemis. Pachitich et l'Union des You-
goslaves (1938). Synthèse de l'Europe (1937).
**SICARD Y.-M. L'avenir de l'Allemagne (Vorwort zu) von
Adolf Hitler, Dr. Goebbels.**
**SIDOBRE André. — Benito Mussolini (1939). Le germanisme
en marche (1938).**
SILONE I. Fortamana.
SILVA-TAROUCA Vincenz. Die gute Ehe (1935).
SIM Georges. Deuxième bureau. La femme 47.
SIMON O.-K. Hitler en Espagne (1938).
SOMMI PICENARDI. Sur le front italien.
SONOLET. La grande lutte de Jacques le Français et de F.
RBETS Gaston. Péril extérieur : l'hitlérisme (1939).
SOTHERN Margaret. Vers l'exil.
SOUCHON L. De Sedan à Locarno.
SOWINSKI Cdt. Journal d'un défenseur de Varsovie.
SPEYER Wilhelm. Charlotte est piquée.
SPIELHAGEN Franz. Spione und Verschwœrer in Spanien (1938).

STERER C. L'Ukraine. Les dessous des menées hitlériennes (1939).

STEFF G. La Maffia rouge. Nives, policier gangster.

STEKEL. L'éducation des parents. La femme frigide. Lettres à une mère.

STEPHANE P. La défense de la paix en Europe Centrale (1938).

STEPHANY A. Les coulisses de l'Alsace-Lorraine.

STERNHEIM C. Napoléon (Coll. Univers).

STOFFEL G. La dictature du fascisme allemand (1936).

STOWE Leland. Hitler est-ce la guerre ? (1934).

STRASSER Otto. Toutes ses œuvres.

SUARES André. Valeurs. Vues sur l'Europe.

SUSSET R. La vérité sur le Cameroun et l'A.E.F.

SZILLASSY J. de. Le procès de la Hongrie.

TABOUIS. — Chantage à la guerre.

TABOUIS Geneviève. Albion perfide ou loyale ?

TARDIEU André. Notes de semaines 1938 : L'année de Munich (1939).

TCHAKHOTINE Serge. Le viol des foules par la propagande politique (1930).

TCHERNOFF J. Dans le creuset des civilisations.

TESSAN François de. Voici Adolf Hitler (1938).

THEMANLYS P. Grands d'Israël.

THIES (traducteur). — Le filet brun (1936).

THOMAS Adrienne. Catherine ! Le monde est en flammes (1937).

THOMPSON Sir Basil. Le service secret allié en Grèce. Mes mémoires.

THUILLIER Sir Henri F. La guerre des gaz (1939).

THULIEZ. Condamnée à mort.

TOLEDANO A. D. Dictature et démocratie (Coll. Descartes).

TOUTEY. Cours moyen : Alsace et Lorraine.

TREFUSIS Violet. Écho. Broderie anglaise.

TREFUSIS Violet. Il court… il court… Les causes perdues.

TRINTZIUS. Deutschland.

TROTSKY. Tous ses ouvrages.

TROYAT Henri. Judith Madrier (1940).

TURMER Kurt. Hitler contre le Pape.

TURROU Léon-G. Espions nazis aux États-Unis (1939).

UNGAR Hermann. Enfants et meurtriers (1926). Les sous-hommes (1928).

UNTEL. — Hitler et les généraux allemands (1940).

URBANITZKY C. Von. Toutes ses œuvres.

VALAYER P. L'Allemagne fera-t-elle sombrer l'Europe ? La guerre qui rôde.

VALDOR L. Le chrétien devant le racisme (1939).

VALLENTIN Antonina. Les atrocités allemandes en Pologne. — Témoignages et documents (1940).

VALLENTIN A. Henri Heine (1934).

VALOIS Georges. Prométhée vainqueur ou explication de la guerre (1940).

VANDERYELDE J. Le pays d'Israël, un marxiste en Palestine (Judaïsme).

VAN MULLER A. La nation de la mort (Allemands et Juifs) (1938). Le Droit de Vivre.

ARON, VAUCHER, etc. Inventaire II. L'économique et le politique.

VERAN J. Et il ne devait plus y avoir de guerre.

VERDIER Cal. Consignes du temps de guerre.

VERDUN Cdt. Face à l'ennemi : Tome I : La guerre souterraine 1939. — Tome II : L'escadron cyclone.

VERMEIL E. et GEROME P. L'hitlérisme en Allemagne et devant l'Europe (1937). Comité de Vigilance des Intellectuels antifascistes

VERMEIL Edmond. Henri Heine : ses vues sur l'Allemagne et les révolutions européennes (1939).

VERMEIL Edmond. L'Allemagne (1940). Hitler et le christianisme (1940).

VERMEIL Edmond. Doctrinaire de la révolution allemande. Les doctrines du national-socialisme. Pangermanisme et racisme (1938). Le racisme allemand. Essai de mise au point (1939).

VERMEIL. L'Allemagne, du Congrès de Vienne à la révolution hitlérienne.

VERNE Jules. Les 500 millions de la Bégum.

VERNE. Les hommes aux 1 000 visages (Mémoires de guerre secrète).

VERSONNEX H. de. La cage.

VIEL Jean. Paul Reynaud.

VIOLAN. Dans l'air et dans la boue

VIOT. Expension coloniale.

VOIGT. Rendez à César... (1939).

WALSH Jos.-M. Un drame de la Gestapo.

WASSERMANN Jacob. Toutes ses œuvres.

WASSILIEFF A.-T. Police russe et révolution.

WEIL Bruno. L'affaire Dreyfus (1940).

WEILL Fritz. Édouard Benès ou la renaissance d'un peuple.

WEILL Georges. Race et nations (1939).
WEISS Ernest. — Musique à Prague
WELLS H.-G. Châteaux en Angleterre. Faillite de la démocratie ?
WENDT Stefan. L'Île dans la patrie (1939).
WERFEL Franz Toutes ses œuvres.
WIESER Georg. Ein Staat stirbt, Österreich 1934-38.
WITTLIN Josef. Le sel de la terre.
WOLF Theodor. Toutes ses œuvres.
WOODMANN Dorothy. Les avions d'Hitler (1935).
WULLUS-RUDIGER J. La Belgique et l'équilibre européen. Les archives secrètes de l'état-major allemand. — Documents inédits
WYSOCKA Halina. La fuite sous les bombes, récit d'une Polonaise.

Liste complète des œuvres d'Émile Zola

- ✓ *Œuvres complètes en 51 volumes*, notes et commentaires de Maurice Le Blond, François Bernouard, Paris, 1927-1929.
- ✓ *Contes et Nouvelles, Les Rougon-Macquart*, édition établie par Henri Mitterand, Gallimard, coll. «Bibliothèque de La Pléiade».
- ✓ *Œuvres complètes*, édition établie par Henri Mitterand, Cercle du Livre Précieux.
- ✓ *Œuvres complètes en 43 volumes*, avec illustrations originales de TIM, édition distribuée par le Cercle du Bibliophile.
- ✓ *Les Rougon-Macquart*, édition établie par Colette Becker, Robert Laffont, coll. «Bouquins».
- ✓ *Œuvres complètes*, sous la direction de Henri Mitterand, Nouveau Monde Édition.

Œuvres critiques

- ✓ *Mes Haines*, causeries littéraires et artistiques, A. Faure, Paris, 1866.
- ✓ *Mon Salon*, Librairie centrale, Paris, 1866.
- ✓ *Édouard Manet, étude biographique et critique*, E. Dentu, Paris, 1867.
- ✓ *À propos de «L'Assommoir»*, en collaboration avec Édouard Rod, 1879.
- ✓ *Le Roman expérimental*, Charpentier, Paris, 1880 ; nouvelle édition commentée, GF-Flammarion, 2006.
- ✓ *Nos auteurs dramatiques*, Charpentier, Paris, 1881.
- ✓ *Les Romanciers naturalistes*, Charpentier, Paris, 1881.
- ✓ *Le Naturalisme au théâtre, les théories et les exemples*, Charpentier, Paris, 1881.
- ✓ *Documents littéraires*, Charpentier, Paris, 1881.
- ✓ *Une campagne (1880-1881)*, Charpentier, Paris, 1882.
- ✓ *Nouvelle campagne (1896)*, Fasquelle, Paris, 1897.
- ✓ *Humanité, vérité, justice. L'affaire Dreyfus. Lettre à la jeunesse*, Fasquelle, Paris, 1897.
- ✓ *«J'accuse... !»*, *L'Aurore*, 13 janvier 1898.
- ✓ *Les Quatre Évangiles*, 1899.
- ✓ *L'Affaire Dreyfus, la vérité en marche*, Fasquelle, Paris, 1901.

Romans et nouvelles

- ✓ *Contes à Ninon*, J. Hetzel et A. Lacroix, Paris, 1864 Charpentier, Paris, 1878.
- ✓ *La Confession de Claude* (roman), A. Lacroix, Paris, 1865.
- ✓ *Villégiature*, parue dans *Le Petit journal*, Paris, 1865.
- ✓ *L'Attaque du Moulin*, 1880.
- ✓ *Le Vœu d'une morte*, A. Faure, Paris, 1866.
- ✓ *Les Repoussoirs*, 1866
- ✓ *Les Mystères de Marseille*, A. Arnaud, Marseille, 1867.
- ✓ *Thérèse Raquin*, A. Lacroix, Verboeckhoven et Cie, Paris, 1867.
- ✓ *Madeleine Férat*, A. Lacroix, Verboeckhoven et Cie, Paris, 1868.
- ✓ *Nouveaux contes à Ninon*, 1874.
- ✓ *Nantas*, 1878.
- ✓ *Les Soirées de Médan* (1880), en collaboration avec Maupassant.
- ✓ *Huysmans, Hennique, Céard et Alexis*, Charpentier, Paris, 1880.
- ✓ *Jacques Damour*, 1880.
- ✓ *Madame Sourdis*, 1880.
- ✓ *Le Capitaine Burle*, 1882
- ✓ *Naïs Micoulin*, Charpentier, Paris, 1883.
- ✓ Contient *La Mort d'Olivier Bécaille*.

Série des Rougon-Macquart

- ✓ *La Fortune des Rougon*, A. Lacroix, Paris, 1871.
- ✓ *La Curée*, A. Lacroix, Verboeckhoven et Cie, Paris, 1872.
- ✓ *Le Ventre de Paris*, Charpentier, Paris, 1873.
- ✓ *La Conquête de Plassans*, Charpentier, Paris, 1874.
- ✓ *La Faute de l'abbé Mouret*, Charpentier, Paris, 1875.
- ✓ *Son Excellence Eugène Rougon*, Charpentier, Paris, 1876.
- ✓ *L'Assommoir*, Charpentier, Paris, 1878.
- ✓ *Une page d'amour*, Charpentier, Paris, 1878.
- ✓ *Nana*, Charpentier, Paris, 1880.
- ✓ *Pot-Bouille*, Charpentier, Paris, 1882.
- ✓ *Au Bonheur des Dames*, Charpentier, Paris, 1883.
- ✓ *La Joie de vivre*, Charpentier, Paris, 1883.
- ✓ *Germinal*, Charpentier, Paris, 1885.
- ✓ *L'Œuvre*, Charpentier, Paris, 1886.
- ✓ *La Terre*, Charpentier, Paris, 1887.
- ✓ *Le Rêve*, Charpentier, Paris, 1888.

- ✓ *La Bête humaine*, Charpentier, Paris, 1890.
- ✓ *L'Argent*, Charpentier, Paris, 1891.
- ✓ *La Débâcle*, Charpentier et Fasquelle, Paris, 1892.
- ✓ *Le docteur Pascal*, Charpentier et Fasquelle, Paris, 1893.

Série des Trois Villes

- ✓ *Lourdes*, Charpentier et Fasquelle, Paris, 1894.
- ✓ *Rome*, Charpentier et Fasquelle, Paris, 1896.
- ✓ *Paris*, Charpentier et Fasquelle, Paris, 1898.

Série des Quatre Évangiles

- ✓ *Fécondité*, Fasquelle, Paris, 1899.
- ✓ *Travail*, Fasquelle, Paris, 1901.
- ✓ *Vérité*, Fasquelle, Paris, 1903 (publication posthume).
- ✓ *Justice* (resté à l'état de notes préparatoires).

Pièces de théâtre

- ✓ *Perrette*, 1861.
- ✓ *Thérèse Raquin* (drame en 4 actes), Charpentier, Paris, 1875.
- ✓ *Les Héritiers Rabourdin* (comédie en 3 actes), Charpentier, Paris, 1874.
- ✓ *Le Bouton de rose*, 1878.
- ✓ *Renée* (pièce en 5 actes), adaptation théâtrale de La Curée, 1887.
- ✓ *Madeleine* (1889), écrit en 1865.

Poèmes lyriques

- ✓ *Messidor*, Fasquelle, Paris, 1898.
- ✓ *L'Ouragan*, Fasquelle, Paris, 1901.

Chroniques journalistiques

- ✓ *La République en marche : chroniques parlementaires*, Fasquelle, 1956.

Nana, portrait d'une belle au boudoir, dessin et palette graphique. 2023 copyright Cat's society.

Bibliographie de Yoann Laurent-Rouault

Yoann Laurent-Rouault est le directeur littéraire et artistique de JDH Éditions, depuis 2019. Formé aux Beaux-Arts de Rennes (*titulaire du DNSEP avec mention en 1999),* ancien des métiers de l'enseignement de l'académie de Bretagne et de la communication (privé), il est aujourd'hui un artiste visuel reconnu avec plus de 600 illustrations éditées entre 2019 et 2023 sur pas moins de 26 titres. Il a aussi réalisé plus d'une centaine de couvertures de livres pour différentes maisons d'édition et auteurs.

Yoann Laurent-Rouault est également l'auteur remarqué de plus 40 titres parus depuis 2005 (romans, nouvelles, pamphlets, journal, adaptation, théâtre, dossiers documentaires historiques ou littéraires, préfaces documentées, etc.).

Son activité de biographe et de biographe d'entreprise compte à ce jour 10 titres.

Entrepreneur, passionné par les médias, il est également éditorialiste et rédacteur en chef de **la revue littéraire *L'Édredon*** et il collabore avec différents médias et supports web et avec différents organes de presse, notamment pour le magazine ***Entreprendre*** (lafontpresse.fr). Il est également éditorialiste et biographe pour le groupe de presse Robert Lafont. Vous pouvez le retrouver sur plus de 400 articles et interviews parus. YLR est également producteur, concepteur et animateur d'émissions de web TV, parmi lesquelles **La route des livres** ou encore **Net ou pas Net** (YouTube et JDHTV).

Voici ci-dessous un aperçu de ses publications les plus récentes.

Dossiers documentaires, livres illustrés et préfaces ou notices de Y. Laurent-Rouault pour les éditions Memoria Books

- ➢ **Mémoires olympiques. Pierre de Coubertin.** Préface, dossier documentaire et 21 illustrations originales. Memoria Books.
- ➢ **Daudet. La chèvre de monsieur Seguin.** Dossier documentaire et 16 illustrations originales en collaboration avec Paola Cousiño de Banuelos. Préface de la journaliste et auteure économiste Simone Wapler. Memoria Books.
- ➢ **Gatsby le Magnifique. Scott Fitzgerald.** VF. 45 illustrations originales, préface et notices. Memoria Books.

- **Gustave Le Bon. Psychologie des foules.** Préface, dossier documentaire et 46 illustrations originales primées. Memoria Books.
- **Karl Marx. Le capital. Tome 1.** Dossier documentaire, synthèse économique et 45 illustrations originales sur l'histoire du marxisme à travers le monde de 1897 à 1940. Memoria Books.
- **Karl Marx. Le capital. Tome 2.** 44 illustrations originales sur l'histoire du marxisme à travers le monde de 1940 à nos jours, notice et dossier. Memoria Books.
- **1984 de George Orwell.** VO & VF, 35 illustrations originales. Memoria Books.
- **The Time Machine. H.G. Wells.** VO & VF, 15 illustrations originales. Memoria Books.
- **Reminiscences of a Stock Operator. Edwin Lefèvre.** VO & VF, 25 illustrations originales, Memoria Books.
- **24 contes pour attendre Noël.** 30 illustrations originales. Memoria Books.
- **Le livre des esprits. Allan Kardec.** 25 illustrations originales. Memoria Books.
- **Propos de O. L. Barenton, confiseur. Detoeuf.** 38 illustrations originales. Memoria Books.
- **La France antisémite.** Grand dossier documentaire, analyse historique, 30 illustrations originales en collaboration. Memoria Books. (Parution 2° semestre 2023)
- **La France des Révolutions.** Le grand livre des constitutions. Grand dossier documentaire, 30 illustrations originales en collaboration avec Victoria Laurent (2° semestre 2023). Memoria Books.
- **Le grand livre des cycles économiques. Thomas Andrieu.** 30 illustrations originales. Memoria Books. (Parution 2° semestre 2023)

Les livres d'auteurs de JDH Éditions & Lafont Éditions illustrés par Yoann Laurent-Rouault

- **Le collector 1984,** d'après George Orwell. 55 illustrations originales commentées, notices et résumé du roman original. JDH Éditions.
- **La belle équipe du football français,** 50 ans de légendes, collection Sporting Club. Écriture complète et 12 illustrations originales. Analyse économique Jean-David Haddad. JDH Éditions.

- ➢ **Bourse de Paris, 10 grands patrons français.** Les Pros de l'Éco. Écriture complète et 12 illustrations originales. Analyse économique Jean-David Haddad. JDH Éditions.
- ➢ **Trois siècles de pensée économique**, de N. Piluso. 12 illustrations originales. Les Pros de l'Éco. JDH Éditions.
- ➢ **L'ombre d'Ulysse.** (Haïkus) JH Chevy. 21 illustrations originales. Nouvelles pages. JDH Éditions.
- ➢ **Mona Nova.** C. Fourrier. 11 illustrations originales. Nouvelles Pages. JDH Éditions.
- ➢ **Les enquêtes du commandant Icare.** 10 illustrations originales. Lafont Éditions (parution septembre 2023).

Romans, nouvelles, théâtre et pamphlets
de Yoann Laurent-Rouault

- ➢ **Le conard nu,** roman. Collection « Magnitudes » (Pseudonyme Arthur Saint Servan) JDH Éditions.
- ➢ **Tu n'iras pas à l'école mon fils,** pamphlet. Collection Uppercut. JDH Éditions.
- ➢ **Tête de pion,** journal, éditions Norman.
- ➢ **La dictature sanitaire** (collectif de 4 auteurs). Lettre ouverte. Pamphlet. Collection Uppercut. JDH Éditions.
- ➢ **Le roman en pièce,** théâtre. Collection Drôles de Pages. JDH Éditions.
- ➢ **Les 84 marches.** Roman d'anticipation. Collection Black Files. JDH Éditions.
- ➢ **L'anatomie de la Marguerite**. Recueil de textes. (Pseudonyme Arthur Saint Servan) JDH Éditions.
- ➢ **La mutation des médias français.** Illustrations Victoria Laurent. Collections Les Indispensables. JDH Éditions. (À paraître, premier semestre 2024)

Les collectifs d'auteurs, orchestrés par YLR,
avec nouvelles originales et préfaces

- ➢ **Nos violences conjuguées**, nouvelle « **Rue de la soif** », Les collectifs de JDH Éditions.
- ➢ **Bouse de mammouth.** Préface, texte « **Bouse de Mammouth** », Les collectifs de JDH Éditions.
- ➢ **Stupeur et confinements.** Texte « **Monsieur Le** », Les collectifs de JDH Éditions.
- ➢ **Monoparentalité, course en solitaire.** Texte « **Sacerdoce** », Les collectifs de JDH Éditions.

- ➤ **Cadavres écrits.** Préface et nouvelle «**Sainte-Anne de la miséricorde**» Black Files. JDH Éditions.
- ➤ **À l'encre de l'esprit.** Préface et nouvelle «**Le caveau Club**», F. Files. JDH Éditions.

Adaptation de YLR

- ➤ **La tragédie de Fidel Castro**, de Joao Cerqueira. Winner USA Best Book Awards & Beverly Hills Book Awards. Magnitudes. JDH Éditions.

Biographies et livres d'entreprises

(liste non complète à ce jour, plusieurs livres étant en cours de réalisation dans les domaines de l'immobilier, de la santé, de la recherche, des maladies orphelines, de la restauration et du luxe...)

- ➤ **Immigration mon amour.** (RATP Paris) Biographie de L. Aamou. Collection Baraka. JDH Éditions.
- ➤ **L'empreinte de mon pas.** Biographie d'Adnan el Bakri, chirurgien, pionnier de l'E-Santé. Collection Baraka. JDH Éditions.
- ➤ **Plongeurs-démineurs, des hommes ordinaires**, pour G. Garnier. Collection Nouvelles Pages, JDH Éditions.
- ➤ **De Bocuse à la Corrèze : Itinéraire d'un enfant gourmand**, pour B. Ducher. Collection Toque et Plume. JDH Éditions.
- ➤ **Polare Paris, le sérum anti-âge Miracle.** Biographie d'entreprise avec 17 illustrations. JDH Éditions.
- ➤ **Entreprendre après 60 ans.** Biographie de Dominique Large. JDH Éditions.
- ➤ **Anthedesign.** Pour Hugo Essique, livre d'entreprise, guide pratique informatique. JDH Éditions, Les Indispensables. (À paraître en octobre 2023)
- ➤ **Inquisitor.** Guide pratique du détective privé. Pour Dominique Large. Illustrations Victoria Laurent. Collections Les Indispensables. JDH Éditions. (À paraître en décembre 2023)
- ➤ **L'immobilier de montagne et la promotion immobilière, Rising Stone**, pour Jean Thomas Olano (parution premier trimestre 2024). Collections Les Indispensables. JDH Éditions.
- ➤ **Biophytis.** Investir dans une Biotech. (Pour Stanislas Veillet, René Lafont, Jean JMarini.) Collection Les Indispensables. JDH Éditions.

*Dossiers documentaires illustrés
de la collection Les Atemporels*

Alain. Propos sur le bonheur. Préface et dossier documentaire. JDH Éditions. **Allan Kardec. Le livre des esprits.** Préface et dossier documentaire. JDH Éditions. **Alexandre Pouchkine. La dame de Pique.** Préface et dossier documentaire. JDH Éditions. **Alphonse Allais. L'affaire Blaireau.** Préface et dossier documentaire. JDH Éditions. **Alphonse Daudet. La chèvre de monsieur Seguin.** Préface, dossier documentaire et illustrations. JDH Éditions. **André Gide. L'immoraliste.** Préface et dossier documentaire. JDH Éditions. **André Gide. Les nourritures terrestres.** Préface et dossier documentaire. JDH Éditions. **Charles Baudelaire. Les paradis artificiels.** Préface et dossier documentaire. JDH Éditions. **Guillaume Apollinaire. Les onze mille verges.** Préface et dossier documentaire. JDH Éditions. **Jules Verne. Le tour du monde en 80 jours.** Préface, dossier documentaire et illustrations. JDH Éditions. **Paul Éluard, Capitale de la douleur.** Préface, dossier documentaire et illustrations. JDH Éditions. **René Guénon** (à paraître). Plusieurs titres en commande. Préfaces, dossiers documentaires et illustrations, à paraître 2° semestre 2023. JDH Éditions. **Victor Hugo. Claude Gueux.** Préface. JDH Éditions. **Rousseau. Du contrat social.** Préface et dossier documentaire. JDH Éditions. **Scott Fitzgerald. Gatsby le Magnifique** (à paraître). Préface et dossier documentaire et illustrations originales. JDH Éditions.

Sources

L'ensemble des sources utiles à la rédaction et à la production d'images nécessaire à la présente édition ont été consultées en mars et avril 2023. Liste complète et détaillée des sources sur demande par courrier postal aux éditions JDH. www.jdheditions.fr

Lemonde.fr, le site de l'Assemblée nationale, Le Figaro, les archives de la Bibliothèque nationale de France, Wikipédia et Wikisource, Radio France archives, Libération, Gallica, le Portail de l'Élysée, Ouest France archives, les travaux d'Alain Decaux, Franck Ferrand, Pierre Darmon, Armand Lanoux, René Tavernier & Sylvie Lausberg, Madame S, Statkine, 2019 (ISBN 978-2-88944-087-0), archives INA, archives France Télévision, le Canard enchaîné, Historia n°831, www.historia.fr, un « crime judiciaire » selon Bredin, L'Affaire, Fayard, 1984 et Vincent Duclert, Biographie d'Alfred Dreyfus, Fayard, 2006. Bach, L'armée de Dreyfus, Société internationale d'histoire de l'affaire Dreyfus, « Le J'accuse de Polanski, adaptation du D de Robert Harris. Compte rendu » [archive], sur L'affaire Dreyfus – blog de la Société internationale d'histoire de l'affaire Dreyfus Henri Guillemin, L'énigme Esterhazy, Paris, Gallimard, 1962, Zola, « J'accuse… ! ». Picquart, Révision 1898-1899, Pierre Gervais, Romain Huret et Pauline Peretz, « Une relecture du "dossier secret" : homosexualité et antisémitisme dans l'Affaire Dreyfus », Revue d'histoire moderne et contemporaine, éditions Belin Procès de Rennes Tome 2 [archive] Armand Israël, Les Vérités cachées de l'affaire Dreyfus, Albin Michel, 2000, Méhana Mouhou, Affaire Dreyfus : conspiration dans la République, Éd. L'Harmattan, 2006 Philippe Oriol, L'Histoire de l'Affaire Dreyfus T.1 : L'affaire du capitaine Dreyfus, 1894-1897 [archive], éditions Stock, 10 septembre 2008, [PDF]L'Adjudant Châtelain [archive], L'Express du Midi (en), 28 décembre 1894. Bredin, L'Affaire, p. 125. L'Affaire telle que je l'ai vécue [archive] Jean-Marie Charon, « Le journalisme d'investigation et la recherche d'une nouvelle légitimité », Hermès, Paris, CNRS Éditions v. articles de L'Éclair des 10 et 14 septembre 1896, hostiles à Dreyfus, mai révélant l'existence du « dossier secret » « Le télégramme de Panizzardi et l'affaire Dreyfus », sur www.bibmath.net, lire en ligne [archive], consulté le 15 novembre 2021). Vincent Duclert, « Alfred Dreyfus, un dreyfusard méconnu », dans Gilles Manceron et Emmanuel Naquet (dir.), Être dreyfusard, hier et aujourd'hui, Rennes, Presses universitaires de Rennes, coll. « Histoire », 2009, 551 p. (ISBN 978-2-7535-0947-4, Extraits de la séance du 4 décembre 1897 [archive], sur le site de l'Assemblée nationale. Michel Winock, Clemenceau, éditions Perrin, 2007, Cour de cassation, De la Justice dans l'affaire Dreyfus, Pagès, Alain Pagès, Zola au Panthéon : l'épilogue de l'affaire Dreyfus [archive], Presses Sorbonne Nouvelle, 2010, Pierre Michel, Les Combats d'Octave Mirbeau [archive], Presses universitaires de Franche-Comté,

1993, Selon les souvenirs de l'antidreyfusard Arthur Meyer, Ce que mes yeux ont vu, Plon, 1912. Brown, Zola, une vie, Belfond, 1996, Jules Renard, Journal 1887-1910, Gallimard, 1965, Miquel, l'Affaire Dreyfus, Le chef d'escadron Walter, commandant du Mont-Valérien, « Annonce du suicide du lieutenant-colonel Henry » [archive], Document militaire, sur dreyfus.culture.fr, Centre historique des Archives nationales, 31 août 1898 Procès de Rennes, Tome 1 [archive], Stephen Wilson, « Le monument Henry : la structure de l'antisémitisme en France, 1898-1899 », Paul Valéry, Paul Léautaud « Pour l'ordre, contre la justice et la vérité ». Winock, Le Siècle des intellectuels, Francis Démier, La France du XIXe siècle. Cour de cassation, De la Justice dans l'affaire Dreyfus, La première révision, Royer et Ozaman v. Débats de la Cour de cassation en vue de la révision [archive]. v. arrêt de la Cour du 3 juin 1899 [archive] Cour de cassation, De la Justice dans l'affaire Dreyfus, Royer et Ozaman, Jean Jaurès, L'Humanité du 4 juillet 1899. Mathieu Dreyfus, L'Affaire Duclert, Biographie d'Alfred Dreyfus, Cour de cassation, De la Justice dans l'affaire Dreyfus, Joly, Duclert, L'Affaire Dreyfus, p. 60. Doise, Un secret bien gardé, Marc Riglet, « Deux siècles d'intégration », L'Express, 1er octobre 2004 (lire en ligne [archive]). Favreau, Bertrand. et Baudet, Jacques., Dreyfus réhabilité, cent ans après : antisémitisme, il y a cent ans, et aujourd'hui, Bord de l'eau, 2007 Cour de cassation, De la Justice dans l'affaire Dreyfus, Becker, Cour de cassation, De la Justice dans l'affaire Dreyfus, Canivet, premier président Duclert, Biographie d'Alfred Dreyfus, M. Drouin, Zola au Panthéon : La quatrième affaire Dreyfus, Librairie Académique Perrin, 2008, Drouin, Dictionnaire de l'affaire Dreyfus, Marie Duval, « Dreyfus au théâtre à l'heure de l'Affaire (1895-1906) Un engagement international pour des valeurs universelles » revues.mshparisnord.fr, Archive L'Aurore, 17 février 1899, Les alternatives de l'engagement, Presses universitaires de Rennes, coll. « Interférences », 3 septembre 2018 Jaurès, discours à la Chambre 8 mai 1903. Archive national, Birnbaum, L'Affaire Dreyfus. Bredin, Duclert, L'Affaire Dreyfus, « La fable des deux France » [archive], Anton Wagner, contrepoints.org, 3 septembre 2012. Vincent Duclert, La République imaginée : 1870-1914, Paris, Belin, coll. « Histoire de France » (no 11), 2010, 861 p. (ISBN 978-2-7011-3388-1). Boussel, Dictionnaire de l'affaire Dreyfus, Nicault, « Les souvenirs de Bernard Lazare sur son engagement dans l'affaire Dreyfus » [archive], sur le blog de la Société internationale d'histoire de l'affaire Dreyfus, Joseph Reinach, Histoire de l'affaire Dreyfus. « "L'Histoire-canon". Au sujet de quelques ouvrages "du doute et du soupçon" » [archive], sur le blog de la Société internationale d'histoire de l'affaire Dreyfus. L'affaire Dreyfus. La clef du mystère, Paris, Robert Lafon, « Les ombres de l'histoire », 1972. ContrePoints, 12 juillet 2016. Marc Bernardot, Camps d'étrangers, Bellecombe-en-Bauges, Éd. du Croquant, coll. « Terra », 2008, Les différents types de camps (Lager) sous le national-socialisme et après sur le site du Cercle d'étude de la déportation et de la shoah cercleshoah.org Site de l'ajpn site de Christèle Joly-Origlio sur les camps d'internement en Isère, La drôle de guerre avec les chemins de mémoire, Walter Benjamin, Hans Sahl, Gert

Wollheim http://miellin1939.canalblog.com Jean-Yves Boursier, Un camp d'internement vichyste, le sanatorium surveillé de La Guiche, Jean-Yves Boursier, Paris, L'Harmatan, 2004, Solenn Sugier, Il y a 80 ans, la Retirada – Une enfance dans les camps français, Libération, www.ajpn.org Centre de recherche et de documentation sur les camps d'internement et la déportation juive dans le Loiret Source site de Mémoire et espoir de la Résistance Des camps de femmes sortis de l'oubli 2015 Alain Constant, sur le site de Laurent Lagriffoul, apsicbr.free.fr holocaust-education.net Comité international de coordination et d'information pour l'aide à l'Espagne républicaine. apra.asso.fr L'Humanité, 24 août 1994. Gaspard Delon, Georges Coudry, Les camps soviétiques en France : les « Russes » livrés à Staline en 1945, Paris, A. Michel, 1997, Marc Bernardot 2008, Reportage de RFI du 26 janvier 2005 Documentaire de Monique Seeman et Alain Jomy, France 3 Article sur Mémoire 78 Bulletin de l'Association des Professeurs d'Histoire et de Géographie, no 347, février 1995. « 1939-1945 Les camps d'internement en France » Peter Gaida Camps de travail sous Vichy. Les « Groupes de travailleurs étrangers » (GTE) en France 1940-1944.

Assemblée nationale, Proposition de loi no 171 du groupe communiste tendant à assurer le droit à réparation pour les résistants déportés, emprisonnés et internés en Afrique du Nord (1940-1944) [archive], 20 août 1997. Jacques Cantier, Éric Jennings, L'empire colonial sous Vichy, Odile Jacob, 2004 J.-C. Farcy « Les camps de concentration de la Première Guerre (1914-1918) » in Les Cahiers de la Sécurité Intérieure (CSI) no 17, La Documentation française, Paris, juillet 1994. J.C. Vimont Garaison un camp de familles internées dans les Hautes-Pyrénées 1914-1919 http://criminocorpus.revues.org/1876 musée de l'Histoire de l'immigration.

Anne Vallaeys, « Quand Daladier disait "Welcome" », liberation.fr, 25 mars 2009 Vingtième Siècle. Revue d'histoire, 1997 www.refractairesnonviolent-salgerie1959a63.org Midi Libre, 11 mai 1960 2006 Pierre-André Taguieff, La Judéophobie des Modernes : des Lumières au Jihad, Odile Jacob, 2008. Claude Bourdet, « "Action directe" et "non-violence" », France Observateur 1960 Rapport du Comité international de la Croix Rouge Musée d'art et d'histoire du Judaïsme, Fondation pour la Mémoire de la Shoah, 2005 – en ligne. L'Affaire Dreyfus. Ce qu'en disait l'Action Française en 1925, Éditions du Trident, 1995, 50 ans de réflexions politiques, Paris, Julliard, 1983, p. 141. L'antisémitisme de plume, 1940-1944, études et documents, Berg international, 1999. Journal officiel de la République française, n° 13 du 16 janvier 2000, Les thèses négationnistes et la liberté d'expression en France par Régine Dhoquois, in Ethnologie française, PUF, 2006/1 La cour d'appel de Lyon, arrêt du 2 novembre 1951, le site du journal Le Monde (avec AFP), 13 novembre 2013. « Rivarol, défense et illustration d'une langue de haine » lemonde.fr, 23 janvier 2020 archive, Unesco, 14 septembre 2022. Bernard Lazare, L'Antisémitisme, son histoire et ses causes. Léon Chailley, 1894. Norman Cohn (1967), Histoire d'un mythe : La « conspiration » juive et les protocoles des sages de Sion, Gallimard, coll. « Folio histoire », 1992 Philippe Ganier Raymond, Une certaine France. L'antisémitisme 40-44, Balland, 1975 Pascal Ory, Les Collaborateurs, 1940-1945, Paris, Éditions du Seuil, coll. « Points. Histoire » (no 43), 1980 (1re éd. 1977), René Girard, Le Bouc émissaire, Paris, Grasset, 1982. Bernard Lewis, Sémites et antisémites, Paris, Fayard, 1987 - Pascal Fouché, L'Édition française sous l'Occupation. 1940-1944, Michaël Graetz, Les Juifs en France au XIXe siècle : de la Révolution française à l'Alliance Israélite universelle, coll. « L'univers historique », Paris, Le Seuil, ina, Historia magasine. Laurent Joly, Vichy dans la « Solution finale » : histoire du Commissariat général aux questions juives (1941-1944).

Diffusé par JDH Éditions
www.jdheditions.fr